open·世界工匠精神书系

德国著名企业只做不说的秘密

Die Flicks

弗利克家族

德国经济发展史上的传奇色彩

[德] 徐菲·施莱克 / 主编
[德] 托马斯·拉姆什 / 著　王俊　许冰莎 / 译　李永村 / 校译

贵州出版集团
贵州人民出版社

图书在版编目（CIP）数据

弗利克家族：德国经济发展史上的传奇色彩 / (德)托马斯·拉姆什著；王俊，许冰莎译. -- 贵阳：贵州人民出版社，2018.12
（open·世界工匠精神书系）
ISBN 978-7-221-14980-0

Ⅰ.①弗… Ⅱ.①托… ②王… ③许… Ⅲ.①企业家—家族—史料—德国 Ⅳ.①K835.160.9

中国版本图书馆CIP数据核字(2018)第285145号

E-Book ISBN: 978-3-593-40080-8

著作权合同登记图字：22-2017-09号

弗利克家族：德国经济发展史上的传奇色彩

著　　者：[德]托马斯·拉姆什（Thomas Ramge）
译 校 者：王俊　许冰莎 / 译　李永村 / 校译
组稿编辑：谢丹华　黄筑荣
组稿编辑助理：何文龙
责任编辑：黄蕙心
出版发行：贵州出版集团　贵州人民出版社
地　　址：贵阳市观山湖区会展东路SOHO办公区A座
邮　　编：550081
装帧设计：贵州创世天际印务设计有限公司
印　　刷：贵阳精彩数字印刷有限公司
开　　本：880毫米×1230毫米 1/32
印　　张：8.75　字数：17.68万字
版次印次：2018年12月第1版　2018年12月第1次印刷
书　　号：ISBN 978-7-221-14980-0
定　　价：32.00元

本书获2016年贵州省出版传媒事业发展专项资金资助

出版说明

近年来，无论是“一带一路”倡议、亚投行，还是“中国制造2025”，无不昭示着新时代的中国正以开放、发展、创新、合作的姿态面向世界。我们策划的这套“open·世界工匠精神书系”正是立意于此，旨在向中国读者介绍世界优秀企业和企业家以及在他们身上所体现出来的“工匠精神”。而说到“工匠精神”，“德国制造”世界闻名，其代表，如汽车领域的奔驰、电气领域的西门子、化学领域的拜耳，等等，无不享誉世界，有口皆碑，诠释着一丝不苟、兢兢业业、锐意臻美的工匠精神。

他山之石，可以攻玉。本书系选取了德国最具代表性的一些家族企业和人物的传记进行译介出版。通过这套书，读者能够更深入地了解严谨理性的日耳曼民族是如何在工作中践行标准主义、完美主义、精准主义、专注主义和实用主义的，而这些文化特征又是如何成就了“德国制造”，成为百年传承的根基的。而在此基础上，读者必将会对“工匠精神”有更深入的思考和理解。

此次出版的“open·世界工匠精神书系”共有6种书，分别是：《摩恩家族——德国贝塔斯曼出版公司的掌舵人》《弗利克家族——德国经济发展史上的传奇色彩》《涅克曼家族——德国邮递百货巨擘的荣耀与耻辱》《厄特克尔家族——德国食品王朝的生意奥秘》《蒂森家族——德国钢铁世家的悲剧》《格茨·维尔纳——德国dm企业创始人的成功奥秘》。除《格茨·维尔纳——德国dm企业创始人的成功奥秘》一书是个人传记外，其余5本均为家族传记，主要讲述了摩恩、弗利克、涅克曼、厄特克尔、蒂森五大家族和格茨·维尔纳的创业史，并揭露了许多不为人知的企业和家族内幕。

这6种书是由本套丛书的主编德籍华人徐菲·施莱克女士选定的。徐菲主编长期在德国工作和生活，对德国的文化和国情都十分熟悉，她选择的这些作品所介绍的企业或家族，在德国乃至全世界都有着很强的影响力，能够充分诠释出“德国制造”的内涵。而且，这些作品都侧重纪实性，内容深入浅出，在德国面世以来广受读者欢迎。而在作者方面，本套丛书除了《格茨·维尔纳——德国dm企业创始人的成功奥秘》是由企业家为自己作传以外，其余5本均由德国知名报刊的记者或专栏作家执笔，而翻译则是由主编组织精通德文的译者来进行，足以保证本译丛内容的权威性和可读性。

“open·世界工匠精神书系”是一套体现创业创新精神的学习型丛书，其视野是开放的、全球性的、面向未来的，其姿态是积极的、进取的。我们希望这套丛书能够让广大读者开拓视野，有所收获。

Contents | 目 录

一、绝对的自由 / 001

二、弗里德里希·弗利克大帝 / 011
学徒时期——弗里德里希·弗利克成为铁矿主 / 012
物资运动 / 019
拿不下鲁尔，那就拿下上西里西亚…… / 026
秃鹰和通货膨胀 / 031
硬座和饭盒 / 040
钢铁工业联合会之争 / 049
“请求资助”——盖尔森贝格事件 / 053

三、弗利克家族和纳粹 / 069
“现在，先生们，该交钱了！” / 071
弗利克的人支持纳粹 / 074
炸弹买卖 / 076
“没有保证的股权变更”——雅利安化 / 082
“……如有必要，将采取暴力措施”，佩切克煤炭家族面临贱卖 / 090
“伊格纳兹-佩切克问题” / 098

接班人奥托-厄恩斯特 / 101
战利品 / 104
东部工人 / 111
弗利克和强制劳工——“殴打劳工，没人提工资，吃的太粗糙” / 114
“如遇紧急情况……”—— 战后计划 / 123

四、弗利克家族与经济奇迹 / 135
弗利克与克虏伯的两种选择 / 141
弗利克的第二商业帝国 / 146
明星先生 / 151
强制劳工没有得到一分钱 / 156
人情世故的影响…… / 160
父与子的对峙 / 169
“他是一个虔诚的人，上帝会奖赏他。” / 177

五、在驾驶台上的弗里德里希·卡尔·弗利克 / 182
“海员不应该回头看” / 185
“结束的开始” / 190
“像一个瘾君子……” / 197
群龙无首的集团 / 201

六、被收买的共和国 / 207
拉帮结派和拖延策略 / 210
武器交易商人和女秘书 / 211
10减2得13 / 213

“弗里德里希·卡尔·弗利克wg. 所有人” / 215
特殊照顾的领域 / 216
“保全面子，避免生气。” / 221
现金与色情 / 224
“消灭痕迹，掩盖，蒙蔽” / 226
沉默的代价 / 230

七、从遗产中解脱出来 / 236
真是受够了！ / 239
树下的蘑菇 / 242
叔侄又开始互相说话了 / 244
世界上最富有的双胞胎 / 245

八、真，善，美 / 252
“祖父的过错” / 255
被当作砝码的艺术收藏 / 256
不回家 / 259

参考咨询来源 / 264

参考文献 / 266

致谢 / 270

一、绝对的自由

“我希望自己可以掌握更多艺术史方面的知识，而不仅仅只是了解墙上的这些画而已。”格特-鲁道夫•弗利克（以下简称格特-鲁道夫）说这话，可能是跟他的弟弟弗里德里希•克里斯蒂安•弗利克（以下简称克里斯蒂安）的现代艺术收藏有关系。他的收藏是世界上最昂贵的私人收藏之一，一度引起巨大的轰动。他的兴趣在于18世纪的意大利城市风景画，包括贝洛托、瓜尔迪、玛瑞斯奇、米萨隆和范惠特的作品。2004年秋，这些收藏在柏林汉堡火车站的里克露天展厅展出。格特-鲁道夫也喜欢收藏艺术品，他的收藏也很有价值，但其在收藏规模上没有他弟弟那样大，方向也与弟弟不同。“不知道从什么时候开始，墙上再也没有位置了。”这可能是针对他弟弟说的另一句话。在接下来的5个小时里，格特-鲁道夫谈到弟弟的时候，语气中充满了关爱。兄弟之间感觉不到竞争，大概以前也从未有过竞争。他们之间一直是盟友关系，家族中的对手另有其人，之后我们会谈到这一点。

法学博士格特-鲁道夫因为担心会被外界看作只是一个遗产继承人，所以说话一向非常谨慎。作为一个受过教育的企业家，他自律且谈吐自信。现如今，他已经和祖父一样满头白发。祖父弗里德里希•弗利克在还是一个手握大权的集团创始人时，就被纽伦堡的法官送进了兰茨贝格的监狱。生活并不总能如人所愿。他轻描淡写地提到了一点他自己的一个人生危机时刻，那是他在20岁的时候，被送往了伦敦："当人突然拥有绝对的自由，可以做任何你想做的事情时，就会面临一个巨大的问题。可能没有人相信这句话，但事实确实如此。面对绝对的自由，是一件很艰难的事情。"

20世纪70年代中期，叔叔弗里德里希•卡尔•弗利克（以下简称弗里德里希•卡尔）给了侄子们这种绝对的自由。公司创始人弗里德里希•弗利克原想给予孙子们在公司的话语权，但叔叔这位第一继承人丝毫没有这个打算。"结果就是，叔叔偶尔会给我们一部分年度报告，但我们并没有什么事可做。"格特-鲁道夫回忆道。当他们对公司的经营决策提出异议时，叔叔便凭借自己拥有的大多数股权予以驳回。兄弟俩搬去瑞士积累财富。弟弟克里斯蒂安留在了格施塔德（瑞士的一个小镇），哥哥格特-鲁道夫在20世纪80年代初迁往了伦敦。他的朋友海因里希•蒂森是位收藏家，不仅继承了财产，还继承了家族的艺术收藏，这使格特-鲁道夫萌生了收藏的想法。在20世纪80年代中期，他将生活重心从资产管理转移到了艺术研究上。

格特-鲁道夫在南肯辛顿高档住宅区购买了一座庄园。华丽的联排式别墅间的第一道安全门后是宽阔的后院，左手边是高高的栅栏和第二道安全门。5台摄像机紧盯着来往的访客。身着黑色西服手戴白色手套的管家在花园洋房的门口迎接客人，将客人领到会客室“红厅”登记。沙龙有小型4室公寓那么大，里面不仅有巴洛克和洛可可式的家具，还有格特-鲁道夫收集的部分画作。收藏家坐在红色的天鹅绒沙发上，身着深蓝色条纹西装和暗红色领带，戴着一副深色角边眼镜。桌上放置着多本艺术史方面的书籍，最上面的是格特-鲁道夫所著的《丢失的杰作》，这是一部长达344页、重约3公斤的调查研究报告，但对于这位通过继承遗产以及30年来的保守投资积累了近4亿欧元财富的人来说算不了什么。英国杂志《旁观者》称这部书是一部关于十几幅失传画作的传记，具有高度的研究性和启发性，语言富有诗意。怀着探索的好奇心，格特-鲁道夫致力于研究在何种混乱的情况下遗失了那些艺术史上大师的作品，如米开朗琪罗的大卫青铜像。4年里，他一直专注于这本书的创作。

格特-鲁道夫作为弗利克家族的一员，大多没有机会展示他商人的天赋。如若他真的成了一个成功的商人，人们会说，当然了，他有那么好的条件；如果不成功，人们立马幸灾乐祸。他曾引用过一本书的名字：《影响的焦虑》。

祖父弗里德里希•弗利克从一个毫不起眼的小人物成了德意志帝国的首富，其影响力至今仍有迹可循，他的成就让后人难以望其项背。1945年，由于弗利克集团的大部分企业位于东部地区，他损失了四分之三的财产。67岁那年刑满释放后，他在数年间再次建立起了德国最大的私有企业。孙子孙女都沉迷于艺术行业，克里斯蒂安偏爱现代主义，达格玛青睐浪漫主义。达格玛取得了日耳曼语言学博士学位，并创立了文学基金会。20世纪80年代中期，格特-鲁道夫参加了佳士得拍卖行举办的为期1年的艺术课程，这是一个讲解从文艺复兴至今的艺术史的速成班，并于20世纪80年代末创办了艺术杂志《阿波罗》。在艺术起源研究（研究艺术作品的起源和创作目的）这一领域，他一步一步赢得了艺术领域学术同行的尊重。

艺术起源研究中最重要的一个问题在于：1933年到1945年间消失的那些艺术品在哪儿？由于担心索赔，“雅利安化[1] 时期”的画作在艺术市场上失去了其艺术价值。格特-鲁道夫既否认了他对这类艺术史研究的兴趣是与其家族史有关系，同样也否认了与其祖父在1936年至1940年间从没收犹太人工业财产中获利的事实相关。“纯粹是巧合。”他脱口而出，但是回答得有点过于迅速和激烈。这个问题他已经听过很多次了。“人经历的实际情况总比简单的推论来得复杂。”这句话是戈洛•曼写给古斯塔夫•克虏伯的，古斯塔夫•克虏伯1933年担任德意志帝国工业联合会主席，并强力支持纳粹政权上台执政。而这句话同样适用于弗利克家族。

格特-鲁道夫坦然面对家族史中艺术方面之外的黑暗篇章，他和妹妹达格玛以弗利克家族的独立成员身份向德

[1] 雅利安化：指将犹太人的财产转变为雅利安人即德国人的财产。

国强制劳工基金会缴纳了资金，这恰好使奥托•格拉夫•拉姆多夫把德国经济带上了轨道。奥托•格拉夫•拉姆多夫曾经和弗利克家族以及“叔叔的秘密金库”有着密切的关系往来。1984年，拉姆多夫作为经济部长因涉嫌贿赂和逃税被迫辞职。当时格特-鲁道夫捐助强制劳工的事情并没有被大肆宣扬出来，即使在“红厅”他也只是偶然提起了此事：因为他弟弟的画作在苏黎世受到了抨击，起因是克里斯蒂安拒绝给予为数不多幸免于难的强制劳工人员一些迟来的公道。克里斯蒂安认为，他的收藏是他自己辛苦赚来的。对于他的批评者，包括戏剧导演克里斯托夫•玛尔塔莱和公关战略家阿明•哈滕洛彻在内，都想拿这些画当作“抵押”，逼迫他向基金会捐钱。“罪责是没办法继承的。”克里斯蒂安表示。格特-鲁道夫对他弟弟的行为并不做评价，同样对叔叔拒绝拉姆多夫基金一事也不作评判。格特-鲁道夫反问道：“您怎么看呢？”这个回应十分巧妙。

格特-鲁道夫对于捐款金额并没有做出回应。据推测，他定期用做慈善的捐款以及在英国推广艺术及科学的捐赠款项总额应远高于一般象征性的捐款。“当人富有的时候，不应该把所有的财富都留给自己，不是吗？”他的话听起来依然很谨慎，这种谨慎源于公司的形象，对此他自己也无能为力。“弗利克这个名字总让人想起三样东西：第三帝国，强制劳工，弗利克事件。”对此，在交谈中，三兄妹的对立面变得越来越清晰，那就是：叔叔弗里德里希•卡尔。

格特-鲁道夫再次谈到叔叔的时候，言谈中并没有带什么情绪，但表达上却很生硬。“自1945年起，弗利克这个名字就背负着很多东西，随后的献金事件更是雪上加霜……如果人们不是生活在香蕉共和国[1]，那么你就必须遵守法律。”他接着说道，“叔叔挥霍着整个集团，而我们对此无能为力。”这听起来似乎有那么一点“轻视”的感情色彩。埃伯哈德·冯·布劳希奇是弗里德里希·卡尔青年时的好友，是他的大管家，也是重要的顾问。在问及此人扮演的角色时，格特-鲁道夫控制不住恼怒的情绪说道:“对于公司来说，他是一个十分讨厌的人……从一开始就大言不惭……怎么会有人就因为几百万马克的黑钱就将整个集团置于危险的境地呢？这不是愚蠢是什么！？”

弗利克事件后，弗里德里希·卡尔变卖了父亲60年来用其天才的商业头脑一步步建立起来的工业帝国，德意志银行作为中间商以50亿马克买下了公司。弗里德里希·卡尔作为退休人员回到了税收较低的奥地利。这一抉择，是一个从未做过果断决定的企业家做的唯一一个果断的决定。

弗里德里希·弗利克追求的是权力，而不是奢华的生活，是影响力，更是社会声誉。小儿子的座右铭刚好与其相反：赚钱。他的亲密顾问和伙伴埃伯哈德·冯·布劳希奇和君特·马克斯·帕夫根一直暗地里给他灌输这种赚钱的思想。一个真正的战略家，应该明确钢铁集团将来要向何种方向发展，而对此，弗里德里希·卡尔从未有过规划。

[1] 香蕉共和国是对一个经济体系属于单一经济（通常是经济作物如香蕉、可可和咖啡等）、拥有不民主或不稳定的政府，特别是那些拥有广泛贪污和强大外国势力介入国家的贬称。

他周围的批评家表示，实际上他也并没有这种规划能力。1975年廉价出售戴姆勒集团百分之二十的股份时，他甚至不知道应该将这22亿马克的收益投入哪里。在慕尼黑的上层社会中，人们都把他看成一个成功的商人，在一起推杯换盏是常有的事。而实际情况并非如此。

20世纪70年代中期，位于上普法尔茨地区的马克西米利恩斯冶炼厂旗下的一家重要冶炼厂，因其“只为赚钱”的经营理念而陷入破产境地。外号“叽喳”的个人责任股东汉斯-阿恩特•沃格斯和克罗克纳公司进行了长达1年的磋商，已经达成了一个他可以接受的报价。弗里德里希•卡尔就订立合约问题前往慕尼黑进行商谈。科拉德•卡莱奇，是弗里德里希•弗利克的堂兄，也是他忠诚的跟随者，对此事不愿擅作决定。同样，埃伯哈德•冯•布劳希奇也没有给予任何建议。钢厂都是沃格斯管。弗里德里希•卡尔像往常一样优柔寡断：“那要不，等等再做决定……”沃格斯心神不宁地返回杜塞尔多夫，午夜12点刚下车就接到了弗里德里希•卡尔的电话；当时，弗里德里希•卡尔正在和老朋友鲁道夫•诺伊迈斯特体验慕尼黑的夜生活，已酒至微醺。沃格斯向弗里德里希•卡尔的酒友解释马克斯炼铁厂的销售条件。诺伊迈斯特是当时著名的慕尼黑拍卖商，他对19世纪艺术的了解是公认的，但并没有接触过上千万的钢铁贸易。沃格斯对这位艺术品拍卖商解释销售条件时情绪稍微有一些激动，诺伊迈斯特最后说：“听起来倒是很有道理。”卡尔接过电话对沃格斯说：“叽喳，我现在就授权你尽快解决马克西米利恩斯的交易。”沃格斯委婉地说道：“现在还不能操之过急，我们还得跟卡莱奇和布劳希奇商量商量。”然而弗里德里希·卡尔或者更确切地说是鲁道夫·诺伊迈斯特已经果断地决定说：“不需要也不用再问任何人了，我现在就宣布你正式接受任务，明天就可以卖了它。”

早在这个时候，弗里德里希·弗利克就应该剥夺他儿子弗里德里希·卡尔的继承权了。在70年的公司经营生涯里，弗利克从不凭直觉做任何生意上的决定。在持续不断的文件处理工作中，他每天至少要伏案工作12个小时，即使年事已高，他依然处理着公司的全部经营数据。他能清楚地把每座高炉的成本率记在脑子里，记到小数点后面那一位。他清楚地知道用多少焦炭能让高炉运转得最好。在他那个时代，阅读报表方面没有人能跟“弗里德里希·弗利克大帝”相提并论（君特·奥格尔如此评价道）。没有人比他更懂得如何把单个的企业合成一个相互协调的整体。销售对于弗利克来说必须服从于一个小目标：赚取的利润要进行再投资，以进一步获取利润，从而扩大公司规模。弗利克集团是弗里德里希·弗利克毕生的事业，为此，他放弃了很多私人生活。“你想听听关于我祖父的私人生活？我祖父没有私人生活。”格特-鲁道夫这样说道。这位有着鹰钩鼻、白发梳成背发的既高大又精瘦的男人，总是下拉着唇角，对后辈同样提出了很高的要求。他们的责任在于确保公司作为一个整体继续存在下去。弗里德里希·弗利克在世时，不允许家族中任何人提分家的事。对此，格特-鲁道夫至今仍感到遗憾：“如果大家能够相互理解，那当然是最好的；一旦出现了矛盾，那就应该分开；如果硬要在一起的话，那结果就会很糟糕。”弗利克家族一直寻找的折中路线，却被证明是死路一条。

弗里德里希•卡尔变卖公司的时候，哥哥奥托-厄恩斯特已经去世了；即使哥哥还在世，恐怕也不能阻止他做出这样的决定。因为早在1966年，他们的父亲就用一笔赔偿金将哥哥赶出了公司。这场家族纷争的结局简直可以写成一部小说。当年，作为长子和勤奋上进的经理，奥托似乎已经被指定为接管公司的人选，但他在45岁时就急着接手公司，而他的父亲无论是在身体上还是在精力上都还是一个很健硕的人，不愿移交手中的权力。父亲经常这样喃喃低语：“他们就想让我退休。”弗里德里希•卡尔比哥哥小11岁，他还等得起，而哥哥这时已决定要跟父亲进行抗争了。父亲对他自己建立的钢铁帝国有着绝对的支配权，他根本没把奥托-厄恩斯特放在眼里。奥托-厄恩斯特为了自己那部分的遗产，甚至将父亲告上了法庭，想要从家族的两合公司中脱离出来，实现独立的管理。不管是在办公室还是在法庭上，父子两人都已经刀兵相见。奥托-厄恩斯特经过长久的对抗，最终被赶出家族。历经此事，他已心力交瘁，在父亲离世两年后，也离开了人世。

《大师与他的学生们》是格特-鲁道夫写的一本书。早在2005年，这本书就出版了。这本书研究的一个问题是：从拉法尔到马奈，绘画动机和技巧发生了怎样的变化。这本书打破了传统的印象派结尾，现代艺术挣脱束缚，向抽象靠拢。这本书的其中一个核心论点是：如今的人类不再需要老师。格特-鲁道夫认为这是不对的。他不喜欢现代艺术，因此，现在他的每句话都带有感情色彩：“不断地革新也带不来什么……当人们不会画画了，那又有什么意思呢？……艺术其实就是人类的生活本身。”他得出结论：“当代艺术为什么会变成这个样子？因为它脱离了传统。”

二、弗里德里希·弗利克大帝

1883年，马赫迪•默罕默德•艾哈迈德在苏丹发起反英运动。同一时间，法国武力占领马达加斯加，并在印度支那半岛建立起安南保护国，也就是今天越南的核心地区。德国威廉一世当政，宰相奥托•冯•俾斯麦致力于稳固姗姗来迟的德意志民族以及自身的地位，他颁布了《反对社会民主党进行普遍危害活动法》，简称《反社会党人法》，国内左翼工人领袖的所有活动都被勒令禁止。他还通过社会政治改革以及签署德国第一部医疗保险法案来阻止工人的激进活动。《资本论》的作者、《共产党宣言》的起草人之一——卡尔•马克思于伦敦去世。同年，罗伯特•科赫发现霍乱病原体。此时，戈特利布•戴姆勒在施瓦本设计出了第一台高速内燃机。也是在这一年的7月10日，威斯特法伦州锡根的克罗伊茨塔尔东部的一个村庄里，一个小生命——弗里德里希•弗利克来到了世上。他是唯一一个使

20世纪的政治、经济、技术上的发展都能为己所用的人。

这个小男孩的父亲厄恩斯特•弗利克经营着家中祖祖辈辈传下来的小农场。在德国这片最古老的铁矿区，土地贫瘠，大多数农民饲养着少量的牲畜。直至19世纪末期，人和牲畜还住在同一个屋檐底下。为了勉强过活，很多农民去附近的冶炼厂和锻造车间工作，弗利克家的农场也入不敷出。在邻居看来，父亲厄恩斯特•弗利克吝啬且有点顽固，阅读和写字对他来说有点吃力，但是他却知道该怎么和数字打交道。和其他大多数在矿山辛苦工作的小农户不同，厄恩斯特•弗利克在森林里砍伐木材，然后卖给附近矿山上的矿主。这些矿主经常没有现金，木材商厄恩斯特•弗利克便为他们提供贷款。渐渐地，他不仅持有借据，还持有客户的股份。弗里德里希•弗利克和哥哥成长在一个经济条件相对良好的家庭，父亲可以在两个儿子从克罗伊茨塔尔的单室学校毕业后，将他们转入位于锡根的文理中学，这是村子里少数孩子才能拥有的特权。然而，在弗利克家，奢侈浪费是不被允许的，每一分盈利都应再投入到铁矿山和冶炼厂的股份中，这不仅增加了利润，同时还增进了父亲和上层人士的联系，这为提高家庭的社会地位提供了保证。

学徒时期——弗里德里希·弗利克成为铁矿主

关于弗里德里希•弗利克的童年生活人们知之甚少。他是一个优秀又有绅士风度的学生，在当时的时代精神影响下成长起来。教会和皇帝主导着人们的精神世界，威斯特法伦州的西格兰深受新教的影响。这个地方最重要的政治人物当属柏林人阿道夫•斯托克牧师，近30年里，他一直是锡根-维特根施泰因-比登科普夫选区的帝国议会代表。作为独具魅力的演说家和民众领袖，他将反犹太主义和忠君思想结合在一起。他立志成为一个虔诚信教的劳动者，但同样相信君主制。有两个节日是弗里德里希•弗利克的必过节日，国王的生日和色当日。在色当日那一天，拿破仑三世被德国人囚禁。他信仰的座右铭是："上帝指引着我。"直至离开人世，他都是一个虔诚的新教徒。服从和纪律、秩序和家庭观以及商人的直线思维，都是他与生俱来的品质。

父亲厄恩斯特在小村子里一步步地靠他的机敏和坚持不懈积累起了一部分家当。弗里德里希•弗利克1901年通过初中毕业考试，以不错的分数从实科中学毕业，获得初中毕业证书。当时的环境对找工作很有利。自1896年起，德意志帝国的经济蓬勃发展，化工和电力行业的企业在工业化的第二阶段取得了前所未有的发展。莱茵河区域和鲁尔区，萨尔和上西里西亚迎来了多年来高度繁荣的景象。1895年到1903年期间，生铁的产量翻了三倍。弗里德里希•阿尔弗雷德•克虏伯的应税资产达到了1.87亿马克，成为除皇帝之外德意志帝国最富有的人。紧随其后的是上西里西亚的工业大家族，但创建大型企业的时机已经过去，哈尼尔、蒂森、施廷内斯和克罗克纳公司划定出了各自的金矿股份。为了不伤及彼此的利益，他们和行业垄断组织进行协商，同时也在巴登-巴登的疗养院和里维埃拉的避暑胜地享受富裕市民阶层的舒适生活。在勃兰登堡，纺织厂主京特·匡特发动德国纺织工业改革。此时，德国“红色威胁”也已解除。俾斯麦软硬兼施，采用镇压和社会补偿并行的策略来应对工人运动。克虏伯建造了8000套工人住房，作为回报，25000名工人从不罢工。在柏林的酒馆里，一些跟风的无政府主义者在制造炸药箱时被抓获，这类事情也没有对时局造成多大的影响。相比英国和法国，德国的工业化较迟，但更为彻底。结果是惊人的：在世纪之交，德国一跃成为欧洲工业强国。

未来的亿万富翁弗里德里希·弗利克在事业初期并不是一帆风顺。和他在锡根的同学想的一样，他拿着分数不错的初中毕业证书，觉得自己未来必定会进入钢铁行业工作。父亲通过生意伙伴给他介绍了一份工作，一个位于瓦德瑙的布雷默尔冶炼厂，离锡根不远，只有一个炼铁炉、一个轧钢车间和几百工人。这位年轻学徒要做的第一件事就是复印关于企业整顿的资产负债表。在钢铁行业集中化进程中，布雷默尔冶炼厂陷入了经济困境。250万的股本承担着166.7万马克的负债。莱茵-威斯特法伦煤炭企业联合会抬高了焦炭和煤的价格，运到偏远的西格兰的运输成本十分昂贵，加之，1871年被德意志帝国吞并的洛林为鲁尔区提供了价格低廉的矿石。因此情况十分艰难，西格兰经营不佳的企业存活机会非常渺茫。对弗利克来说，在这家公司的那段时间是绝好的学习机会。这段经历赋予了他更加敏锐的洞察力，更加明白一家不起眼的小冶炼厂应如何在变革时代立于不败之地。自始至终，他的上司对他都很满意。业务入门知识对弗利克来说不费吹灰之力。学徒期结束后，冶炼厂的领导给他在会计处提供了一个合适的岗位，然而他暂时还不能入职，因为祖国在召唤他。

虽然腓特烈大帝和俾斯麦是弗里德里希·弗利克的偶像，但他心中对普鲁士的辉煌荣耀不太感兴趣。他的世界只有应该要做的和必须要做的，军人的荣耀以及与此相关的责任还是交给中东部那些容克地主的儿子吧。然而，自1817年起西格兰就隶属于普鲁士的威斯特法伦州，服兵役是必须的。弗利克拥有初中毕业证书，作为“初中毕业志愿兵”，他可以自己挑选部队和兵种；除此之外，他还可将规定的三年兵役期缩短到一年，前提是自己负责武器装备和吃住的费用。弗利克选择了卡塞尔附近的军队，那里对他来说有一个很重要的优势：母亲的兄弟在那里经营了一家旅店，正如一向节俭的父亲想的那样，在那里吃住的费用会便宜很多。日后，照顾过他的卡莱奇家就会明白，他们当年的慷慨帮助是值得的。卡莱奇比弗利克小15岁的儿子科拉德，日后将成为弗利克家族企业的得力干将，并拥有股份。一年后，弗利克完成了兵役，并获得了中士军衔。在即将退伍回家前，发生了一件不愉快的小插曲：他衣橱里自己花钱买的外出服被偷了。原本他还想再穿几年。弗利克经常回忆起这件事。

1905年春天，弗利克离开卡塞尔兵营，此时，全球政治气候明显升温。因俄罗斯不接受日本想要霸权的要求，日本的快艇攻击了俄国在旅顺的军港。紧接着沙皇派出了在东海的舰队。德国用煤炭和武器援助俄国，因此英国以战争威胁德国。法国、英国和西班牙根据英法协约划分了各自的殖民利益：埃及划分给英国，马格里布留给法国。德国民众在报纸上读到关于赫雷罗和霍屯督人在德国西南部起义的文章时，感到十分震惊，德意志帝国挑起了第一次世界大战。威廉二世在柏林用爱迪生留声筒发表讲话，告诫大众应该如何做一个模范德国人，并留下了迄今为止历史上第一份政治性语音文件。拜尔油漆厂、巴斯夫股份公司和爱克发股份公司旗下的苯燃料油漆厂共同组建了德国焦油厂利益共同体。弗利克没有回到布雷默尔冶炼厂仍为他保留着的会计岗位，而是决定前往新成立的科隆企业管理和国民经济学院学习。

被称为“复式记账大师”的著名教授奥根•施马伦巴赫在那里教学，施马伦巴赫早就听说了这个学生的资质，委托他帮忙建立一份资产负债表档案。弗利克作了全面彻底的调查研究，并从未忘记将每一份资产负债表备份，这也为他后来建立自己的档案库奠定了基础，这些文件在未来几十年不断扩充成为他经济成功的重要原因之一。

弗利克在生意场和股市上的成功源于他信息上的优势和优秀的推理能力。后来，在他的档案库里不仅有各种资产负债表，还附带政府官员关于大型公共工程的意见、技术评估资料以及工会对举行大型罢工的警告和殖民地的天气预报，这些信息对香蕉、咖啡和茶叶的期货行情十分有用。开始，弗利克档案库的信息主要从公开渠道获取，后来他慢慢借助公司原有的情报部门购买机密信息。他除了有收集信息并使信息为其所用的嗜好，弗利克还发现了自己的另外一个嗜好，在科隆上学期间他就热衷于解读资产负债表，就像阅读侦探小说一样。托马斯•曼的《布登勃洛克一家》在世纪之交出版不久后，非常出名，但弗利克对此却并不感兴趣，相比而言，他对德国钢铁冶炼厂1904

年到1905年间的销售利润率更感兴趣。弗利克有着惊人的记忆力，尤其是在记事实和数字方面。在科隆，他学会了用敏锐的分析视角解读公司数据。没有一个对手比他更能从资产负债表中看出一个公司的实际状况，竞争对手都不希望他的这种能力日益增强。

弗里德里希·弗利克当时的经济状况不太好，靠给人当家教来支付学费，他还靠给有名的《科隆报》经济版撰写关于西格兰钢铁工业的小文章来赚取生活费，假期在布雷默尔冶炼厂上班。在他的大学同学眼里，这个十分上进的西格兰男孩，不好结交，酒宴和恋爱，他都不感兴趣。他仅用四个学期就完成了大学课程，并以优异的成绩毕业。毕业论文涉及钢铁厂协会和“一个冶炼厂的成本估算”。他可以毫无压力地参加毕业考试，因为抛开分数不说，他的学徒公司布雷默尔冶炼厂给他提供了一个令人艳羡的职位，考试结束后，他将升任机要秘书。这对一个24岁的年轻人来说，似乎是个不可企及的位置。有两件事让他平步青云：弗利克的主管获得了布雷默尔冶炼厂的部分股份，与此同时，公司的总会计师意外的生了重病。1907年6月，弗里德里希·弗利克成了科隆商学院第一批商业专业本科毕业生，他回到了原来的工作岗位，这一次他不是复印资产负债表，而是自己制作资产负债表。

公司在弗利克的带领下，经济上仍要精打细算，因此，弗利克还不能马上升任总经理。此外，他系统地进一步完善了他的资产负债表档案，重点完善了钢铁行业的资产负债表，并认真研究西格兰地区所有冶炼厂的年度财务报表。此外，他和当地的铁矿厂主保持着密切联系。他们在餐桌和舞会上碰面，讨论当地的工厂和鲁尔区的工厂相比有哪些结构性弊端。弗利克业务熟练，热爱家乡且好胜心强。尽管如此，他职业生涯中的第二次扶摇直上还是在五年后，这对他来说十分重要。附近的门登和施韦特钢铁公司，拥有2000名员工，是藻厄兰最大的钢铁厂之一，它为弗利克提供了董事的职位。29岁时，弗里德里希•弗利克成了总经理。

如今，这位身材魁梧、精力充沛且有一定经济基础的“老总”开始找对象了。他选中了来自典型中产家族的玛丽•舒斯，玛丽是锡根纺织商、议员舒斯的女儿。父亲舒斯不太喜欢这个未来女婿，拒绝给这对夫妻一份得体的嫁妆。格特-鲁道夫回忆道：“60年代的时候祖父还在毫不避讳地抱怨这件事。”关于玛丽•舒斯人们知之甚少，她是个小心谨慎的人，为了让卧铺乘务员在紧急情况下照顾她和孩子，总是会暗中塞给他额外的小费。同样，玛丽也是个虔诚的新教徒，这个共同点让这对夫妻直至高龄仍然紧密地联系在一起。她将弗利克的生意称为“弗里德”，夫妻之间从来不谈生意。很多时候他们并没有在一起，弗利克总是在东奔西跑。“祖父一个星期有三到四天在他租用的火车上的卧铺车厢处理工作。”格特-鲁道夫回忆道，“他是很极端的那种人，一个纯粹的企业家，全副心思都在公司上，他对女性真的不感兴趣。”弗利克从来不和孙子讨论“女性”和“女性的角色”。在他的公司里，他以书面形式确定女性不得在公司持有个人股份，因为他担心她们的丈夫会插手公司经营，因此孙女从未被纳入公司管理层。妻子玛丽生活中的大部分时间是和三个儿子以及家中的佣人在一起；此外，她还有着一大群朋友，她们经常去疗养院。但实际上，老年的时候她患有各种疾病。

弗里德里希•弗利克和哥哥的关系并不密切。哥哥搬到德国北部接手了一个农场，成为农场主。20世纪60年代中期，当他们住在吕贝克的时候，这位自豪的农民曾造访过弗利克长子奥托-厄恩斯特的家。当时奥托-厄恩斯特的儿子格特-鲁道夫是个年轻的经理，已经不记得那个“粗糙的老头”了。哥哥死后，两家联系中断。不过，弗里德里希•弗利克在他的家乡克罗伊茨塔尔捐赠了一座宏伟的体育场，命名为“奥托•弗利克体育场[1]”。

物资运动

1914年的夏天是历年来最热的一个夏天，整个欧洲中部洋溢着度假的气氛。柏林附近海滨浴场风行的泳衣时尚越来越开放，女士们不再穿着几乎包裹全身的游泳套装，泳衣顿时成为稀缺物品。有钱人和暴发户驾着敞篷车开往全国各地，当时德意志帝国的汽车数量已经达到61万辆，汽车成了身份的象征。狐舞步开始进入舞池，电影逐渐成为流行文化的主导媒体，好莱坞签下了一个25岁的喜剧演员，名叫查理•卓别林。电报日益消除了距离的限制，当时的电报信号已经覆盖到了非洲西南部。马克斯•冯•劳厄发现了X射线在晶体中的衍射，又一个德国人获得了诺贝

[1] 奥托·弗利克是弗里德里希·弗利克哥哥的名字。

尔物理学奖。

6月28日，星期天，从斯德哥尔摩到那不勒斯都沐浴在阳光下，维也纳的普拉特公园和赫瑞根酒馆里，到处都是心情愉快的人；而此时，奥匈帝国的首都萨拉热窝传来一则消息：王位继承人弗兰茨•费迪南德和妻子被暗杀了。尽管公园里交响乐团和啤酒馆里乐队的演奏中断了片刻，但悲伤的气氛并未蔓延。弗兰茨•费迪南德因为生性傲慢且态度生硬，并不为维也纳人民所爱戴。音乐再次响起，很少有人能料到，这次谋杀竟是世界大战的导火索。毕竟，欧洲各大首都的居民早已习惯了潜在战争威胁的存在。到此刻，一切都还是平静的。

但接下来的几天，事件还是演变成了军事对抗。内阁首脑，奥匈帝国外交部部长亚历山大•格拉夫•霍斯在柏林请求德意志皇帝支持对抗南斯拉夫民族主义。不出意料，威廉二世回应道："机不可失，时不再来……塞尔维亚必须被消灭，并且要尽快。"秘密备战只带来了短暂的平静，奥匈帝国于7月28日对塞尔维亚宣战。毋庸置疑，俄国从未想过要接受这种挑衅。7月31日，圣彼得堡发起战时总动员。1天后，德意志帝国向俄国宣战，3天后向法国宣战，并进军中立国比利时。此时英国政府也作出了反应：8月4日，英国向德国宣战。

战争爆发的第一轮恐慌迅速蔓延至所有参战国。在各地，人们的恐惧转变成了爱国热情，特别是在德意志帝国。《每日评论报》的记者在柏林报道说："'开战了！'这一刻，每个人都在说这三个字，听着就让人毛骨悚然。突然，转瞬之间，大家在还没有想明白之前就集合到了一起，虽然彼此不认识，但还是团结在一起。严肃又庄重的声音冲向傍晚的天空，高呼声如响雷。”

当时的弗利克忙于如何让他的新公司门登和施韦特钢铁公司设法从景气的军备行业中获利。为了提高销售量，他经常出差。他1954年在回顾自己过去的人生时说道：“我在公路上卖钢铁。那个时候，哥尼斯堡和慕尼黑钢铁领域的客户我全打过交道。”尽管如此，西格兰的钢铁工业一直以来都是举步维艰，门登和施韦特钢铁公司和布雷默尔冶炼厂也都是亏损大于利润。20世纪初就职于《世界舞台》报的著名经济记者费利克斯·皮纳曾这样描述当时的情况：“经济似乎进入了平静有系统的轨道，各个组织和集团瓜分了新旧工业领域，它们早在萌芽时期就已经打下根基，并已根深蒂固。没有新公司的建立，只有抱团的老公司试图联合起来拓展势力范围。”

弗里德里希·克虏伯，德国兵器制造业的龙头老大，每年净利润能达到2亿多马克。他在慕尼黑建立了巴伐利亚炮厂，在埃森建立了世界上最大的工厂车间——兴登堡车间。蒂森的米尔海姆生产车间占地面积从5.5万平方米扩建到12.5 万平方米。柴油发动机生产商戴姆勒当时管理不善，1916年只能付给其股东24%的红利。

雄心勃勃的铁矿主弗里德里希·弗利克在30岁出头时给自己提出了一个问题：他该怎样在不久后的极度缺乏物料的钢铁战中获益。1916—1917年，人们又将迎来一个饥饿的冬天，一战对于西格兰仍是一件遥远而近乎虚幻的事情。前线远在敌境，士兵的死亡报告偶尔会点明坦伦堡和凡尔登的恐怖，但如果没有直系亲友在列，这种例行公事的报告也就习以为常了。归根结底，人们觉得战争是一个大型战略游戏。这一代的所有在校男孩，下课后就奔向当地的派出所，痴迷地研究最新战报。这一代是之后纳粹的支柱，纳粹不断地向他们承诺：战争是场冒险，我们一定能在这场冒险中胜利。

戈洛•曼在二战后写道："老话说，战争使强者更强，使弱者更弱。"弗利克是那种知晓实际情况并善加利用的人。这位拥有中士军衔的退伍军人是一家战备钢铁企业的经理，不用再上战场了，所以没有在战壕中牺牲的威胁。很快他意识到，他当时的雇主门登和施韦特钢铁公司不过是另一块跳板，他的目标是实现从管理者到股东的跳跃。此时的时机对他十分有利，因为战时征兵和军备企业的蓬勃发展，公司的人员变动很大。1915年4月，战争爆发8个月后出现了一个机会。彼得•克罗克纳，一个著名的钢铁巨头，在军备蓬勃发展时期赚取了巨大的利润，他推荐弗利克就任位于西格兰的夏洛特冶炼厂董事。克罗克纳没想到他为弗利克创造了一个机会，这个机会使得弗利克能够在未来几十年驰骋于莱茵河区和鲁尔区以及萨尔和上西里西亚的工业领域，创造财富，积累经济影响力。弗利克的崛起已经势不可挡。

夏洛特冶炼厂在1915年时还是一家名不见经传的小公司，股金很少，股权分散在不同的小股东手里，也就是说没有大股东决定这家公司的命运。弗利克用攒下的工资和岳父给的嫁妆买下了夏洛特冶炼厂的股份。从这家公司中获得的每一分利润，他都马上再投资进去，因此很快就成了这家公司的大股东，同时他也是这家公司的职员。回想起这些时，弗利克说道："这并不是一个多么伟大的壮举，因为夏洛特冶炼厂仅仅只有五百万的股本。"其他股东并不反对弗利克在公司的主导地位日益加强，因为他的领导高效且战略清晰。凭借着对技术创新的敏锐嗅觉，他率先引进了炼铁炉流程，降低了钢屑的成本。多年后，他称赞冶炼厂的总工程师海因里希•彼得森："彼得森先生对我的支持是十分有远见的。"弗利克和德意志帝国签订合同，确保提供价格低廉的铁屑补给。夏洛特公司拥有数条对战备十分重要的锰坑道，从而提高金属切除量。同时，他拓展了公司未来前景较好的经营领域：他用废铁赚了第一个一百万。不久后他在一次采访中这样说道："众所周知，废铁并不是什么高级的东西。至少他在和犹太人交易的时候，废铁确实不是什么高级的东西，但是，它是一种很重要的物品。"为感谢他的这种商业意识，股东推选他当总经理，全权代表公司，这也成了他后来加入全国企业家委员会的敲门砖——铁矿中心聘请了弗利克担任他们的顾问。

这位新兴企业家逐步参与到家乡的经济政策中去。相比鲁尔区，当地的其中一个主要结构性弱点就是矿石开采和钢铁工业的分散。在酒桌上，在办公室里，弗利克尝试说服附近冶炼厂的同行联合起来，创办西格兰钢铁协会。联合之后就可以打造一个自己的煤炭基地，从而突破鲁尔区的价格制约。夏洛特冶炼厂在此事中起了主导作用。在监事会不同意的情况下，弗利克还是坚持买下了位于出生地克罗伊茨塔尔且有炼铁炉的科隆-穆森勒股份公司。签约当天他还得到了另一个好消息，妻子玛丽生下了一个健康的儿子：奥托-厄恩斯特。这位父亲当时没有料到，这个儿子以后会让他十分头疼。

1916年9月出台的所谓建立“兴登堡防线防御工事”的计划，要求弹药和迫击炮的产量翻倍，大炮和机关枪的产量甚至要翻3倍，夏洛特冶炼厂继续扩张。同年，上黑森州一个拥有一个大型矿床的路易斯矿业联合公司以及两家分别位于锡根和瓦得瑙的薄钢板轧钢厂都被弗利克并入了夏洛特冶炼厂。夏洛特冶炼厂的自有资本当时已经达到了约950万马克。随后，这家崛起的公司高价买下了锡根钢铁产业和锡根铁路需求股份公司。这笔买卖还没完全结束，弗利克又买下了第三家锡根的公司——阿克斯•施莱弗堡-玛特勒有限公司。夏洛特冶炼厂从一个不出名的公司成了一家大集团，除了有炼铁炉和铁矿，还有变流机、轧钢车间、火车工厂和大量的持久的有形资产原材料废钢。除此之外，夏洛特冶炼厂还持有价值170万马克的战时公债。持有这些战时公债不仅被看成是一个非常爱国的举动，还给公司带来了绝对的财政收益。夏洛特冶炼厂可以凭此大大降低纳税负担，因为帝国政府的这份账单，不知道什么时候才能击败对手得以兑现。

1918年5月，鲁登道夫将军下令大举进攻西部，迫使政府在美国军队援助英法之前下决定。从5月到7月，德国军队尝试在索姆河和马恩河、伊普尔和贵妇小径突破敌线，但却失败了。1918年8月战争以失败告终，军队已筋疲力尽。上到将军，下到二等兵，他们开始明白：“我们赢不了。”

德国人民已经熬过了两个饥饿的冬天。数十万人走上柏林街头示威游行，要求结束战争。10月5日，德意志帝国皇帝任命的最后一任帝国首相马克斯•冯•巴登在德意志帝国议会宣读了停战要求。紧随着军事行动上的失败，叛乱迅速蔓延到其他地方。10月底，海军司令部试图再次加入战局，促成了威廉港的水兵叛乱事件。尽管如此，威廉二世仍然尝试推迟战争结束的时间。11月7日慕尼黑爆发起义，人民的怒火迅速蔓延至柏林，罢工工人和士兵联手行动。11月9日，皇帝流亡到荷兰。德国君主制彻底成了历史。柏林，巷战肆虐，德国共产党人希望进行苏俄式的革命。很快，暴乱和罢工让这个国家彻底瘫痪。社会民主党人弗里德里希•埃伯特接管了帝国的领导权，将结束内战和饥荒视为爱国义务。他保留了自己在普鲁士行政体制中的位置，命令原来的军队镇压暴乱。德国的第一个民主政体开局不利。

弗利克的总资产在“物资运动”结束后，比企业家和外交部长瓦尔特•拉特瑙在战争时期罗列的整个德国的经济数据都要好。1940年4月1日，在夏洛特冶炼厂25周年庆时，这位企业家高兴地说：“我那个时候多么有事业心啊！”当然，他的家庭没有受到饥饿和物资缺乏的威胁。这位公司领导人能够在黑市上设法弄到所有必要的、舒适的东西。短短几年时间，他在35岁时成了西格兰钢铁行业的领军人物。现在，这个地方不再依赖鲁尔区，它开始了对克虏伯、蒂森和施廷内斯领域矿产的狩猎。

拿不下鲁尔，那就拿下上西里西亚……

鲁尔区的矿主们开始注意到，弗利克已经把西格兰的钢铁行业联合起来。他们对此十分不满，但在一段时间里仍然并未把他当成威胁。德国战败后，一切显得有所不同。阿尔萨斯-洛林不再属于德意志帝国，德国的钢铁实业家们无法获得或者说再一次无法拥有法国的矿石储量。西格兰再一次显示了其战略意义上的重要性。鲁尔区需要矿石，锡根需要煤。在鲁尔矿产大亨看来，是时候把这个看不顺眼的当地爱国人士从夏洛特冶炼厂里撵出去了，尤其是在临近战争结束时，众所周知，弗利克秘密收购了科宁斯伯恩和盖斯威德尔钢铁厂的鲁尔煤矿石股份。弗利克已经成了一个需要严肃对待的对手。尽管战后国内经济萧条，但弗利克的公司运营状况良好，且拥有大量的投资储备。同样因为弗利克在战时公债上的可靠直觉，他在11月革命的第一天就将之前减税的证券变成了通用货币，不久后那些证券变得一文不值。

彼得•克罗克纳第一个反应过来，这位谢顶了的工业巨头在生产范围和经营范畴上形成了自己的生产链：矿井—煤矿—钢铁厂；并且他有着自己的野心，意图在西格兰站稳脚跟。克罗克纳买下了盖斯威德尔钢铁厂总经理弗里林豪斯的全部股份，近乎绝对控股，并使弗利克在科宁斯伯恩的矿山计划落空。至此，克罗克纳掌控了煤炭公司三分之一的股份，共购买了25%的绝对投票权股份，成为可以阻止表决的少数。奥古斯•蒂森同样也在盖斯威德尔钢铁厂有投资，直接对弗利克进行反击。弗利克注意到蒂森在收购夏洛特冶炼厂的全部股票时，十分震惊。科隆钢铁商奥托·沃尔夫，同时也是菲尼克斯集团的大股东，加入了蒂森的行列。这些鲁尔工业大亨的意图十分明显，一旦他们掌握了煤炭公司的过半数的股份，就要驱逐总经理弗利克；而作为小股东的弗利克是没有合法理由拒绝的。几年后弗利克承认："我的事业命悬一线。" 新兴的夏洛特冶炼厂面临被蒂森集团分公司吞并的威胁。

现在轮到弗利克采取行动了：他提出将在盖斯威德尔钢铁厂筹集的股份交给鲁尔人，以用来交换在夏洛特冶炼厂的股份。此外，他还承诺不再经营鲁尔区煤炭。克罗克纳和蒂森犹豫不决。在1920年1月20日的夏洛特冶炼厂全体股东大会上，弗利克请求剩下的股东说："这是生死存亡的时刻。无论我们是对敌人投降，还是以掌握优先股来保卫自己，鲁尔大亨都不可能赢得在夏洛特冶炼厂的决定性影响力。"董事会商量了不到5分钟。鲁茨·格拉夫·什未林·冯·科洛希克，当时重工业领域最有影响力的观察员之一，在报告中写道："没有人要求发言，每个人都知道这意味着什么。"弗利克说服了全体股东，成功引进优先股以增加投票权。即使是对于财力雄厚的克罗克纳、沃尔夫和蒂森，夏洛特冶炼厂的多数票也是极其昂贵的。于是他们做出了让步，同意了弗利克物物交换的提议，总的来说，弗利克还是满意的。虽然他进军鲁尔的计划失败了，但有着抵抗工业大亨的优势，挽救了夏洛特冶炼厂的独立性，夺回了自己的冶炼厂。股权变动期间，由于蒂森的股权转让，他个人在公司的股份涨到了百分之五十多，这是他创业生涯中最大的成功。鲁尔编年史作者库尔特·普利斯克赖特评论说："现在，他终于为飞跃打下了坚实的基础。"

鲁尔矿业大亨的攻击对弗利克来说像是奇耻大辱，他从未敢忘记，直到后来才慢慢释怀。"他们感受到的只有羡慕、嫉妒、不甘。"他在那一次关键性的全体股东大会上说道。这件事使弗利克的想法发生了转变。迄今为止，他的工作是建立在公司的利益之上的，他想要扩建夏洛特冶炼厂使其立于不败之地。但与鲁尔大亨的交锋让他明白，作为一个门外汉，一个暴发户，他必须要和那个世界里强大的敌人作斗争。

弗利克尽量避免与蒂森公司产生正面冲突。他利用变卖战时公债的钱和废钢生意赚得的利润前往东部寻找急需的煤矿。上西里西亚有着蕴藏量丰富的矿井，这个钢铁大省在风险投资人看来已然成为有利可图之地。当时的政局不稳。1919—1921年间，在波兰建国进程中，德国人民和波兰人民之间争端不断，罢工成了家常便饭。最后，在对这一地区并没有签署明确的政治解决办法时，盟军占领了上西里西亚。感到不安的股民——通常是以别人的名义——都想要抛售他们的煤矿和钢铁厂的股份。弗利克知道，他的机会来了。

弗利克在极其严格的保密条件下委托朋友，也就是法兰克福的银行家卡尔•贝格曼，以当时德国马克票面价值100万马克的价格购进了上西里西亚俾斯麦冶炼厂的股份。为了不引起怀疑，弗利克表面上是前往温泉浴场度假，实则是在幕后操控股票的购买。观察员当时可能觉得没什么，毕竟俾斯麦冶炼厂的股票份额近乎是西格兰夏洛特冶炼厂的两倍。1920年7月，弗利克不动声色地掌握了上西里西亚公司40%的股份。这时，当地的矿产大亨察觉到了危险的气息，慌忙各自购进股票。大银行家们也嗅到了商机，参与进这场购买股票的投机游戏中，其中就有当时的德国中央国家银行主席杰尔默•沙赫特，此人也就是后来希特勒统治下的德意志帝国银行行长兼德意志帝国经济部部长。俾斯麦冶炼厂的行情从260%攀升到400%，（当时的股票价值不是显示多少马克，而是显示发行价格的百分比）弗利克持续购进。八月份他实现了目标：俾斯麦冶炼厂220万马克的资本，其中120万马克挂在他的名下。《世界舞台》总结："极其精明的埋伏，近乎无声的准备。"直到这位收购商差不多持有了多数股权时，管理部门和社会各界以及当地的主要银行，这才意识到发生了什么。

这次收购在很多方面都被证明是极为成功的。除了俾斯麦冶炼厂，弗利克不久前还拿下了位于波鸿市的子公司威斯特法伦钢铁厂。西格兰最大的矿山之一——新哈尔特矿业联合公司也落入他手。弗利克将威斯特法伦钢铁厂单独拿出来更名为威斯特法伦钢铁股份有限公司，并在1921年将其卖给了因《凡尔赛条约》失去洛林冶炼厂而急需寻找替代品的科布伦茨-适佩特尔公司的穆巴赫冶炼厂。弗利克的利润已经足够偿还购买整个俾斯麦冶炼厂的全部贷款了。新哈尔特可以辅助确保夏洛特冶炼厂的长期矿石供应了。

1921年10月12日，根据全民公投的结果，上西里西亚一部分划分给了德国，一部分划分给了波兰。俾斯麦冶炼厂在波兰的领土上。对此，弗利克一点都不觉得困扰。为了避免卷入政治里，他将公司按照波兰法律改制成了股份有限公司，并把资本投入到了自己在荷兰成立的控股公司中。然后，他开始筹备在波兰的下一次大量买进。他盯上了上西里西亚最大的煤炭生产商——主营采矿和冶炼厂的卡托维兹股份公司。这一次弗利克可以借助杰尔默•沙赫特强有力的支持设法得到多数票。沙赫特建议弗利克通过科隆银行A. 立维在极为保密的条件下拿下弗兰茨•休伯特•冯•蒂勒•温克勒尔伯爵手上的大宗股票，这位伯爵想要从德国和波兰之间不平静的边境撤离。因其急于脱手，这位伯爵给弗利克思考的时间并不多。匆忙交易不是这位谨慎的计算家和报表专家的风格，但长远来看，这片煤矿的前景实在太诱人了。虽然他必须为这次买进承担高额的负债，但他还是下手了。

1922年，第三次行动紧随其后。布雷斯劳企业家奥斯卡和罗伯特•卡罗兄弟二人因波兰第三次工人起义和阿纳贝尔格战役而受到冲击，弗利克用借来的钱买下了他们在上西里西亚钢铁行业25%的股份。借此，弗利克成为了公司中可以阻止表决的少数，他迫切地需要增加资本，因为他知道只有这样才可以让他在短短几周之内掌握公司的多数资本。首先，他凭借否决权阻挠总经理维克多•祖卡坎德尔的每一次增资。弗利克把隶属卡托维兹股份公司的普鲁士矿给了上西西里钢铁工业，有了普鲁士矿，上西里西亚钢铁工业就有了可自己支配的煤矿，除此之外，弗利克还给上西西里钢铁工业额外2亿马克的现金资本。要求的回报是：6000万的新股。这个建议乍看起来十分诱人，祖卡坎德尔欣然接受了，然而事后他忽然意识到，这让弗利克成了自己的老板。因为弗利克在上西里西亚钢铁工业取得了多数股份，因此普鲁士矿只是换了家公司，其实还是在他的手里。换句话说：在这场金融交易中，弗利克什么都没有损失。短短几天，弗利克把这场交易完全地变成了自己的利益。由于弗利克准确的预计到了新的通货膨胀，他卖出了上西里西亚钢铁工业新到手的5%的股份，用已经投资的现金资本进行再融资。

秃鹰和通货膨胀

1922年6月24日是一个凉爽的雨天，尽管如此，德意志帝国外交部部长瓦尔特•拉特瑙还是驾着敞篷车从别墅前往柏林-格吕内瓦尔德方向的政务区。国王大道上，快到长长的S形弯道时，突然出现3个驾着一辆敞篷梅赛德斯的年轻人试图超车。目击者告诉《福斯日报》：“当这辆大轿车追上大约半个车身时，一个身着精美皮质外套的先生向前弯腰，掏出一把手枪，瞄准另一辆车里的人。他根本不需要瞄准，实在是太近了。子弹连续射出，快得就像机关枪一样。”梅赛德斯里另一个男人还扔出了一枚蛋形手榴弹。爆炸将瓦尔特•拉特瑙抛向了空中，几分钟之后赶来的医生只能确定他的死亡。

警察很快查明，3名罪犯分别是两个学生和一位工程师。司机被关押，两名杀手在与警察的交火中被击毙。和预期的一样，这些人是德国民族主义分子。拉特瑙从1921年上任伊始就担任复兴部长，作为自由民主党的成员，深受右翼民族主义抹黑运动的困扰。拉特瑙是犹太人，坚定的民主主义者，德国通用电气总公司的继承人——似乎这些还不够——他还是一个才华横溢的作家：他完全符合右翼反犹分子对敌人的想象。1922年初夏，他代表德国参加热那亚赔偿会议和苏联就热帕洛合约进行协商，就赔偿问题考虑对战胜国的赔偿。德国国会议员威廉•亨宁在《保守党月刊》直面回应死亡威胁："国际上的犹太人完全不了解德国的荣誉，所以不再说了……德国的荣誉不是国际上犹太商人讨价还价的商品！……但是，您，拉特瑙阁下，和您背后的那些操纵者，德国人民一定会追究你们的责任！"

刺杀事件后，国家总理约瑟夫•威尔特在国会发表讲话，这次讲话内容多次被人引用，讲话结尾是这样说的："我们的敌人，将手中的毒药洒在了人民的伤口上。我们的敌人，毫无疑问，这些敌人是右翼分子。"1922年的流血事件不仅暴露了这个年轻共和国激化的社会矛盾，同时动摇了国内外投资人对德国货币的最后一丝信心。这使得多年来早已露出端倪的货币贬值一发不可收拾，直到今天，这一事件在经济史上仍属罕见。

对于物价上涨，德国人民早已习以为常。1918年，一块面包的价格是1914年的3倍；1920年，一包香烟只要50芬尼，到了1922年春天，价格涨了10倍。极少有人把物价高涨看成是混乱的根源。大体上工资和物价是同步上涨的，大额的数字算起来不太容易。当然，如果你不去国外旅行，不需要外汇的话，标价签上多了一个零或者两个零，你也还是能生活的。当时人们对这一现象的解读是

“价格上涨”，而没有意识到这是“通货膨胀”。这个年轻的共和国，看起来要先解决更重要的事。拉特瑙死后，“价格”攀升了1300%。从1922年的8月1日至9月1日，德国货币兑美元的汇率从643马克下跌到了1898马克。钞票印刷机开始加夜班。不可靠的战时融资开始产生恶果。战争胜利后，政府效仿1870—1871年的做法，将所有战争成本推给战败方。战时的花费用战时公债来弥补，人民大众一致认为战争一定会胜利，所以这些战时花费都是从那些坚信战争必胜的人民那里借来的。

随着军事上的失败，显而易见，主战政府也彻底错估了国民经济。摆在社会民主党后继者面前有两条路：一是采取激进的财政紧缩政策，当然此举有风险，可能会再经历一次饥饿冬天，不稳的政治体系也可能会崩溃；二是接着借钱管理国家。他们选择了后一条路。在新旧债务的基础上，加之1919年5月签订的《凡尔赛条约》中，战胜国认为德国要对战争负唯一责任，条约中缩小了德国的版图并解除了其军事武装，将全部战争成本的账单摆在德国面前。1921年，英法美三国确定德国的战争赔款总额为1310亿金马克，并要求德国在接下来的几十年里用美元分期付款。为了支付第一期的赔偿款，德国政府立即着手印制钞票，低价将马克变卖成美元。很快的，在国际货币市场上，德国的货币变得一文不值，国内物价也出现上涨。1923年，市场上现金流通量爆炸性增长。对此，被法国和比利时占领的鲁尔区（由法国总理雷蒙德·普恩加莱管辖）借鲁特利山谷牧场宣誓[1] 进行应对。钢铁行业在政府资助下进行持续性罢工使得德国经济彻底崩溃。10月，市面上流通货币达到2.5万亿马克，一个月后增加到400万亿马克。货币市场上马克彻底丧失价值。11月中旬，1.26万亿马克才值一美金。

将钱放在储蓄账户和投资项目的人，积蓄一夜之间就被抢光。当然，大多数人也没有时间为丢掉的损失悼念。基本生活必需品的战斗已经打响，因为杂货老板的定价紧随美金汇率的变动而上调。一磅黄油，早上卖1万马克，到了晚上，价格就翻倍。周五到手的100万马克工资，在下周一只能买到两千克土豆。人们试图在发薪日买入存货或者将钱投到股市里。德国人相信，交易市场是逃离德国货币贬值的通道。每个工头，每个机关职员，每个教师和杂货商，都成了股民。发薪日股价狂涨，到处都是没听说过名字的新的私人银行开业，也没有人去检查它们是否有偿还能力。

尽管如此，这场大规模的通货膨胀对人与人的影响还是大不相同的。一个背负债务的人，可能一个星期后就会因为一块黄油面包而摆脱债务。在柏林的腓特烈大街上，年轻人拿着现金和鱼子酱在新发迹的娱乐厅消遣。另一边，拿养老金的退休老人在公园里挨饿，关于抢劫的报道占据了报纸的版面。

政治局势越来越混乱：8月中旬，柏林政府垮台，共产党人在萨克森执政数周后被德国国防军拿下，莱茵地区

[1] 鲁特利山谷牧场宣誓：传说1921年瑞士最初的3个区的联盟者在此宣誓反抗奥地利暴政。

要叛乱的谣言在首都甚嚣尘上。为安全起见，左派和右派更是结成了一次联盟。柏林街头突然冒出很多自诩为救世主的人，发誓他们和上帝一定会拯救大家。最出名的是一个叫豪瑟的人，他通过允诺救赎众生吸引了几千名跟随者。在慕尼黑，一个名叫希特勒的退役士兵在酒馆寻找出头的机会，他演讲的特点是诅咒和谩骂别人。尽管新上任的总理兼外长古斯塔夫·施特雷泽曼自8月以来就致力于将混乱的社会秩序引上正轨，但是淘金论和末日论还是少见地成了当时两种并存的论调。

据移民到英国的政治评论家塞巴斯蒂安·哈夫纳1939年回忆说："老年人和脱离现实的人过得最糟糕。很多人被迫乞讨、自杀。那些聪明伶俐的年轻人过得不错，他们会在一夜之间变得自由、富有、独立。现在的局面是，反应迟钝和相信之前经验的人只会遭受饥饿和死亡，而那些凭直觉做事、很快适应新局势的人会突然拥有巨大的财富。人们会经常看到21岁的银行经理，就像是从老朋友那里听取了股市建议的高中生。他们戴着奥斯卡·王尔德领结，组织着香槟节，赡养着他生活困苦的父亲。"

11月中旬，社会民主党财政部部长鲁道夫·希法亭结束了这场骚乱。为了应对这场骚乱，他发行了印有"地租马克"字样的灰绿色小购物券，不久后，又发行了可以用来购物的新硬币。美元和股票为此得到了有效控制，不再狂飙。新政府以牺牲地产业、商业、工业、银行和黄金储备的部分利益为代价，将货币发行量限制在32亿马克。同时将国家开支削减到社会可容忍的范围内。30万名官员、职员和工人被解雇。改革办法虽然强硬，但很成功，国内外对德国货币再度产生信心。

弗利克的经营策略在通货膨胀时期被证明是成功的。现年41岁的他，和腓特烈大街俱乐部里新生银行家相比，已不再年轻了。不管怎么说，他也把营业场所从西格兰转移到了柏林，而且还是在气派的贝尔维尤大街上。在业务能力的可锻造性上，他本来就比年轻的商人强出一大截。别人都是小范围的经营着业务，他却做着批发式的买卖。

上西里西亚的那宗成功的金融交易是在近乎不公开的情况下进行的。业内给弗利克取了个外号叫“无声的天才”。费利克斯•皮纳作为第一批将这位平步青云的新贵引入公共视野的人之一，在《世界舞台》报上写道：“从弗里德里希•弗利克在夏洛特冶炼厂的办公室就可以看出施廷内斯、施图姆、克罗克纳、奥托•沃尔夫、赫茨菲尔德和那些其他大收购商、组织能手和企业合并规划家工作时的情况，他被时代精神所感染，深感自己肩负使命之重。他勇敢地跳进社会变革的洪流中，几度沉浮，以重工业垄断之王的姿态出现在历史舞台上，每打一次商业战，他的势力都会得到极大的扩充。”

弗利克的收购策略和其他在通货膨胀时期受益的人所做的策略相同，都是基于一个简单的原理。他和银行之间有着良好的关系往来，用信贷购买了保值的实物资产，只做股权交易。而他用商业手段隐藏起来的价值和目标细节，那些聪明的对手几乎都不知道或直到最后一刻才看明白。弗利克刚将旗下的夏洛特冶炼厂、卡托维兹股份公司和上西里西亚钢铁工业糅合成一个强大的整体，合并后的公司早就超过单个公司的总价值。他谨慎地寻找着一个对这个金属联合企业感兴趣的买家。他与意图向东扩张的捷克斯洛伐克企业家弗里德里希•韦因曼和在通货膨胀时期因拿下洗衣店成为石油巨头和大银行家的维也纳滑稽演员西格蒙•博塞尔展开了谈话，然而两个人都拒绝了他。事后，弗利克觉得自己被拒绝很值得庆幸，因为雨果•施廷内斯表示感兴趣：一扇通往鲁尔的大门就这样被意外地打开了。

施廷内斯从父亲那里继承了令人艳羡的集团，包括金属公司和莱茵船舶公司。通货膨胀期间，他获利颇丰。货币贬值得越快，这位矮小敦实的男人在米尔海姆的财富就扩张得越快。鲁尔编年史记载道："施廷内斯几乎是不加选择地收购可以买到的各种类型的公司。"当然，从弗利克手中买下一个上西里西亚的冶炼厂对他的大集团来说一点都不吃亏。和弗利克取得联系的是莱茵-易北联合公司的总经理艾伯特•福格勒，他是施廷内斯最重要的员工之一。弗利克和福格勒在科宁斯伯恩煤矿和盖斯威德尔钢铁厂的谈判中打过交道，也就是两年前弗利克公司进军鲁尔受挫的时候。尽管当时双方利益交锋，但彼此互有好感，后来也偶有联系。在未来几十年里，两人的关系发展成了真诚友好的友谊，这也是弗利克唯一一次和同是工业家身份的人建立深厚友谊。

凭借背后在上西里西亚的托拉斯，弗利克这一次可以怀着完全不同以往的自信前往谈判。对施廷内斯来说，弗利克握有80%股份的俾斯麦冶炼厂-卡托维兹股份公司，对他在奥地利的阿尔平矿冶公司是一个理想的补充，因为阿尔平矿冶公司没有自己的煤炭储量。一开始弗利克就明确表示，他要的不是钱，他只对股权交换感兴趣。这场谈判持续了两个月，最后以双方交换股权结束。弗利克以大笔债权金额的形式转让了俾斯麦冶炼厂约40%的资产，同时得到了矿冶托拉斯莱茵-易北联合公司、德意志-卢森堡矿业股份公司、盖尔森基兴矿业公司（鲁尔当地话叫盖尔森贝格）和波鸿协会的很多股份。施廷内斯和福格勒凭借在上西里西亚的入股进入了夏洛特冶炼厂的监事会。作为回报，弗利克也获得了莱茵-易北联合公司的监事会席位。因此，他完美地进驻了鲁尔工业界。夏洛特冶炼厂可以拿到盖尔森基兴矿业股份公司的煤炭。在纽伦堡审判中，弗利克说道："借助上西里西亚，我绕着弯最终实现了目标，为我在西格兰的总厂拿到鲁尔区的一个煤炭供应基地。"几年后就会显现出，这一步妙棋将会有着怎样的效果——它奠定了弗利克走上鲁尔上层的基石。

为了实现这一目标，弗利克必须再卖一部分上西里西亚钢铁厂。他再次提议交换股权，这一次，他找上了萨克森州火车头和车厢制造业的龙头企业——林克-霍夫曼-劳赫哈默工厂。此时，正在致力于拓展产品线的林克-霍夫曼-劳赫哈默工厂（简称LHL）想收购德国通用电气总公司(简称AEG)，这家柏林电子公司是由LHL总经理弗里德里希•埃奇贝格资助的，因此，一开始看起来像是AEG-LHL要合并。为了阻止这一情况的发生，弗利克和LHL的主要股东缔结了"利益共同体协议"，这一协议的具体内容至今无人知晓。但几周前，弗利克给与AEG有合作意向的埃奇贝格总经理发的一份电报内容却不是秘密："已经取得了多数，接下来，希望有良好的合作。"人们也知道，对于这次交换，弗利克不得不把他在上西里西亚钢铁冶炼工业（简称OEI）的部分股份拿出来，通过LHL-OEI他可以在波兰投资。

第一次世界大战爆发前夕，弗利克还是一个身无分文的职员；皇帝流亡时，他已经成了百万富翁和大型公司集团的总经理；通货膨胀后，他更是步入了工业巨头的行列，拥有多个分散各地的公司产业，价值新货币一亿马克。许多经济记者都为他的机智感到惊叹，尽管他是“重工业出身”，但在证券交易上，他可以和当时狡猾的投机商如雨果•赫茨菲尔德或者卡米略•卡斯蒂格利奥利相提并论。在夏洛特冶炼厂里，他被称为“弗里德里希•弗利克大帝”，因为他总能带来丰厚的分红。越来越多的报社把这个不易接近的新柏林人看成是“不讲道德的投机商”“一个交易所的投机者”，虽然在交易所中实现了巨大的盈利，但至今没有建新的炼铁炉、新的轧钢车间甚至其他什么的。很多观察员并没有在弗利克的金融交易中发现他非凡的具有创造性的想法，因此，持少数股的股东们多有怨言，他们不行使自己的权利，也不履行他们的职责，因为公司老板弗利克做决策，事前从来不与他们商量，只是通知他们。《柏林日报》曾经写道：“很遗憾，这种独裁式的管理是新时代给我们带来的一个典型现象；但很少有像在弗利克公司或者是夏洛特冶炼厂里表现得如此突出。在此期间，交易所中流传着弗里德里希的第二个外号——秃鹰。”

不久后，弗利克公开抵制这种指责，通过精明的投资获得短期有效的高利润率是德国建国时期过时的策略。他宣称自己是将股票视为一种辅助工具，他的交易并不是目标本身。他的目标在于将参股的公司聚集在一起，使其在经济上互为补充，从而建立高效的联合经营。然而，弗利克的传记作者君特•奥格尔对此表示深度怀疑，他认为弗利克在紧张的通货膨胀时期进行快速金融交易的主要目的并不是为了合并。同时代的人预言弗利克会迅速破产，其中厄恩斯特•内卡苏尔姆在备受关注的书籍《1925年的新旧财富》中写道："现在，弗里德里希•弗利克是一个富翁，甚至可以说是一个巨富；但他是经济繁荣期的骄子，他的伟大时代，收购大宗股票和大宗股权交换的时代以及其他类似的商业活动的时代，早已过去。"然而事实证明，这位著名的时事评论家完全弄错了，至少有关弗利克的部分是错了。

硬座和饭盒

弗利克的企业家品质太过优秀，这些优秀的品质让他在币值稳定时一样会成功。大多数在通货膨胀时期获益的商人很快都销声匿迹了，就如他们出现时一样快。弗利克却还在。什未林•冯•克罗希克准确地描述了弗利克优秀的商业品质："他从西格兰的祖先们那里继承了韧性，无论花费多长时间，无论走多少弯路，都毫不动摇地坚持认定的目标；轻易不会动摇的冷静自持加之丰富的想象力让他可以通盘考虑技术上、经济上和财政上联系的可能；他敏锐且彻底地掌握所有资料信息，即使是最微小的细节也不放过。"格特-鲁道夫简洁明了地作了以下总结："他有着异常强大的决心，要将事情做到最好。他的目标就是权力。同时，祖父又是一个非常谨慎的人。他不会不顾一切地追求规模，而是在寻求丰厚的利润回报。结果自然就是很片面的人生。”

工作狂弗利克一天至少有12个小时伏首在案上，他习惯不停歇地翻档案，反复熟悉所有相关的公司数据。他能指出公司所有炼铁炉的成本率，知道炼铁炉在运行理想的情况下需要多少焦炭，也可以马上说出每个矿井装置的传送设备。他强大的数字记忆力让下属感到害怕，尤其是在业务数据没有达到弗利克的预期时：“要么数字变了，要么表情变了。”这句话最后成了弗利克公司的基本准则，也是当时工商界领导人的名言。此外，这位领导总喜欢到公司的矿井搞突然袭击，向负责人提出无穷无尽的问题。他总是会给予某些企业经理足够的个人责任，以提高他们所在公司的生产力。细致的人事政策主要是为了达到期望的经营业绩。“没人敢糊弄祖父。”格特-鲁道夫对此深信不疑。尽管弗利克威信很高，但他的准则是：“我并不喜欢发布命令，我希望说服别人。”被问到如果下属不能被说服该怎么办时，弗利克回答说：“那我就下命令。”

弗利克有着充沛的精力和惊人的专注力。他似乎从来没有过度疲劳或者筋疲力尽过，堆积成山的文件很快就会被处理完。监事会会议上，弗利克总是做最好的准备，在仔细权衡利弊之前，从不表明自己的态度。即兴演讲对他来说是个噩梦，他不喜欢打无准备之仗。他的策略是，除了极少数特殊情况，他会用数月时间在办公室里缜密地思考对手可能会有的反击策略，并在脑海中进行无数次的演练。同时，他会毫不动摇地遵守一个行动准则，一个已经帮助他得到了夏洛特冶炼厂的多数股权的行动准则：“用最少的资金投入，获得最大的势力范围。”

在所有的能力中，弗利克最不缺的就是在复杂的事实情况中看出简单真相的能力。在他考虑收购一家工厂之前，他经常会在厂区周围走一圈，看看烟囱冒出的烟多不多，多就证明生产情况不错。他还会观察波纹白铁皮的棚屋下是不是也停满了公司员工的自行车，如果是的话，就证明公司有着充足的盈利。在与美国化学代表团就液体甲烷进口问题谈判时，他数小时不发一言。在谈判双方就技术细节激烈争论后开始谈价格时，他的表现让所有人大吃一惊：他突然气定神闲地接过了话语权。德国理事说：“您完全不懂英语。”据说，他十分友好地回答说：“当然懂，如果是谈价格的话，我就懂。”在谈判中，弗利克的另外一个品质也会带来好处：对人的了解，或者更确切地说，他能看出别人的弱点。这个品质让他经常戳中别人的痛处。

他期待他的员工和他一样的努力，有着一样的责任意识。公司里流传着一则发生在柏林贝尔维尤大街面试的轶事：一位资质优秀的求职者在周四的下午走进了弗利克的办公室，面试部门经理的职位。面试进行得很顺利，直到弗利克问道：“为什么你在工作日却穿着一套绿色的猎人套装呢？”这位求职者老实地说，他想在面试结束后提前过一个狩猎周末。弗利克将他送出了门外，并说了以下的话：“从我这里走出去的人，都是去工作的，不是去打猎的。”就这样，这个人在弗利克集团的职业生涯还没开始就已经结束了。

弗利克认为，在公开场合露面不仅对他个人来说是一件非常恐惧的事，而且对他的商业活动来说也是极为不利的。秘密行动一直是他的扩张策略，之前的经验早已证明：他的竞争对手对弗利克这个人知道得越少，就越有利。弗利克一步一步地在自己周围筑起了沉默的城墙。从他公司里离职的高管，都会得到一笔丰厚的退休金。弗利克更希望他们将这理解成封口费，或者是一种诱惑，让他们继续提供能让公司赚钱的信息。当其他工业巨头都愿意和魏玛共和国时期新兴的商业媒体聊天，希望用商业上的成功来谋求公众的认可时，弗利克却固执地拒绝了所有采访。直到纽伦堡审判，弗利克也没有一张采访照片，直到去世他也没有邀请任何一家媒体参加记者招待会。在刨根问底的记者们发新闻之前，他会先买断他们的调查结果。这是一个家族传统，他的儿子弗里德里希•卡尔延续了这一传统。弗利克和柏林经济记者卡尔•贝克-斯特雷克•冯•劳滕施特劳赫签订了一份协议，根据表弟科拉德•卡莱奇的文件附注总结出了以下几点：

1. 贝克在国民经济和企业管理方面为我所用；

2. 与我司相关的，特别是与我司相关的人员，尤其是与弗利克先生相关的，已经按一定目录列好的文件和已经发送出去的文件，即使贝克先生已经卖出，也要召回并归还我司；

3. 贝克先生手头上所有与此相关的书面资料，无论是原件还是复印件，都要交与我们；

4. 有关第2款和第3款，贝克将获得一次性补偿；至于第1款，贝克将获得持续性的报酬。

对于这一协议，《明镜周刊》评论道：“这一协议对双方都是有利的。”可惜里面列的条款过于简单了，贝克-斯特雷克于1943年3月31日宣布此协议作废，并要求将剩下的到期余额电报汇给在奥格斯堡的委托人。很明显，他在用敲诈手段威胁集团。卡莱奇在笔记本中写道：“贝克曾多次试图将我们的协议拿到手。当然，我们成功地阻止了这一情况的发生。无论如何，我们将竭力阻止他以任何一种方式兜售我们的协议或借此赚钱。”卡莱奇在戈林的参谋部办公室向一位叫施罗德的部长打听，“如果贝克在协议期满后，再次进行他那妨碍经济的创作活动，或者说，继续他之前已经开始的活动，他们公司应该怎么做。”得到的回答对集团利益有利：“如果像你说的那样，那么马上逮捕贝克。”这位部长让秘密警察监视这位经济记者，并要求把监视的情况形成报告。盖世太保告知：“1936年10月28日，贝克在斯图加特的一家酒馆出现，他在那里拒绝演唱德国霍斯特威塞尔之歌，这一敌视国家的行为很是显眼。这一事件，特别是他在谈判过程中的这一行为导致他在1936年12月16日被判监禁六周。之后，一直被保护性监禁，1938年2月9日被释放。监狱对他总体印象和行为的评判如下：政治倾向令人捉摸不透，但考虑到态度积极，不算作纳粹主义。”

至于贝克•斯特雷克在协议到期后可能对弗利克公司造成的负面影响，弗利克并没有担心太长时间。1943年5月初，施罗德部长告诉卡莱奇：“4月20日，贝克-斯特雷克在他海德堡的家中死于心脏骤停。” 这一消息是施罗德从盖世太保那里得知的。弗利克在第三帝国中扮演的角色将在本书的第二部分继续探究。

这个最富有的德国人在世时，对奢侈从来没有多大兴趣。从20世纪20年代开始，坊间流传着许多关于他节俭，换个词来说就是“吝啬”的传闻。据说，弗利克在已经成了百万富翁之后，仍然乘坐火车的硬座，在德国，硬座是指第三、四节车厢里没有装上软垫的座位。为了节省时间和金钱，他就在办公室喝碗用饭盒盛的豌豆汤，而他的部门经理在高级餐厅里享受大餐。有一次，他走进办公室兴奋地说道：“我今天只花了一马克五十芬尼就吃了一顿很棒的饭菜。几根香肠花了一马克十芬尼，然后我给了服务员四十芬尼的小费。”很多老杜塞尔多夫人可能都看到过他骑着自行车、穿着破旧的西装裤（裤腿用夹子夹着）、手里拿着块黄油面包在莱茵河边吃午后点心。这些关于弗利克的轶事完全可以当作传奇记载下来。事实上，他从没有过自己的车，也从没有考过驾照。当戴姆勒公司给作为公司大股东的他提供一辆车时，弗利克坚持要拆除车上铬镀的贵族装饰。“最后汽车从上到下被漆成了灰色，看起来像是一辆坦克。”格特-鲁道夫回忆道。弗利克不想用一辆汽车来吹嘘自己的财富。根据《法兰克福汇报》主编马克斯•克鲁克对这位大企业家数十年来的观察，这是真的。弗利克更偏爱低档价位的雪茄，虽然不是出于吝啬，而是他觉得低档雪茄抽起来味道更好，而且反正最后吐出来的都是烟。这位公司创始人的节俭在他的孙子看来是一个可爱的怪癖：“从弗利克的角度来说，一个领导之所以要这样节俭，是因为他要始终给他的员工做一个榜样。”

弗利克从来不失亲和力，这也是他的优点之一。和公司的员工谈话时，他总能找到最合适的语气。他的司机在二战结束后还定期邀请他喝啤酒，去杜塞尔多夫的Treppchen（一家餐馆）吃“半只鸡”，这是一种加了黄油、高达奶酪、芥末、洋葱和酸黄瓜的黑麦面包。只有一次，弗利克也试图加入鲁尔富人的奢侈竞争中，他给自己也建了一座城堡。一开始是阿尔弗雷德•克虏伯建了个克虏伯庄园；紧跟着，施廷内斯和克罗克纳搬了家，新房子富丽堂皇的程度可比肩克虏伯庄园。奥古斯•蒂森也建了兰茨贝格城堡；接着，弗利克在凯特维希小镇上得到了约125公顷至170公顷大的土地，斥资几百万德国马克建了“夏洛特宫殿”，一般称之为“弗利克城堡”。小心谨慎的弗利克在别墅里安装了一个装置，按下按钮就可以迅速地关闭所有的门窗。房子里还有一个健身房，毕竟这对夫妻当时有三个儿子：长子奥托-厄恩斯特•弗利克，次子鲁道夫•弗利克，还有小儿子弗里德里希•卡尔•弗利克。这一家人从未搬进夏洛特宫殿。五十岁生日时，弗利克决定实现夫人的一个愿望，夫人想要一个小一点的、舒适的房子。这座完全不符合他风格的夏洛特宫殿完工后，弗利克将它赠送给了纳粹的母亲康复中心。对此，从1944年1月31日的档案资料显示：“元首接受了这一礼物。”

与他的资产相比，弗利克在世时捐给慈善事业的钱很少。之后，他资助养老院“萨勒姆之家”400万马克，给弗利克基金会捐了300万马克用以支持有天赋的年轻工程师和经济学家，给家乡克罗伊茨塔尔捐助了一点点。这是他做过的所有慈善了。

20年代末，弗利克一家搬到了柏林，住在格吕内瓦尔德高档区的一栋别墅里，还雇了佣人。花园里有一个游泳池，栅栏里有一条石子小路环绕着花园，弗利克总是在这条小路上不断地转着圈，认真思考着生意上的事。弗里德里希·卡尔在路上骑着儿童自行车和同学埃伯哈德·冯·布劳希奇比赛，埃伯哈德·冯·布劳希奇是后来的军队最高指挥官瓦尔特·冯·布劳希奇的侄子。玛丽·弗利克在工作日负责教育三个孩子，和朋友们打打桥牌。而周末，弗利克总是将其视为家庭时间。奥托-厄恩斯特对戏剧、电影和音乐感兴趣，而不懂艺术的父亲认为这些没什么用，更愿意强迫儿子们来一局汽艇比赛。奥托-厄恩斯特从来不公开谈论自己的青少年时代，他只说过这样一句话："正常市民阶层的孩子是无法忍受这样的教育的。"小儿子和其他大多数小孩一样去邻居家玩，去附近的高级中学就读。在他的自传《沉默的代价》中，埃伯哈德·冯·布劳希奇回忆道："弗利克从来不允许他的儿子由司机接送上学。弗里德里希·卡尔在格吕内瓦尔德高中上学期间都是和其他同学一样骑自行车上下学。他们那时不会因为看到同学穿着名牌球鞋就心生嫉妒。"

弗利克在世时，一直喜爱阅读西格兰的地方报纸，特别关注其中关于职工和协会生活的报道。出身贫穷的他从未与他的员工失去过联系。与之相比，他对学者和律师有着根深蒂固的不信任。坐在公共场合的前排座，尤其是在还有摄像机的情况下，弗利克总是会感觉到强烈的不安和局促。街头小报经济记者伯恩特·恩格尔曼曾看到过他在杜塞尔多夫的一家奢侈场所用餐的情景："他坐在那里，周围的人都在喝着香槟消遣，他若有所思地坐在那里，桌上只摆着一杯桔汁。他独自出神了两个小时，几乎一动不动，一个字都没有说，也许是在思考一个新的股市妙计。”交谈如果对他的生意没什么作用，他认为那就是在浪费时间。他觉得音乐是噪音。他从来不去剧院，也从来不去电影院，不读任何通俗文学作品。只有一本书例外，他曾说过：“您读一读凯斯特纳的《雪地三游客》，很有意思。”他自己从来不喝酒，他认为在家庭聚会和公司纪念日喝香槟完全是多余的，谁要是想喝，就去拿饭店里提供的便宜的无商标的葡萄酒好了。

在弗利克看来，每天和牧羊犬散步的时间是最放松的。短暂惬意的休闲时光里，他通常会回到他位于克罗伊茨塔尔的巴特特尔茨小镇的农庄。那里有坐落在特格尔恩湖畔的小屋“绿色角落”，十分富有田园诗意，还有可以欣赏阿尔卑斯山美景的索尔伯格小院，以及一座曾是奥地利皇室成员度假场所的狩猎行宫，里面有着包施蒂利亚州罗腾曼镇了不起的珍贵猎物区。1939年他通过赫尔曼•戈林的介绍还买下了一处2700公顷的骑士封地。在与世隔绝的田园风光里，弗利克更愿意将精力花在研究腓特烈大帝上，他相信，在他身上可以找到灵魂共鸣之处，而普鲁士的理想也是他的理想。后来，他的孙子喜欢拿俾斯麦自传中的数据考问他。德国现代主义画派代表人弗兰茨•冯•伦巴赫画了一幅俾斯麦的肖像，画风带有强烈的英雄主义气息，这幅肖像画最终挂在了弗利克的办公室。

在兰茨贝格的监狱里，关于自己的人生，弗利克多说了几句：“有利的环境和好运气确实成就了我的事业。持续不懈的努力，商业直觉，特别是我与生俱来对商业的兴趣和我在这一领域的创造力，这些都是附加因素。起决定作用的一点，是我的整个人生都只奉献给了我的工作，远离其他一切事物，也包括党派政治活动。”这些话在1924年也同样适用。

钢铁工业联合会之争

随着通货膨胀的结束，德国开启新时代，一切回归平静。古斯塔夫•施特雷泽曼担任德国外交部长掌控了德国5年的政策。随着《洛迦诺公约》的签订，欧洲和平未来的美好篇章似乎就要开启，德国加入了国际联盟，施特雷泽曼和法国外交部长白里安一起获得诺贝尔和平奖。自命救世主的希特勒和他的国民革命在巴伐利亚遭到惨败。在鲁登道夫将军和巴伐利亚政府的支持下，希特勒率领游行队伍从啤酒馆出发，向市政厅挺进。这次叛乱被德国国防军和警察轻松地镇压了，领头人希特勒被抓进了监狱。紧接着纳粹党党员竞选失败，1924年纳粹党在国会有32个议员代表，4年后仅剩12个。

当时的年轻人为一战期间的小学生带来了生命中第一次真正意义上的和平时期。他们中间的一部分人通过艺术和戏剧来平衡突然缺失的大众激情，而另一部分人则是积极锻炼身体：德国崛起成为体育大国。经济也同样在飞速发展。

1918年，马克思•韦伯写道：“德国必须像三十年战争后那样重新开始。”只不过这一次一切都进展得很迅速。确实如此！一战后的国民总收入是1913年的一半。施特雷泽曼时代结束时赶超了以前的财富积累，并彻底修缮了战时毁坏的基础设施。德国拥有最快的铁路交通，最现代化的商业船队以及良好的公路网。德国的科学家一个接一个获得诺贝尔奖，德国的工程师们又重新回到了世界前列水平。工人们的生产和管理工作顺利进行，工业在通货膨胀后进入了优化大时代，生产力和出口量进一步提升，各行各业齐头并进，凭借工业集中化的新高潮重建通货膨胀时期的资本融合。法本（染料工业利益集团）不久后就占据了整个化工和制药行业。在电气行业，水泥制造业、橡胶制造业和人造丝制造业也出现了大规模的企业合并。

在钢铁行业，弗利克孜孜不倦地研究如何建立新的联系。国际上因日益激烈的国际竞争而出现的销售危机使一部分德国钢铁巨头决定，将公司合并到一个大型集团里去。推动这一进程的正是弗利克的朋友，也就是他在莱茵-易北联合公司的商业伙伴艾伯特•福格勒。福格勒在继续因胆囊手术去世的前领导雨果•施廷内斯生前的计划，雨果早在1918年就提出要将整个行业联合起来，建立“钢铁工业联合会”来对抗“红色威胁”。当时就有西德的钢铁企业担心公司的员工会效仿俄国十月革命。1925年10月，鲁尔区和齐格河的候选人在埃森市和克虏伯公司会面，会议结束后决定：克虏伯和德国好时捷将退出这一协会。和克罗克纳、曼内斯曼一样，他们对将过多的权利转让给上级协会经理表示担心。留下来的除了弗利克，还有埃米尔•柯多夫和福格勒以及他们的莱茵-易北联合公司，包括德国力士、盖尔森贝格和波鸿协会，蒂森、荷兰沃尔夫的菲尼克斯集团、费歇尔和哈尼尔，以及法本控股的莱茵钢铁。随着1926年1月德国钢铁工业联合股份公司（官方称“德国钢铁工业联合会”）的成立，欧洲最大的同行业垄断公司出现。不久后，这家垄断公司控制了德国二分之一的钢材生产和四分之一的煤炭开采。

一开始，弗利克对自己在钢铁工业联合股份公司的影响力也并不满意。他将夏洛特冶炼厂和当时改名为“德国中部钢铁厂”的前林克-霍夫曼-劳赫哈默钢铁厂纳入到了钢铁工业联合会中后，拥有了联合会总资本的近20%。弗利克虽然进驻了监事会，但弗里茨·蒂森却成为了监事会主席。而在董事会里，蒂森也只是40人中的一员，福格勒才是董事会主席。弗利克开始着手将钢铁工业协会掌握在自己的手里。传记作者奥格尔称这次计划是“他人生中最险的一步棋”。

钢铁工业协会的弱点在于成员之间的彼此猜忌。为了防止联合会成员间争夺股份，钢铁联合会的股份没有发售给股东，而是发售给了各个创建公司。谁掌控了创建公司，就确保了在整个联合公司的影响力。由于没有哪一家创建公司掌握钢铁工业联合会一半以上的总资本，因此没有人能占据主导地位。这时，弗利克知道他的机会来了。他的公司收进了联合工业票面价值的近五分之一。他建议莱茵-易北联合公司的经理们提高盖尔森基兴矿业公司的创始资本，借此实现莱茵-易北联合公司有利于企业管理的结构调整，使盖尔森贝格成为实质上的总公司，而盖尔森基兴矿业公司实际上买下了莱茵-易北联合公司手中的钢铁工业联合会的股份。这样一来盖尔森贝格在钢铁工业联合会的股份增加到了近40%。

弗利克的目标是51%。为了持有多数股份，他试图拉拢菲尼克斯的大股东奥托•沃尔夫。菲尼克斯持有钢铁工业联合会16%的股份。沃尔夫知道弗利克想要增加在钢铁工业联合会的股份，弗利克用在盖尔森贝格持有的钢铁工业联合会股份换取菲尼克斯的大宗股票，沃尔夫感激地接受了这个提议。这个时候沃尔夫还不知道盖尔森贝格在交易所秘密收购菲尼克斯更多的股票。加上沃尔夫的股票，盖尔森贝格突然就拥有菲尼克斯的多数股权了。反过来说，交换给沃尔夫的盖尔森贝格的钢铁工业联合会的股份又回到盖尔森贝格手中，也就是说，又回到了弗利克的手中了。通过在菲尼克斯的多数股权和原有的40%的股份，一夜之间，盖尔森贝格掌握了钢铁工业联合会56%的股份，同时，弗利克忽然就掌握了盖尔森贝格51%的股份。因为他在与沃尔夫交易的同时，借助从银行家好友那得来的高额贷款收购了盖尔森贝格的多数股份。最终意味着：弗利克掌控了盖尔森贝格，而盖尔森贝格掌控了钢铁工业联合会。

用最小的资本投入，也就是票面价值的20%，弗利克再一次赢得最大的势力范围，即欧洲最大同业垄断公司实际上的多数股权。1947年，这位来自西格兰的钢铁大亨在47岁时成了德国重工业行业的龙头老大。纽伦堡审判时，他承认：“无疑，这些股份代表着强大的实力和地位。尽管如此，我在钢铁工业联合会期间感觉并不好，这个组织对我来说太大了。所有的事情都要在一个大团队里面讨论。我发现发挥个人创造性的可能性很小。”这个时候，还有一点让他不那么顺心：他即将面临破产。

“请求资助”——盖尔森贝格事件

1929年10月3日，对外交部长施特雷泽曼来说是十分忙碌的一天，他的同事后来回忆，他看上去比以前还要苍白。晚上刷牙的时候，他感觉一阵眩晕，漱口杯从手中滑落。第二天，所有报纸标题都是：施特雷泽曼，安息！德国的内政外交已然失去常态。没有人相信留下来的德国总理赫尔曼•米勒能够恰当地应对政治及经济上的挑战。纳粹愈加猛烈地发动暴民穿上纳粹半军事组织冲锋队的褐色制服，开始提议进行一场值得怀疑的全民公投：今后，所有打着战争罪责的幌子缔结条约的大臣都应该被送进监狱。由于内需停滞，德国经济早已陷入销售危机。10月29日，施特雷泽曼死后不到四周，美国股市崩溃。随着“黑色星期四”的到来，华尔街一年来的股市拉力赛突然结束。太多的美国人用借来的钱买了股票。交易牌价和公司的实际价值关系不大，泡沫经济破灭，国家陷入恐慌。投进永久牛市的高额负债持股人，现在不得不抛售所有的资产。因客户无力偿债，美国银行首先崩溃。随后，欧洲经济因迫切需要资金的美国投资人撤回海外资产而崩溃。

纽约投机商的破产引发了世界史上至今仍绝无仅有的连锁反应：企业破产、大规模裁员和政府更迭。1929—1932年间的三年经济危机，世界生产力下降到之前的三分之一。

美国的投资者和公司在世界上任何一个地方的投资，

都不如在经历过通货膨胀后的德国多。德国的同业垄断公司就是效仿美国模式新建立的，其中就有弗利克的公司。另一方面，也没有哪个民族和德国人一样向美国借了这么多钱。相应的，德国遭受世界经济衰退的影响也比其他国家更深。经济危机的三年里，失业人数翻了三倍。1932年，670万人找不到工作。失业津贴平均为51马克，这对一个拥有妻子和孩子的男人来说，并不足以过活，仅房租和取暖费就要花去32.5马克。一开始，父亲因不忍再看家中的孩子挨饿而痛苦自杀还能成为新闻头条，到后来自杀已经没有什么新闻价值了，"失业青年"掠夺食品店也一样。

和股市一样垮台的还有赫尔曼•米勒政府。来自中央党的新任总理海因里希•布吕宁计划用强硬手段应对此次危机。施特雷泽曼的共识政策已成了过去，布吕宁实行了紧急命令政策，绕过国会直接采取非常政策。他就像一位强硬的父亲管理自家开支一样管理着国家预算。困难时期必须节俭，当时局变得更加艰难时，就只好更加节俭。他顾不上人民的困苦，并利用人民搞外交政策。他让凡尔赛和约的战胜国不禁思考，放弃接下来的战争债务可能会更好，否则德国将会面临共产主义革命或者民族社会主义革命的威胁。1931年7月，美国针对法国的反抗实行了债务支付延期一年的政策。可是，德国摆脱凡尔赛责任的愿望却并未得以实现。通货紧缩之后是超级通货紧缩，流通的货币越少，摆脱经济危机的可能性就越小。

弗利克也同样陷入了经济危机的漩涡。债台高筑的钢铁工业联合会的销售量减少了一半，弗利克的盖尔森基兴矿业股份公司也不再有红利可以分发。更糟糕的是股市牌价的发展。1932年，钢铁工业联合会的股票票面价值下滑了8.75%，而春季，盖尔森贝格下滑了22%。弗利克1.1亿马克股本萎缩到2500万左右。与此同时，债权人逼迫他马上归还至少6600万德国马克，他们都是几年前弗利克大举并购时借给他钱的。正如所说的那样：弗利克面临破产。

尽管已全面停工，但是弗利克相信他可以凭自己的力量拯救他的王国。他卖掉了在维特申菱镁矿的股份，用来偿还最紧急的外债。位于德国中部的钢铁企业跟鲁尔区的公司相比还过得去。弗利克确信自救的前提是他把他的企业从已摇摇欲坠的钢铁工业联合会中剔除出来。

弗利克建议钢铁工业联合会董事会将钢铁工业联合会分成3个公司。监事会主席弗里茨·蒂森婉拒了这个建议。弗利克和盖尔森贝格原本是想通过这步棋拿到具有重要战略意义的煤炭基地，蒂森集团和菲尼克斯公司将再次变成纯粹的钢铁企业。随着盖尔森贝格-夏洛特冶炼厂-中型钢钢铁公司的联合，弗利克实际上成功地完成了重组，对蒂森和菲尼克斯来说，局势进一步恶化了。弗利克以攻为守：他在为盖尔森贝格寻找买家，这个买家必须愿意用大宗股票附加费来支付较低的交易值。一开始，瑞典的火柴大亨伊瓦·克鲁格表示感兴趣，弗里茨·蒂森表示自己也想试试。随后，据说美国的一家银行集团愿意报价1.2亿德国马克。和克鲁格的谈判失败了，蒂森问弗利克他打算在哪儿提这笔钱。他的情报部门发现：这位鲁尔大亨获得了荷兰和法国投资人的支持，其中就有法国最大的银行——里昂信贷银行。美国人显然也设法打听到了这一消息，并打算参与到这场交易中，以避免一个欧洲同业垄断公司的出现。弗利克和蒂森因在价钱上没有取得一致意见，双方再次撤回了报价。弗利克还是没能甩掉盖尔森贝格和他堆积如山的债务。

1931年11月，柏林交易所突然传出谣言，里昂信贷银行将直接接管柏林门德尔松银行的盖尔森基兴证券。这样一来，法国人将和之前的弗利克一样可以控制钢铁工业联合会。“这一地区将再次发生权利更迭！”德意志新闻界这样猜测。法国人的占领军刚被驱逐出境，他们就在犹太金融寡头的帮助下通过股市杀回来了。里昂信贷银行立即否认了这一猜测，却进一步加剧了流言的传播。荷兰报社不久后报道，卢森堡钢铁集团阿尔贝德和法国最大的军工企业施耐德-克鲁梭通过门德尔松和弗利克进行谈判，表示愿意出交易值的五倍的价格。这一消息很可能是杜塞尔多夫新闻社发出的。持有人：弗里德里希•弗利克和奥托•沃尔夫。但是在二战结束后公众才知道这事。

1932年1月，钢铁工业联合会面临破产，宿敌法国人已经准备好在这一危机时刻进行低价收购。德国没有雄厚财力的买家对此表现出兴趣。这时，弗利克通过他的私人秘书奥托•施泰因布林克和帝国政府取得了联系。施泰因布林克作为前任潜水艇指挥官和普鲁士秩序勋章的获得者，和柏林政府部门保持着良好的关系，多次为弗利克和财政部长迪特里希的会面牵线。施泰因布林克在纽伦堡审判中报告了这一谈话的结果：“出售计划在一月底或二月初将确认下来。收购价格考虑了覆盖资本重组和合并的费用。”解释明了一些就是：德意志政府愿意支付弗利克需要用来整顿其名下其余公司所需资本的总额。这一计划于

1932年5月1日顺利完成。德意志政府在布吕宁总理的坚决支持下，以90%的票面价值即9900万马克收购了盖尔森贝格的大宗股票。当时，这些股票在交易所仅值2500万马克。

这一业务清算一开始委托由国家控股的德累斯顿银行负责。最终，德累斯顿银行子公司哈迪银行有限公司接手了这一大宗金融交易。理由显而易见：德累斯顿银行使用了股份公司的商号就必须公开其资产负债表，而哈迪银行是有限责任公司，就没有公布资产负债表的义务。交易双方都明白，如果他们不想激起民怨，此次交易就必须保密。1932年春天，德意志政府无力支付外债，政府削减了官员津贴、养老金和失业救济金。而在这种情况下，国家却以高于交易值7400万马克的价格买下了德国首富的公司来应对“法国外交渗透”的潜在危险，这本身就是巨大的潜在的丑闻。

用哈迪银行来掩盖交易的行为最终并没有成功，由于有目的的泄露，这一交易被公布于众。7月19日，《法兰克福报》和《科隆报》同时报道了这一数字。7月20日，新政府，由弗兰茨·冯·帕彭领导的“贵族内阁”对报道内容表示否认：“针对新闻报道的盖尔森基兴以及钢铁工业联合会的大宗金融交易，我们从主管部门处得知，这只是一桩私人银行业务。”一天后，政府纠正了说法：“盖尔森基兴大宗金融交易涉及了前任总理个人准备进行的交易，这一交易已以5月31日合同的签订而完成。新政府已发现这一协议，并对其合法性表示怀疑。”至此，新闻报道已被官方证实，弗利克家族陷入了他们的第一桩重大政治丑闻。

接下来的几天，“弗利克工厂”和“弗利克交易的内幕”一直都是新闻头条。德国南部的工会成员上街抗议“国家对无耻投机商的青睐”，并以罢工威胁。弗利克被指控是“自己编造了法国人对这场交易感兴趣的传言”，关于盖尔森基兴-教会税的字眼流传开来。没有共产主义倾向的《耶拿实况》杂志认为：“这一事件唯一有可能的答复就是，政府立即将夏洛特冶炼厂-盖尔森基兴-钢铁工业联合会联合集团国有化。弗利克和其他股东充其量得到一份以股市牌价为基础的远期国债券补偿。同时，根据已有事实，弗利克先生作为德意志国家利益的损害者，应没收其财产。”柏林人办的《周一看世界》同样不是左倾的报社，这家报社评论道：“弗利克事件应该当作德国经济管理全部罪行的教学案例，学习当前国家与经济关系中存在的所有不安全性。‘弗利克事件’是怎么发生的？这不仅仅是一个因遭遇危机而陷入困境的工业企业，更是一个金融资本界的投机案例。这是一种投机的堕落，已经蔓延到经济领导界，不仅有银行家而且还有工业大亨，他们在相互促进中越来越肆无忌惮地利用德国股票公司法中提供的可以利用的手段。”社民党中央机关报对政府没有充分利用矿业行业的困难局势从而低价买下盖尔森贝格的股票表示遗憾。

对此，鲁尔区的企业主提出了出乎寻常的尖锐批评。哈尼尔总经理兼鲁尔拉德高级经济俱乐部的创始人保罗·罗伊施，在7月5日作客科隆报纸时发起脾气：“对政府买下盖尔森基兴的股份我表示十分震惊。不说别的，我敢断定，这个交易在很大的范围内引起了恐慌，大家对国家插手重点工业的谴责十分尖锐。”不仅如此，罗伊施对法国人的收购兴趣同样表示怀疑。罗伊施认为，政府应退出在盖尔森贝格的多数席位，将股权交还到私人手上。鲁尔第二大工业俱乐部是赫氏董事会副主席弗里茨·斯普林戈鲁姆领导的朗庭俱乐部，他也同意这个看法。国家无权像一个企业家一样在那儿装腔作势。朗庭俱乐部在考虑成立临时性联合组织，重新买回盖尔森贝格的多数股权。

由于持续不断的批评，帕彭政府宣布将委任“独立人士”来审核此次销售交易。当然，这只是一个说辞而已。内阁大臣汉斯·冯·弗洛托作为政府委派的“值得信赖的人”，不可能将这桩丑闻交易中不光彩的细节公之于众，因为，他是哈迪银行的总经理。

对弗利克来说，这一事件是世界经济危机高潮时期的重大事件。迄今为止，弗利克的投机交易在经济界和经济新闻界仍然经常受到批评。在盖尔森贝格事件中，他第一次成为左倾党派以及工会攻击的靶子。“弗利克通”马克斯·克鲁克相信，“这个经历会让这个害怕出名的人变得更加谨慎”。对于左派人士来说，他是一位无耻的投机商，让政府来承担自己内部整顿的费用；对于保守的鲁尔企业家们来说，弗利克花了15年辛辛苦苦挤进了这个圈子，现在，他再次成了那个来自西格兰的老流浪汉。为了挽救自己的处境，他将鲁尔区最重要的经济阵地变卖给了政府，使得这次交易成为德国经济史上最有争议的交易之一。这是一次不能宽恕的背叛，弗利克的名誉因此受到重创。

1932年里，弗里德里希·弗利克对这些指责批评作出的回应和他企业家生涯中一贯的作风一样：沉默。直到

1958年，他才在《明镜周刊》上详细地表明了态度。他告诉这家新闻杂志社，他的企业是应副总理兼财政部长迪特里希的请求才这样做的，“不给任何人有关此次交易的消息”。他也从没有把法国人的兴趣作为刺激或向政府施压的手段。

弗利克从他的角度对这一事件经过做了如下描述：不是弗利克的公司陷入了财务危机，而是钢铁工业联合会这个整体陷入了财务危机。德意志政府担心引发更严重的国民经济后果，即同业垄断公司的破产，因此要通过股份投资来从外部保证目前的状况。同时，政府要求两个主要股东弗里茨•蒂森和弗里德里希•弗利克审查各自公司的财务健康状况，看能在多大程度上为钢铁工业联合会的整顿作出贡献。由于两人都不能设法实现钢铁工业联合会的整顿，政府不得不将盖尔森贝格国有化，这在外交政策上也有好处。鲁尔区和洛林矿冶工业的竞争导致德法之间的关系一直不甚愉快。迪特里希想通过将钢铁工业联合会部分国有化的举措来释放出两国钢铁竞争实力相当的信号。

在弗利克看来，4倍于交易值的收购价格并不高：“按照股票市价，包括钢铁工业联合会多数股的盖尔森基兴矿冶股份公司，当时的股价并不比鲁尔区矿井的实际估值高。”而且，当时政府并没有支付一马克现金，仅仅是承担了盖尔森贝格2700万马克的长期债券和夏洛特冶炼厂3800万马克的期权。剩下的都是用国债来补偿，弗利克在期满前一年都未能兑现现金。

弗利克的传记作家奥格尔对于这次收购是否真的是在政治层面上实现了德法之间的微妙平衡则存有疑虑。至今没有迹象表明这次收购是政府行为。据弗利克所说，夏洛特冶炼厂-盖尔森贝格-中型钢钢铁公司是一家运营正常的企业，并且，这家企业同帝国之间有着合法且互惠互利的合作。对于弗利克的这种说法，海因里希•布吕宁后来予以了驳斥。这位前任总理在回忆录中写道："根据1927年高度繁荣的经济气象可以估计，奥托•沃尔夫总资产的税额高达2.25亿马克，仅在德国银行的贷款就有2亿马克。这和弗利克的财务状况差不多。当时我坚信，不断投入数亿资金来拯救这家公司，使之摆脱因愚蠢的投机带来的不良后果是不负责任的。我坚信，我不能再坚持这一策略，我必须慎重对待从这些工业大亨手上得到的大宗股票，让莱茵-威斯特法伦工业和这些公司的重组成为可能。"财政部长的态度和他的想法相同："有一个简单的事实很重要，夏洛特冶炼厂已经没有可支配的资金了，这家公司像一个充满艺术性的建筑，已经快要倒塌。和它扯上关系的都将摇摇欲坠，成千上万的人都将变得无家可归。"

德意志政府是鲁尔区的救世主？那么为什么偏偏是柏林的部长级官员对钢铁工业联合会实行经济领导，而不是这些创建公司中经验丰富且多年来领导力杰出的管理人员？如果钢铁工业联合会财务状况非常糟糕，那么在当时经济景气的背景下，可以借助长期国债的资金投入来挽救公司，而不是通过更换领导。但上层几乎没什么变化，我们并没有看到任何投资计划。

二战后，另一种说法开始流传起来：弗利克不是通过虚构里昂银行的报价来给政府施加压力的，而是利用上西里西亚资本交织的内部消息施加压力。从1927年开始，中央党的威廉•马克思总理和当时的外交部长斯特雷曼就着手在原属德国领土上收购原来的德国公司。这很显然违背了《凡尔赛条约》的精神和条文，不得不秘密进行。因此，德意志政府、钢铁工业联合会、蒂森股份公司和夏洛特冶炼厂在瑞士共同成立了信托公司，旗下有众多皮包公司。随后，这些公司通过代理人收购了上西里西亚冶炼厂的大量股票。目的在于，至少要让上西里西亚在经济上再度依赖德国。这家错综复杂的信托公司的监事会主席正是弗里德里希•弗利克。如果弗利克公开此事，波兰很有可能会借助国际力量没收德国财产。美国历史学家乔治•W.哈尔金加认为这是政治勒索行为；然而，这种说法也有一个问题，因为德意志政府在上西里西亚的企图并不是完全隐秘的，如果波兰原则上对这一情况是知情的话，那政府又为什么会被弗利克敲诈呢？真实的收购动机至今为止仍然是个谜。

布吕宁和迪特里希对丑闻的后续政治处理毫无还手之力。盖尔森贝格交易发生的第二天，总统兴登堡告诉这位总理："今后，右倾将占上风，工会书记说了算的经济将结束，农业布尔什维克主义也将停止。"布吕宁在议会中不是多数，每个紧急法令都要经过兴登堡的签字才能通过。由于总统兴登堡拒绝以后这么做了，因此，这位不受欢迎的总理的政治生涯也就结束了。

继任者弗兰茨•冯•帕彭也在内阁会议上专门就弗利克和盖尔森基兴讨论了两次。夏天，社会民主党、德国共产党、中央党和人民党的议员闯入了弗利克的办公室，没收了所有的文件，以备还在申请成立的调查委员会所用。然而对于一个即将瓦解的共和国，它还有许多比纠结于一个经济丑闻更重要更迫切的问题要解决。结果调查委员会并没有成立，弗利克平息了这场风波。1932年，一向吝啬的弗利克给几乎所有有权有势的政党都捐了钱。

“在1931—1932年这危急的两年里，我们的贷款利息主要用于禁止来自媒体的刻薄言论，拦截来自当地机构的攻击。我们需要一个实实在在的资产阶级政府，确保整个交易的顺利进行以及维持各资产阶级政党之间开始建立的联系。出于这一想法，我们向所有团体，从独立党派和社会民主党到保守党，特别是左翼党派都捐赠了财物。”弗利克的私人秘书施泰因布林克在纽伦堡审判时这样说道。关于“请求捐赠”的数字是这样说的：赫尔曼·迪特里希得到了95万马克用来帮助兴登堡实现连任。布吕宁暗中为中央党拿了15万马克。阿尔弗雷德·哈根伯格，克虏伯前董事兼泛德意志联邦的领导人，1928年任德国民族大众党主席，得到了10万马克。中央党的弗兰茨·冯·帕彭和社会民主党人为其竞选团队攫取了相同的数目。就连忧心军备的德国国防军总指挥库尔特·冯·施莱谢尔也因持续支持盖尔森基兴的交易，成功得到了资助。一位银行家写给弗利克的字条中写着：“别吱声！紧急通知我要从多特蒙德汇寄150。您今天尽量承担100。”数字100代表的是10万马克已汇出。1932年，纳粹党从弗利克手里至少得到了5万马克。

在魏玛共和国后期，1932年秋天的这份名单是弗利克捐赠事件中典型的做法，以值得称赞的方式区别于其他知名的钢铁大亨。蒂森、雨果·施廷内斯和埃米尔·柯多夫早就属于极端右翼阵营，尽管他们仍将施特拉塞尔反资本主义阵营看作是对抗共产主义革命的堡垒。弗里茨•蒂森和柯多夫一样，多年来一直是德国民族大众党的成员，资助了政变失败的希特勒10万马克，并出资帮助纳粹党买下了位于慕尼黑的党派总部“灰房子”。早在1930年他就公开要求纳粹党成员参与到政府中。

和他们不同，弗利克是古斯塔夫•施特雷泽曼右翼自由的德国人民党的成员，如古斯塔夫•施特雷泽曼个人有需要，他也会提供帮助。他在纽伦堡发誓说：“只要施特雷泽曼活着，我就只给予德国人民党财政支持，如果他个人有财政困难，需要大笔数额的资金，不用提我的名字就可以支出。”即使在施特雷泽曼死后，德国人民党也能随时从弗利克处得到大额资金，即所谓的“自行支配使用的资金”。自1931—1932年间德国人民党持续失去影响力后，弗利克开始接触布吕宁总理。虽然他原属资产阶级自由主义阵营，但从那以后，弗利克根据广撒网的原则给极端右翼派、中间党派和左翼都捐了钱。他试图通过这种方式，使自己有争议的交易在政治上从各方面上都得到保障。他对待纳粹的态度十分谨慎。20世纪20年代末，纳粹就像美国人说的是“极端主义分子”，是政治舞台上的小丑，没有人看重他们。1930年1月14日的国会大选中，他们突然成为了继社会民主党之后的第二大议会党派。纳粹党从只有12名议员突然变成拥有107名议员席位的大党。政治气候风云突变。塞巴斯蒂安•哈夫纳指出：“从这天起，布吕宁时期的中心人物不再是布吕宁，而是希特勒。问题不再是：布吕宁是否会留任？而是希特勒将要上台？

痛苦又激烈的政治讨论主题不再是支持还是反对布吕宁，而是支持还是反对希特勒。郊区再次出现的枪击案中，死者不再是布吕宁的追随者和反对者，而是希特勒的追随者和反对者。”

在这个使他变得富有的共和国里，弗利克看到了其背后隐藏的危险，忧虑与日俱增。1932年11月，德意志传媒大王兼帕彭竞选团队经理阿尔弗雷德•哈根伯格收到了捐赠，并附一则消息：“我给你们这些钱，是为了让你们能在接下来的竞选中进一步打击纳粹党，阻止民族社会主义运动，实现彻底的反转。”虽然在此之前弗利克就已经和纳粹党的首领取得了首次联系，以期为所有可能发生的情况做好准备。

1932年1月27日，在杜塞尔多夫的工业俱乐部里大概是弗利克第一次见到希特勒本人。希特勒将在德意志大型企业最重要的协会面前畅谈纳粹党的经济政策规划。他的登场有一点怪诞。希特勒进门时，他的无产阶级褐衫队随行人员对着在座的上流精英俱乐部成员大喊：“全体起立！”有些人一头雾水地站起来，但大多数人都坐着没动。希特勒慢慢地走了进来，后面跟着这次活动的主办人弗里茨•蒂森和卫兵。他穿着一件不合身的礼服，下身是条纹裤。在接下来的两个小时里，他就经济政策开始了马拉松式的演说。起初，在座的人俱是一脸怀疑，但很明显，希特勒在努力打消这些工业巨头对于在规划中是否存在“社会主义”元素和纳粹式修辞的怀疑。他提到“按劳付酬原则”和“个人权威”的频率越来越快。关于“种族问题”他只是轻轻带过，更多的是咒骂《凡尔赛条约》。演说的高潮是他宣布将“彻底根除在德国的马克思主义”。讲话结束时，希特勒几乎赢得听众的心，他赢得了热烈的掌声。弗里茨•蒂森对这位演讲者感激涕零，结局已十分明了了：蒂森已经从德意志民族阵营转换到民族社会主义的阵营。虽然褐衫队的欢迎方式并没有完全的烂熟于心，结束的时候他还是喊道“希特勒万岁！”后排传来零散的笑声。后来事实证明，希特勒在这家工业俱乐部的登台演讲是纳粹和德国工业联合的起点。

弗利克也意识到，希特勒将成为政坛巨人。弗利克通过和政府有联系的秘书施泰因布林克安排了几周后和希特勒的单独会面，谈话内容我们无从知晓。后来弗利克把这次会面描述得无足轻重：“希特勒在不停地说，以至于我插不上话。”此外，他后来和私人秘书施泰因布林克谈起这次会面时“表现出了对希特勒的轻视”，有关这次会面并无书面记录。

这年春天，弗利克和赫尔曼•戈林的数次谈话被很好地记录下来了。施泰因布林克这次牵线显然要容易一些，因为戈林是他的一位老同事。这位前任潜艇指挥官就任弗利克集团时期认识了这位后来的帝国元帅、一战时期的空军军官。谈话围绕着盖尔森基兴进行。弗利克告知了戈林这次与财务部长迪特里希谈判的背景，从弗利克集团1940年的一封内部公文中可得知：“1932年，当时出售钢铁工业联合会的多数股份，是经过多天的座谈，由当今的帝国元帅亲自审查并批准了的。此外，这位帝国元帅亲自向元首汇报了包括钢铁工业联合会多数股份在内的全部交易的结果，元首也认为这宗交易是必要的，并明确地予以批准。”

围绕5万德国马克捐款的会谈效果显著。从那之后，纳粹媒体停止了针对弗利克-布吕宁交易诸如“以牺牲民族为代价”一类的攻击，这顺应了希特勒的策略，遏制了纳粹运动中反资本主义的思潮。他明白，夺取政权的计划，同样可能会因为企业家的阻扰而失败。与此同时，以艾伯特•福格勒、杰尔默•沙赫特和弗里茨•斯普林鲁姆为首的亲纳粹党的实业家团体无论如何不能被削弱力量。纳粹党迫切需要得到更多的资助。在此期间，约瑟夫•戈培尔与离异的实业家妻子马格达•匡特结婚。1932年12月8日，他在日记中写道：“组织里弥漫着浓厚的消沉情绪。资金问题让所有已目标明确的工作无法开展。传闻称，施特拉塞尔正策划政变。”

弗利克远离了这一切政治争议，用盖尔森基兴的进款重整了他的公司。早在盖尔森基兴矿井谈判前，他就为从钢铁工业联合会中撤出做了准备，一步一步地回购他在钢铁工业联合会中位于德国中部的钢铁企业的股份，并廉价收购了位于上普法尔茨地区的马克西米利恩斯冶炼厂的一座炼铁炉。由于出售了盖尔森基兴，中部钢铁和马克西米利恩斯冶炼厂再次缺乏煤炭基地。弗利克找到了一个新的目标：哈珀矿业股份公司。西班牙-荷兰-波兰-犹太裔企业家保罗•西尔弗伯格持有这座煤矿的多数股份，是大股东兼莱茵博朗的总经理。西尔弗伯格拒绝了弗利克收购哈珀股份的邀约。因迫切需要自己的煤炭基地，弗利克再次使用计谋来应对。莱茵博朗最重要的客户是德国莱茵集团。他迅速收购了莱茵博朗可以阻止表决的少数股份，并出售给德国莱茵集团。因此，这家能源公司将获得褐煤供应商的多数股份，但相应地，必须承诺将哈珀的股份转让给弗利克。虽然西尔弗伯格是德国莱茵集团监事会成员，但这次却被踢出局。这位虔诚的有着犹太血统的新教徒，在1933年移居瑞士。弗利克再次获得了成功，为即将到来的军备经济做好了准备。哈珀以出产价给马克西米利恩提供煤炭。在德国中部，弗利克的公司期待着再加工的大宗订单。尽管弗利克对希特勒的民族无产阶级十分反感，但弗利克集团已为第三帝国做好了备战工作。

三、弗利克家族和纳粹

“你们肯定不会相信我会任命这个来自奥地利的二等兵为帝国总理。”1933年1月27日，德意志帝国总统兴登堡对他的两名国防军军官说了这句话。回顾阿道夫•希特勒的军事生涯，其实并不辉煌。1914年，这位失意的艺术系大学生还是一个明信片画家，同时也是来自维也纳难民收容所的临时工，后在巴伐利亚军队登记成为了一名志愿兵。一战时，他是德国西线一名普通的通讯兵，曾两次受伤；由于缺乏领导力和组织纪律性，在此期间，他二等兵的军衔并未得到晋升。德国战败的消息传来时，他受到了毒气伤害，在后方野战医院时已处于半盲状态。对于希特勒而言，这一刻他十分明了：这场战争因后方的暗算而失败了，“十一月的罪犯”必须受到惩罚。从军队和医院离开后，他加入了慕尼黑的一个小型右倾激进德国工人党，主张将其改名成“德国民族社会主义工人党”，并成了该党派领导人。在接下来的14年里，他致力于领导工人运动，最终发展成为一股强大的势力。

1932年，雄心勃勃的威斯特法伦阴谋家弗朗茨•冯•帕彭组成的内阁接替了失败的布吕宁政府。由于没有资产阶级多数派做靠山，冯•帕彭便寻求德国民族社会主义工人党在国会中的支持。作为条件，他撤销了对希特勒民族社会主义打手组织的禁令，纳粹冲锋队再次出现。同年7月，德国民族社会主义工人党以37.4%的支持率成为新一届国会选举中最强的党派。然而，兴登堡却拒绝任命希特勒为总理。3个月后，实际上是国会表决丧失法律效力后，帕彭再次寻求大多数人的支持。再次举行的国会大选没有诞生明显的多数党派，纳粹支持率下跌4%，似乎纳粹党的全盛时期已经过去。兴登堡免去了冯•帕彭，委任了同样野心勃勃的阴谋家国防部长库尔特•冯•施莱歇组建内阁。同样，施莱歇并没有成功地在国会中争取到稳定的多数支持，于是，他打算宣布国家进入紧急状态，禁止德国民族社会主义工人党和德国共产党参选，将新一届大选推迟到6个月后。这一提议被兴登堡驳回。

1933年1月30日，在兴登堡跟他的两名国防军军官提起"这个奥地利二等兵"的两天后，这位白发苍苍的德意志总统将政府的职责移交给了阿道夫•希特勒。冯•帕彭因为希特勒的这个位子出了一臂之力，成了副总理。右翼保守派认为，希特勒现在已经成功跻身资产阶级政府，可以利用他实现他们的目的；其实，他们实在是低估了他。一战时和兴登堡一起组建了最高军队指挥部的吕登多夫将军对此提出抗议，他怀着满腔愤怒写信给他的前伙伴："你提名希特勒为总理，将我们神圣的祖国交到这个有史以来最会蛊惑人心的人手上。我郑重地向您预言，这个人会把我们的国家带向深渊，使我们的民族陷入无法想象的苦难之中。后代子孙将会在坟墓中咒骂您的这一行为。”

“现在，先生们，该交钱了！”

1933年2月20日，当弗利克动身前往政府时，天已经黑了，街上没什么动静，大多数职员已经离开了波茨坦广场周围的办公室，偶尔会有汽车或行人路过，整个城市陷入了冬天般的沉寂，可以说，整个国家都陷入沉寂之中。冲锋队希望为庆祝他们的元首成功就任总理举行火炬游行，却被希特勒阻止。就连希特勒本人也表现得惊人的低调：在希特勒的新政府中只有两名纳粹党成员就任部长，威廉•弗利克为内政部长，赫尔曼•戈林为经济部长；公开场合，希特勒不再穿褐色制服，而是身着象征资产阶级的“施特雷泽曼”西装；他宣誓维护魏玛宪法，在言语和姿态上承认兴登堡是国家的最高权威。新一届选举确定在3月，这场民主游戏将再次上演。

弗利克的目的地是经济部长的官邸，也是国会主席的官邸。戈林邀请了德国工业界的大亨，德国总理阿道夫•希特勒想向他们介绍他的经济政策方案。除了弗利克，受邀的还有：古斯塔夫•克虏伯•冯•波伦•翁德•哈尔巴黑，施泰因银行的库尔特•冯•施罗德，法本公司的乔治•冯•施尼茨勒，艾伯特•福格勒总经理，弗里茨•斯普林戈鲁姆和厄恩斯特•坦盖曼，以及德国通用电气总公司、西门子、燃脂行业和各大银行的代表。此时，犹太银行已经不在受邀之列。第一个向这一精英圈致辞的人是弗利克的一个老熟人杰尔默•沙赫特。这位前德意志帝国银行主席早在1930年因极端右翼倾向被免职，不久后，他便再次回到他原来的职位上，并成为民主社会主义经济事务部长。

希特勒坐在会议桌的上首席位，和一年前在杜塞尔多夫工业俱乐部一样，他竭力摆脱掉啤酒馆暴动发起人通过没收财产来为无产阶级追随者服务的形象。他承诺将全方位保证私有财产和私营企业的安全，减少罢工，为新的繁荣经济创造基础。并且，他打出了反共产主义的牌："对于经济，我还有一个期望，经济发展要与未来平稳的内政建设同时进行。要想国家内部稳定就要消灭马克思主义。这是我们必须做出的决定，斗争仍然困难重重。"随后，他明确地告诉这些工业家，他是不会主动放出手中的权力的。条纹西装和誓词不过是蹩脚的表演，选举早已变成了一个根本不需要的形式。这次演讲的结束语是这样的："我们现在面对的是最后一次大选，当然，这场大选也可以被取消，如果这次选举没有任何结果，那我们就以另一种方式决定。"德国工业全国联合会主席古斯塔夫•塔菲•克虏伯自发地以在座企业家的名义对元首表示感谢，他说："是时候弄清德国的内政问题了"。德国经济界赞同希特勒力争建设"强大、独立国家"的想法，在座没有人表示反对，弗利克也没有。随后，赫尔曼•戈林开始发言。

希特勒只字未提纳粹党糟糕的财务状况。当时这个党派背负着1200万马克的债务，几乎没有可用的流动资金。戈林声称，政府不会对接下来的竞选活动采取任何征税手段——后来证实这是一个天大的谎言。纳粹接下来几周的宣传活动几乎都被算作国家行为，费用当然是由国库承担。戈林坚持要求这些工业家：如果德国的经济想要再次回归平静，就必须支持民族社会主义党、德国民族党和德国人民党组成的联合政府。最后，戈林和希特勒说了类似的话："如果你们知道，即将到来的大选将会是未来十年里，甚至可能是一百年里的最后一次大选，你们可能就会明白现在作出的牺牲不算什么。"这天晚上纳粹财政部长杰尔默•沙赫特演讲最短，他建议设立一个由他管理的竞选基金，工业界要捐款300万马克。沙赫特把结尾简化为："那么现在，先生们，该给钱了！"

2月27日至28日的晚间，国会大厦失火。该事件至今仍无法完全弄清楚是何人主使（有人猜测是纳粹党自己纵的火，企图将责任推到共产党身上），或者纳粹党只是想借助这一事件达成他们的某种目的。失火事件后，在兴登堡的支持下（希特勒利用为保护人民和国家为由而颁布的总统令使所有的基本权利失效），他掀起了第一轮对左翼活跃分子的逮捕和对左翼党派的刁难。尽管纳粹党进行了宣传和恐吓，三月份的选举仍然只获得了43.9%的支持率，按照规定还需依赖于德国民族党的联盟。根据1933年3月24日的德国授权法案，即"消除人民和国家痛苦法"，在所有资产阶级党派支持的情况下，国会不顾社会民主党人的反对将立法权转交给政府。至此，魏玛宪法实际上已名存实亡。德意志帝国在希特勒的意志下开始了国家一体化。纳粹党的资金困难问题也得到了解决，工业家们在3月份的选举之后越来越慷慨。从那以后，选举基金更名为“希特勒-德国经济捐赠”。德意志帝国工业联合会将资金集中起来，转交给沙赫特。古斯塔夫·克虏伯任管理委员会的主席，监督希特勒基金会。到1945年，沙赫特账户约进账7亿马克。

弗利克的人支持纳粹

经过在戈林官邸的聚会，弗利克迅速放弃对资助希特勒的观望态度。因为他很快就明白，跟纳粹对着干是行不通的。想要成功地运营集团，就必须向新上任的当权者妥协。而对于那些政局中摇摆不定的钢铁大亨们，对于外交复仇者希特勒而言将他们的民营企业轻松地转变成军工企业是再好不过的选择了。弗利克从德国中部钢铁厂的财务处拿出24万马克捐赠给沙赫特的选举基金，借此机会他结识了另一个野心勃勃的纳粹——海因里希·希姆莱，这位希特勒党卫军的领导亲自到弗利克的办公室取这笔钱。接下来的数月里，弗利克集团加强了与这个国家新统治者的联系。这个时候，私人秘书奥托·施泰因布林克的作用显得越来越重要。

施泰因布林克，1888年出生于利普施塔特，从实科中学毕业后以雇佣兵的身份加入了海军。1911年，他担任一艘潜水艇的指挥官，并在一战中击沉了无数船只，这一战绩使他在1916年成为海军中第三个获得功勋勋章的士兵，并于1917年在佛兰德被任命为潜水艇舰队的海军参谋。当时，赫尔曼·戈林也作为空军军官驻守在弗兰德的希特霍芬联队，与这位纳粹党中最重要的人物的早期联系被证明是非常有帮助的。离开海军中尉的职位后，施泰因布林克进入德国钢铁工业协会成为法律顾问。4年后，他从那里跳槽到弗利克集团。两年后，弗利克任命他为私人顾问。在短短的数年里，他成了集团首脑最重要的顾问，一直为集团打理右翼党派的事务，在众多监事会和理事会的职位中证明了他的能力。弗利克把公共关系方面的工作委托给了他，因此他与纳粹党的新闻官鲁道夫•莱和格雷夫•里希巴赫保持着密切的联系。

除此之外，早在1931年1月，奥托•施泰因布林克和希特勒的经济政策顾问瓦尔特•福克和威廉•凯普勒就熟悉。凯普勒是埃伯巴赫市奥丁工厂的前任董事，1931年12月他接到一个任务：“争取一些我们一旦取得政权就可以为我们所用的商业领袖。”1932年春天，在奥托•施泰因布林克、库尔特•冯•施莱谢尔和杰尔默•沙赫特的帮助下，凯普勒组织了一次非正式会议，会议的任务在于“商讨德国民族社会主义领导下的国民经济规划”。5月18日，所谓“凯普勒圈”的人在柏林的凯瑟霍夫酒店进行了第一次会面。这次会面的小组成员除了施泰因布林克、冯•施莱谢尔和沙赫特外，还有德累斯顿银行的埃米尔•迈尔，德国商业一私人银行的弗里茨•赖因哈特，德国钢铁工业联合会的艾伯特•福格勒，温特斯豪的奥古斯特•罗斯特，西门子的鲁道夫•宾格尔，钢铁行业协会的埃瓦尔德•赫克，卡利集团的海因里希•施密特，赫伯克海运公司的埃米尔•赫尔弗里希和大农场主格拉夫•冯•俾斯麦。此次会面中出席的纳粹最高官员是党卫军总指挥海因里希•希姆莱。

取得政权后，“凯普勒圈”迅速从一个顾问委员会发展成党卫军的朋友圈。这些联合起来的工业大亨们每年给希姆莱的“文化爱好”捐赠了一百万到两百万马克。据说，这笔钱用于研究古日耳曼的祖先和民俗以及扩建维尔斯堡。这个圈子的成员都会出席在纽伦堡举行的全国党员代表大会，并观看每年9月11日在慕尼黑举行的党卫军宣誓礼。1935年，俱乐部的成员增加到40人，更名为“党卫军总指挥的朋友圈”。威廉•凯普勒失去了元首的宠信，杰尔默•沙赫特毫无争议地升职为纳粹党最重要的经济专家。

确实，奥托•施泰因布林克和海因里希•希姆莱在这期间建立了友好关系。他们不仅在每月的朋友圈聚会上见面，私下也会碰面。希姆莱住在中德钢铁厂的房子里，租金十分便宜。施泰因布林克对于纳粹政权的好感是毋庸置疑的。1933年，他加入了纳粹党，5月30日成为党卫军名誉成员，并在两年内晋升为党卫军高级将领，1939年晋升为党卫军总指挥参谋部的旅长。到第三帝国垮台时，他已被授予了众多党卫军的勋章，如骷髅头戒指、荣誉匕首和纳粹党徽。他自己也承认：“当我打开陆军办公室、国防部和海军办公室的门时，基本上我确信，作为一个海军老兵我会受到当地官员和军官的重视，他们会乐意跟我谈判。”弗利克找不到比他更合适的利益代表人了。

炸弹买卖

纳粹上台执政后的第一年，经济表面上看起来充满了活力。希特勒下令停止前任的紧缩政策，这会让德国陷入更深层次的危机。早在1933年，德国财政部长就提出要在交通基础设施、供应线、河流法规和党派建设上投资10亿马克。截至1932年年中，失业人数减少了一半，降至近300万人。对未来的信心代替了失落沮丧。从那时起，企业中也开始盛行“元首原则”。德意志劳工阵线粉碎了工会，没收了房屋，不服从的官员被送往集中营。职工要受到雇主的约束，雇主负责为职工提供可接受的工作条件。罢工权被废除，阶级斗争必须成为过去式，如果表示不满，那盖世太保就该来了。薪酬水平低，里萨中钢的钢铁工人平均每小时工资仅80芬尼。条件对弗利克是极好的，经过多年大规模轰动的收购和销售，他的公司得到了重组。经历过盖尔森贝格事件后，这位从前的交易所投机者对惊人的交易不再感兴趣，而是更加专注于让公司为预期要到来的军备经济作好准备。

虽然签订了《凡尔赛和约》，1932年，德国仍然再度成了欧洲大陆上最大的军备生产国，几乎全部的武器都确定为用来出口，产量已达到1925年洛迦诺公约中规定的数字。然而，德国仍被禁止重新拥有军队。自1933年1月30日以来，德国的重工业、机械制造行业、化工业及电气行业都寄希望于希特勒能够尽快摆脱《凡尔赛和约》的枷锁，重振德国市场。他没有让这些人失望，1933年底，德国退出了裁军会议和国际联盟，“元首”对外保证他希望欧洲和平稳定的意愿，但同时，他要求消除“《凡尔赛和约》的不平等条约”和“恢复军备上的平等”。在接下来的数年里，他逐渐无视《凡尔赛和约》中规定的德国义务：大力建设空军，重新引入普遍兵役制度，占领非军事化莱茵兰地区。对此，一战时期的盟友们反应不一且表现得迟疑，纳粹成功地使一切成了既成事实。

成功夺取政权不久后，德国的军备企业就开始抢夺第一批政府订单。德国工业全国联合会主席古斯塔夫•克虏伯胜券在握。克虏伯之所以能在纳粹晋升不仅仅是靠财富支持，还因为他早在1933年前就通过非法武器计划向国防部供应武器。弗利克也再次证明了他非凡的远见卓识。1932年他用盖尔森贝格的利润买下了莱比锡通用运输设施有限责任公司（简称ATG），这家公司和他的劳赫哈默工厂存在竞争。自1919年开始，这家公司在民用机械制造界立足。一战期间，约生产了2500架从单座歼击机到翼展45米的轰炸机在内的战斗机。君特•奥格尔这样推测，“因为弗利克从冯•戈林那里详细地了解到了帝国政府的军备计划，不难推算出未来几年飞机会再次出现需求”。买下ATG一年后，这家公司就已经做好转型为飞机制造公司的准备了。1933年4月，弗利克派中德钢铁厂监事会主席海因里希•柯本贝格前往帝国国家航空部参加会议，与会的还有西门子、福格勒和蒂森。这时帝国国家航空部还对预定国家订单数量3倍的飞机这个计划严格保密。12月，空军的扩张成为定局。

弗利克公司收到了第一笔大宗订单的承诺：ATG公司只要筹措到执行订单的投资就可以立即开始生产。不久后，8500人在莱比锡投入到了飞机制造行列中。1938年初，工厂还生产装甲车的零件，1942年获得了“模范军备企业”的称号。

制造飞机只是一个开始，紧接着就是制造炸弹。ATG公司和戈林领导的帝国国家航空部的订单确认不久后，弗利克就亲自拜访了帝国经济部，目的是让中钢集团的其他企业也参与到军备生产中来。1933年11月25日，弗利克在一本档案笔记中总结道："首先，我简短地说明了现在摆在我们面前捍卫国防利益的任务。在座的先生都了解了情况……最后，我提议各位先生尽可能地亲临中德钢铁厂，了解这些工厂对于我们接下来的意图具有什么样的意义、基础以及能力。"

他的游说获得了成功。12月5日，国防部长勃洛姆堡率领部长级代表团参观了弗利克位于劳赫哈默的工厂。弗利克的讲话还要更详细一点：

我们公司的独特优势特别是针对您的目标，有以下几点：

1.生产程序的多样性；

2.在地理分布上，从军事角度上来说我们公司不在军事威胁范围内；

3.最重要的是我们不依赖国外以及有A-Fall(战争)威胁地区的原材料供应。

尊敬的部长先生，国防部的各位先生们，如果你们愿意将这项任务委托给我们工厂，我将其视为对我们的高度信任，我们充分了解了这项任务对祖国的重要性。我向你们保证。我的员工和我，将竭尽全力让我们的工厂圆满完成任务。

毫无疑问，这番演说达到了目的。弗利克对纳粹的外交政策十分清楚，他已做好了用生产提供支持的准备。

A-Fall这个概念的近义词是战争。弗利克公司主要生产地区位于中德，这突然成了他可以充分利用的战略优势。而在这一点上，弗利克是对的。当鲁尔区的军备锻工厂在英美联军的狂轰乱炸下化为灰烬时，中钢仍能继续运营。

中钢接到的德国陆军装备局的第一批大宗订单有如下内容：3000枚C10型号炸弹（铸钢），10000枚轻型野战榴弹炮，200支反坦克枪管，300支轻型迫击炮管，60000枚不同口径的榴弹。而还有60000多枚不同口径的榴弹和新型防空炮弹仍在谈判中。经过海军军官施泰因布林克的努力争取，海军的第一批订单也到手了。与此同时，弗利克增加了对陆军装备局的拜访。3月15日，他拜访了当地的司令乔治•托马斯，后晋升为战时经济与军备局局长。这次谈话的结果弗利克同样记录在了档案笔记中："有趣的是，托马斯先生还单独跟我提了一个意见，我必须区分开两件事:扩充现有军备和预备动员储备。他建议我做好4到5个月的储备，因为一旦开战了，工厂就只能为那时的订单生产了。（这个说法我完全赞同）"

当纳粹上层的经济政策和他的公司利益相协调时，弗利克往往会表示同意。1936年，希特勒提出了扩充军备和经济上自给自足的四年计划。军队和经济 "在4年里必须随时具备行动能力和战争能力"。这对于德国的钢铁工业来说，意味着它们要摆脱对外国矿石的依赖，并开始冶炼德国的劣质矿石。鲁尔大亨们提出抗议，而弗利克觉得这个想法很棒，毕竟他拥有上普法尔茨地区的很多"酸性"矿石。自给自足计划就意味着终于可以买劣质原材料，而且国家会为之买单。在扩充军备的进程中，弗利克可以让北巴伐利亚的矿石开采量增加六倍，并承诺在10年内保持高水平的开采。政府对他表示了谢意。

后来的帝国元帅十分信赖弗利克，从1929年到1939年德国突袭波兰，中德钢铁厂在德国所有的矿业公司中，增长率是最高的。1937年，弗利克获得了“国防经济领袖”奖章，最初，获得这一奖章是会让近40家公司羡慕的事，而在战争结束时可能就是400家公司了。他在纳粹政府中的官方职能是这样描述的：“国防军备战和动员时期责任重大的合作伙伴。”不久之前，弗利克加入了德国民族社会主义工人党（纳粹党），党员编号：5918393。三个负责分配军备订单的陆军军备局官员在圣诞节的时候送上了节日祝福和一座元首的半身铜像：“也许可以用来装饰办公室，给您带来一点愉快的心情。”

1937年，这位西格兰人拥有85000名员工。5年后，他已经超过克虏伯，排在德国钢铁工业联合会之后，成为德意志帝国的第二大钢铁生产商。1944年，他掌握了132家企业的多数股权，名义资本达到了5.5亿马克，拥有12万名员工，除了为整场战争生产战斗轰炸机、火炮、坦克和潜艇部件外，燃料、生铁和生钢也直接服务于战争生产。中钢的核心企业之一——霍夫曼-林克，从1937年到战争的第三年，货车车厢生产量翻了4倍。萨克森州得能铸钢股份有限公司的榴弹尤为畅销。1944年1月4日，德国国防军的总司令部写信给弗利克公司当地的总经理：“非常感谢您的新年问候。在此回复，是为祝贺贵公司。十分高兴贵公司完成了100万辆750mm虎式重型坦克的制造。你们为德国国防军制造的导弹让我们在东部严峻的物资战中免受损失，阻挡了亚洲的冲击。”

战争范围越广，弗利克获得的利润越多。他的个人财富值增长到20～30亿马克，由他控股的资本估计翻了3倍。第三帝国下台时，弗利克因武器生产建立了德国最大的私营工业帝国。此外，他个人把纳粹党中的大人物以及他的资产阶级竞争对手克虏伯、克罗克纳、罗伊施、小施廷内斯和西门子公司的卡尔•弗里德里希甩在了身后，成了德国首富。

“没有保证的股权变更”——雅利安化

弗利克成为德国首富并不仅仅是因为他抢到了军备经济中最大的那块蛋糕，这位虔诚的新教徒在“灭犹运动”中也获利不少。1933年4月1日，纳粹的《犹太问题解决方案》出台，德国各地纳粹党的冲锋队队员在犹太人的商店、诊所和律师事务所发起“抵制犹太人”运动。几天后，纳粹在《重设公职人员法》的基础上，解雇了第一批犹太裔政府官员。1935年9月15日通过的《纽伦堡法案》剥夺了犹太人的公民权。1938年11月9日，在宣传部长戈培尔组织的德国犹太人迫害行动后，犹太医生、律师、手工业者和企业家被禁止继续从事其所在行业的工作。另有特别条款规定，禁止犹太人上学、出席公共活动、参观展览，以及禁止犹太人拥有汽车、电话、贵重物品和宠物。任何符合这些近乎刁难性条款的犹太人，都必须离开德国。当然，流亡的犹太人，他们的财产势必会被洗劫一空。1941年10月1日，在德国的犹太人被禁止去国外，

“消灭犹太人最终解决办法”开始执行。

1938年末，在战争准备工作的最后阶段，纳粹通过一系列“将犹太人从经济生活中排除出去”的法令和规定，宣布无偿没收犹太人资产为合法行为。截至此时，大部分犹太工业家、银行家和商人的企业被迫用看似合法的方式上交给了国家或是“雅利安”公民。一般来说，会支付他们一笔钱，但远远低于实际价值。不想卖出公司的犹太人，最好的情况是受到经济制裁和强制性罚款，但通常是拘留和被送到集中营。

弗利克至少有3次试图从纳粹的“雅利安计划”中获利的行动。和他在以往的创业生涯中一样，对于这种情况，他表现得十分谨慎。接管政权后，纳粹经济部希望将所有军备企业都掌握在“雅利安人”的手里。弗利克第一次产生谋取犹太人财富的想法并不是源自他自己，而是源自陆军装备局。陆军装备局的局长莉泽将军，1934年10月6日询问奥托•施泰因布林克，德国钢铁工业联合会是否愿意接手位于图林根州苏尔市的西姆松工厂。这是一家为希特勒勤勤勤勉勉生产武器和运输工具的工厂，所有人是犹太商人亚瑟•西姆松。这家组织良好的工厂销售额达到了1800万马克，在军备经济的起始阶段有着辉煌的销售预期。工厂的设备价值约900万马克。对于陆军装备局的这一询问，弗利克公司表示不解，而陆军装备局的军官给出的官方说法是：“将这家工厂转手，是为了保证陆军装备局和苏尔市之间的顺利合作。”奥托•施泰因布林克向在陆军装备局里的中间人表示他们感兴趣，弗利克愿意出面与亚瑟•西姆松谈判。然而，老板西姆松不愿意低价出售他的工厂，施泰因布林克记录道："谈判很快不了了之，因为双方都不能走出决定性的那一步。"一年后他向朋友凯普勒表示，对方开出的收购价格实在是太高了。

正如上文所说：弗利克十分谨慎。盖尔森贝格事件带来的消极影响才过去两年。纽伦堡法案刚刚出台，还没有哪个实力强大的犹太企业家因此被没收财产。虽然希特勒的地位看起来已经稳固了，但在1934年，谁能确定德国的政治局势会怎么发展呢？所以，显而易见，对弗利克来说，在这个时候利用西姆松的糟糕处境获利是有风险的。在西姆松和弗利克谈判失败6个月后，图林根州的纳粹党部领导弗里茨•绍克尔对苏尔地区发战争横财的犹太人发起了宣传攻势，西姆松被抓进了监狱，在监狱里，他被迫签字将工厂卖给纳粹政府。工厂转让给了一家由绍克尔、德国钢铁工业联合会的艾伯特•福格勒以及德国银行领导的临时性企业联合组织的下属公司。现在，先例已开。很明显，"被净化"犹太企业家的压力增加了。弗利克现在可以考虑低风险的"雅利安化生意"了。

早在1927年，弗利克就看中了德国最后一家纯粹的炼铁工厂，也就是德国吕贝克股份公司。吕贝克股份公司有两家工厂，一家位于吕贝克湾，一家位于斯德丁[1]。当时，吕贝克股份公司的大多数犹太股东拒绝了弗利克的开价。这家公司在企业经营管理上有着非常高效的价值链。吕贝克股份公司的炼铁炉生产的生铁质量很高，旗下还有一家水泥厂和一家现代化的炼焦厂，拥有一些煤的副产品

[1] 也就是现在波兰西波美拉尼亚省的首府什切青。

如焦油、苯和煤气。此外，附加的炼铜厂还能萃取生铜，以及在生产过程中从残留的碱液中提取硫酸盐和硫酸锌。钢铁工业联合会一直缺乏生铁，若能收购北德的这家公司，就能一下子解决这个问题。

吕贝克股份公司的主要股东是犹太人哈恩家族和犹太五金企业主拉瓦克&格伦费尔德。1933年，纳粹把德国民族社会主义工人党驻吕贝克的干部戴茨博士安插进了吕贝克股份公司的监事会。他的官方使命是“保护”犹太股东的股份。戴茨的“保护措施”是这样的：1月份，他向陆军军备局建议，“为将吕贝克股份公司纳入国防建设的重要一环，应将其股份转让给另一家财团”。买家已经找好了，“对此，首先考虑弗利克集团”。为以防万一，纳粹的地方长官戴茨事先已经和弗利克集团交涉过一次。按照戴茨所说，“如果陆军军备局方面给予40%的长期贷款，那么弗利克就准备收购吕贝克股份公司的全部资产并参股60%”。

那个时候，这些犹太裔股东还不知道，他们必须卖掉自己的公司。奥托•施泰因布林克受弗利克委托接手了这一工作，并在向戴茨汇报后的3天里写出了一份详细的融资计划。1935年初，吕贝克股份公司股票面值为1430万马克。施泰因布林克仍想给出80%的价格，也就是1100万马克。对此，他希望陆军军备局能预付500万，然后从马克西米利恩斯冶炼厂和德国莱茵集团股份销售中拿出600万。事情看起来在向好的方向发展。陆军军备局中负责此事的莉泽将军基本上同意了贷款，“前提是能找到合适的借口来掩盖这件事”。然而，他还是怀有顾虑，因为他担心其他的钢铁工业家如古斯塔夫•蒂森可能会感到自己被忽视了。戴茨向上将保证，他已经和蒂森就吕贝克股份公司交流过，但蒂森对此并不感兴趣，然后才注意到了弗利克。施泰因布林克在他的档案中写道："然后，莉泽安心了。"

不清楚这次交易为什么没有直接付诸实施，奥托•施泰因布林克在纽伦堡法庭上给出的商业上面的理由站不住脚。另外两种可能的解释是：陆军军备局没有找到合适的办法来掩盖给弗利克的非常规贷款，或者弗利克觉得犹太人的公司过几年会更便宜。但这种假设没有具体的证据，毕竟，弗利克在1937—1938年间收购吕贝克股份公司确实是条件最有利的时候。

谈判于1937年10月9日恢复。弗利克计划先接收拉瓦克&格伦费尔德的部分股权。"我已经说过了，关于吕贝克项目，对我们来说情况并不十分明朗。但我们的想法是，我们先暂时参股拉瓦克&格伦费尔德，但对外我们并不出面，然后等待事态的进一步发展。"此外，他还说道，钢铁工业总局的总干事冯•汉尼肯将军要求他，"设法将非雅利安人控制的企业转变成德国人的企业"。局势已经很明朗了。可是，"非雅利安"的股东也无法达成一个"反击策略"。总经理库尔特•诺伊决定反抗并尝试获得尽可能多的外国持股人的股份。针对这一举措，1933—1939年间，很多富裕的犹太人都使用这个策略来对付德国国内的专权，利用国际法来获得保护；而另一个以汉堡银行家厄恩斯特•施皮格尔贝格为首的股东小组希望能与弗利克协商。

11月初，弗利克第一次向同意协商的一方施压。他告诉施皮格尔贝格，“对我们来说，问题在于我们一再受到来自高层的督促，让我们解决吕贝克问题。总有一天我们必须向上层报告我们的进展。诺伊先生不断地努力将股权放到国外，最后会造成尴尬的局面”。几天后，弗利克派他的企业战略家阿尔弗雷德•罗德，也就是俾斯麦冶炼厂的前任总经理，前去与这位汉堡银行家会面。罗德给施皮格尔贝格提供了一个很好的建议，“迅速将拉瓦克&格伦费尔德卖给弗利克，否则整个公司都会陷入麻烦”。据施皮格尔贝格在纽伦堡审判中陈述，罗德给出的理由是：拉瓦克&格伦费尔德违反了德国的外汇管理规定，政府相关主管部门已经开始调查这件事了。这个威胁十分有效。纳粹当局总能找到没收和剥夺犹太人财产的歪理。施皮格尔贝格表示，他愿意出售。

然而，此时大多数股份都在国外，以诺伊总经理为首的股东们对出售股权不再像以前那样感兴趣。这时，弗利克加强了与德国经济部以及为协调战争准备工作成立的“四年计划”委员会之间的接触。负责吕贝克计划谈判的是一位叫欧德瓦格的官员。在他的同事中，欧德瓦格绝对称不上特别勤奋，但在这件事上，他却是弗利克集团利益的代言人。11月22日，他拜访了位于贝尔维尤大街的弗利克集团总部，并私下告诉弗利克，在德国，未来将只有5家企业被允许进口矿石。拉瓦克&格伦费尔德由于是犹太人的企业，必须被关停。吕贝克炼铁厂的经济基础必须被收回。弗利克写道，“这肯定会对股价产生巨大影响”。其他人也得出了这样的结论。以诺伊为中心的阵营破裂了，拉瓦克&格伦费尔德中越来越多的外国持股人准备在股价下跌前将股份卖给弗利克。现在，该是吕贝克股份公司的最大股东，也就是持有名义资本40%股份的犹太家族哈恩家族有压力了。

哈恩家族都是自信的企业家，家族的公司总部位于杜伊斯堡的格罗森包姆城区。和很多犹太资本家一样，长期以来，哈恩家族低估了纳粹党的无耻，他们一直相信，他们可以成功地保护自己免受“雅利安化”的迫害。矿石进口禁令颁布后，他们不再心存幻想，如今，哈恩家族也指定施皮格尔贝格为中间人。关于这次收购谈判，施皮格尔贝格提出了一个特别的要求。1937年12月9日，他在写给弗利克的信中这样说道：“昨天我们会面之后，通过和格奥尔格•哈恩以及他那些社会民主党人谈话后，我越发认为您和欧德瓦格先生（戈林“四年计划”委员会的代表）应给他们一个保证，从而使谈判能够更好地进行下去，特别是让涉及股份分配的问题变得更加容易。”弗利克仔细读了这封信。哈恩家族希望，在保护他们不受纳粹的粗暴侵犯问题上，弗利克能够给他们一份书面保证。第二天，谈判进入尾声，弗利克接手了吕贝克股份公司价值340万马克的股份，哈恩家族保留了310万马克的少数股份。无疑，他们这个时候是希望能全部卖出的，但弗利克对接手全部的股份并不感兴趣，加上拉瓦克&格伦费尔德的股份，他已经拥有所需的340万股份成为绝对的多数。节省额外的股票收购，是理所应当的。

此外，哈恩家族收到了想要的“保证声明”，原文草稿如下：

德国钢铁经济首席代表致哈恩工厂

得知您愿意合作，并将吕贝克炼铁厂的半数股份卖给中钢钢铁厂，以及您打算用此项收益的部分资金更换位于格罗森包姆的过时装置，我十分满意。

汉尼肯

总参谋长

另外，在见证人出席的情况下，欧德瓦格口头上发表了补充声明：

一、在格罗森包姆进行的企业改造细节审查结束后，首席代表乐意向监督部门建议，给予这一新建工程批文。

二、首席代表无意在某一方面向公司创始人哈恩家族和艾斯讷家族施压，使其交出位于格罗森包姆的产业。

弗利克拒绝在这模棱两可的声明上签字或是起草类似的文件，这样他也无需考虑这份承诺是否会兑现。

强制出售吕贝克股份公司后不到两周，德国经济部再次向哈恩家族施压。如今，纳粹官员开始禁止杜伊斯堡的冶炼厂购进某些原材料以及销售某些产品。同时，他们还威胁称，“停工”将被视为阴谋破坏。为此，哈恩家族中的一个兄弟拜访了德国经济部“雅利安化计划”委员会的负责人，指出对方应注意汉尼肯做出的书面声明以及欧德瓦格的口头保证。得到的回复如下：“我不敢相信哈恩家族竟会如此愚蠢，居然在没有得到任何保证的情况下变更股份。”

几天后，弗利克从埃森硬煤股份公司总经理厄恩斯特•坦盖曼的来信中得知，“两家西部的工厂在努力争取哈恩工厂的全部资产”。1938年1月，曼内斯曼集团加价，用外汇支付给了哈恩其资本的一半，这个犹太家族满怀悲愤地流亡海外。鲁道夫•哈恩1947年在纽伦堡表示："我们受到可能会被逮捕或送到集中营的威胁。"他还说："由于欧德瓦格后来进入了弗利克集团，因此我一直怀疑，这整件事都是弗利克策划的。正常情况下，弗利克是不可能有机会收购我们的产业的。"

吕贝克业务成功交易后，作为回报，弗利克委任这位政府官员欧德瓦格为名义总经理，只是一个虚职，但薪酬很高。鲁道夫•哈恩乘飞机前往伦敦时意外地遇见弗利克的私人秘书奥托•施泰因布林克拿着返程机票替弗利克出差。这一次，施泰因布林克清楚地表明了他民族社会主义的立场。这位党卫军成员直截了当地对流亡国外的哈恩说："可以离开，你已经很幸运了。"

"……如有必要，将采取暴力措施"，佩切克煤炭家族面临贱卖

西姆松事件只是一次试水，弗利克成功收购吕贝克是"雅利安计划"成功的第一步。1938年后，对犹太人财产的大规模掠夺开始了。就如以前弗利克想扩大夏洛特冶炼厂的煤炭基地一样，如今他对扩充中钢的煤炭基地感兴趣。公司拥有长达30年的库存，但若生产量提高了，相应地，储存会消耗得很快。对犹太人的迫害显露出愈加毫无顾忌的迹象时，机会来了：德国约三分之一的褐煤矿藏掌握在犹太家族佩切克家族手上。1937年底，弗利克开始正式谋取位于安哈尔特和下劳齐茨的矿山，然而事情有点棘

手：佩切克家族并不是德国人，而是捷克斯洛伐克公民。家族产业分为两个公司，位于布拉格的朱利叶斯-佩切克集团和比前者规模大四倍的伊格纳兹-佩切克集团，后者位于奥西希。为了保护财产不被纳粹掠夺，两家公司的股份都分散在英国、美国、瑞士和荷兰，纳粹没收犹太人财产也会威胁到海外德国人的财产，因此，弗利克必须谨慎采取行动；为了获得成功的机会，他试图让战时经济建设的负责人站在他这边，也就是“四年计划委员会”的负责人赫尔曼•戈林，两人自1933年2月20日见面后就保持着密切的联系。

“弗利克绝对是最受戈林欢迎的人”，戈林最亲密的伙伴埃里希•格里茨巴赫在纽伦堡审判上供认道。然而，虽然彼此的好感显而易见，但这位西格兰钢铁商人其实十分不喜奢华和出风头。尽管如此，弗利克仍是巴洛克式纳粹头目戈林奢华生日宴会的常客，还会带上同事在荷兰拍下的价值连城的油画作为礼物。弗利克不仅在政治上，也就是我们提到的战时自给自足计划上予以支持，作为德国钢铁工业家，他同样为“赫尔曼•戈林德意志帝国工厂”的建立提供了帮助，也就是位于萨尔茨吉特的巨大冶炼厂，这家冶炼厂主要业务是军备生产。对于莱茵和鲁尔区的钢铁大亨们来说，这是一场令人生厌的、有国家参与的竞争，他们在力所能及的范围内进行抵制。而弗利克给戈林供应硬煤，并极力满足戈林的虚荣心。战后，弗利克回想起了下面这段对话：戈林问弗利克，“等我们把萨尔茨吉特的冶炼厂按计划扩张后，我是不是就拥有了世界上最大的冶炼厂了？”弗利克回答说：“不，陆军元帅阁下，芝加哥的加里钢铁厂生产的钢比您还要多。”很明显，戈林十分喜欢这位白手起家的西格兰新教徒委婉谨慎的风格。格里茨巴赫作证说：“弗利克谦虚的态度，与戈林始终保持距离，给戈林留下了深刻印象。”他的谦虚让他在佩切克事件中获利。

弗利克迅速地解决了佩切克集团，不费力地使之成为自己的战利品。朱利叶斯-佩切克希望能够为他的工厂谋取一个合适的外汇价格，不愿冒被纳粹没收财产的风险，有意出售。伊格纳兹-佩切克则相反，以他的儿子卡尔为代表，似乎根本不愿意考虑出售的事。

11月，奥托•施泰因布林克从一家德国银行的理事会得知，还有几家公司对佩切克的褐煤感兴趣，其中就有法本公司、财力雄厚的卡利集团温特斯豪公司、彼得•克罗克纳和赫尔曼•勒希林。与弗利克的两合公司不同，法本公司和温特斯豪公司因为广泛的海外业务持有大量外汇储备。当时弗利克已经将他的股份公司转换成了两合公司，其优势在于，他不必再公布任何财务报表。施泰因布林克立刻向朋友威廉•凯普勒寻求帮助，他当时在“四年计划委员会”担任德国原材料首席顾问：“在过去十二年里我弄明白了一件事，就算有钱也不一定能买到褐煤。”凯普勒提醒施泰因布林克，戈林已经委托他制定没收财产法了。根据这个信息，弗利克对佩切克家族施压，告诉这位捷克企业家，如果谈判不成功，“你们的财产一定会被没收的”。当然他也没有忘记暗示没收财产法已经在着手准备了。

不久后，弗利克为这一冒险的计划招募了几个新的顾问，其中就有让人有点琢磨不透的公使馆参赞哈特曼•弗赖赫尔•冯•里希特霍芬，1933年前他效力于国会中的德国民主党，与部长阶层和重工业行业都有着良好的接触。对于他的帮助，弗利克允诺将会按合约支付2.4万马克，如果事情成功了，报酬还会有适度的增加。此外，协议上还以书面形式有如下说明："冯•里希特霍芬还希望，他可以以3000马克的价格购买一辆二手车。"弗利克在萨克森佩切克褐煤矿山的第二个顾问是从佩切克集团中招募的，他就是卡洛斯 • 韦泽尔。卡洛斯•韦泽尔对这两个相关集团的计划十分了解：他是朱利叶斯-佩切克的总经理，也是伊格纳兹-佩切克理事会成员。为重建新生活，他需要从弗利克的两合公司中获得长期贷款。但他与买家的私下联络，并不妨碍他在朱利叶斯-佩切克集团中通过允诺"积极的成果"来谋取到特别报酬。

弗利克工资单上最重要的新成员是赫伯特•戈林，此人和空军军官戈林的关系十分亲密，甚至比弗利克与空军军官戈林的关系更亲密。他是赫尔曼•戈林的表兄，也是经济部中一位拥有上将军衔的负责人。赫伯特收到了一份"附有成功奖金的咨询合同"用以继续之前的谈判。"如果佩切克问题解决了，使我们从佩切克的资产中获得足够褐煤矿山的目标得以实现"，那么赫伯特"获得的奖金数额有多少，要根据我公司接收的矿山总价值来进行进一步的磋商。如果我们只分到了一笔资产，那么他只能得到最低标准的报酬"。百分比与金额未被记入戈林表弟的合同文本中。但根据法治国家的标准，该文件足以证明一个政治官员收受贿赂的作案嫌疑。另外，赫伯特•戈林看起来很在乎钱财。订立“咨询合同”不久后，赫尔曼•戈林宣布：“佩切克问题将在1938年1月由我解决。”他召集委员会拟定提议，弗利克最终作为唯一一个工业代表，与经济部国务秘书、戈林的原材料和煤炭问题专员以及威廉•凯普勒一同列席委员会。与法本公司和温特斯豪公司相比，中钢的处境最为有利。

对于奥托•施泰因布林克来说，这一切进展得太慢了。他在1月10日记录道：“根据最新消息，指望佩切克集团自愿交出股份看来是不可能了，也许是该采取武力措施或国家介入手段的时候了……做出决定吧，我们要明白，必要的时候必须采取最极端的办法。”弗利克担心再次引发“国际性的后果”，他认为通过谈判解决问题是更好的解决方式。对此，他想先跟戈林单独会面讨论一下，他委托施泰因布林克为会面做准备。

1月15日，双面间谍韦泽尔传达了关于佩切克一事的讨论情况。信息中显示，朱利叶斯误以为弗利克是受政府委托来处理此事。但朱利叶斯的销售意图并没有改变，他希望为他的公司进行谈判。伊格纳兹的儿子卡尔在一次对经济部的拜访中宣称：“您想要打仗，我随时奉陪。”韦泽尔建议“单独解决朱利叶斯-佩切克集团的问题，不要等到伊格纳兹愿意出手的时候再一起解决”。当然，还是有必要传达一个信息，那就是弗利克确实是受国家委托来“谈判”的。

1月21日，他亲自和赫尔曼•戈林展开了会谈。机警的他将公司团队的利益和德意志帝国的利益协调起来。没收财产会引发“国际性的后果”，但还是应该用没收财产草案来对佩切克家族施加压力。佩切克家族试图通过同时与其他德国公司谈判来抬高价格，戈林打算利用全权授权弗利克负责谈判来避免这一局面的出现。为什么一定是弗利克呢？与法本集团和温特斯豪公司不同，弗利克认为，“不应该浪费外汇来购买德国土地上的德国煤炭资源”。这一观点说服了戈林。如果外国犹太人有足够的美元来填满这些人的欲壑，那自然更好。弗利克和戈林的私人会面结果最终的书面记录如下：

“为了解决佩切克问题，我在此委托您，和伊格纳兹-佩切克集团的核心领导层以及朱利叶斯-佩切克集团进行谈判，目标是寻求获取佩切克集团全部产业的可能性和条件。我授权您单独负责谈判，也可以财团的名义出面。做出决定前必须取得我的同意。”戈林铅笔字补充道，“我保留财产的分配权。”

5天后，朱利叶斯-佩切克集团的谈判负责人美国银行家乔治•摩南抵达了柏林。此次谈话的开场内容在纽伦堡诉讼档案中得以再现。摩南要求以1600万美元成交，并指出还有感兴趣的收购者。弗利克以他是此次谈判唯一的全权代表人予以回击：这是上面的命令。尽管如此，他有意私下谈判。弗利克向他保证：“我自己也是一个资本家。”他回绝了所有涉及外汇的要求，并建议华尔街的银行家，“作为补偿，他们一定给出一个好的报价，但不允许对德国社会的领导施加影响。”摩南不为所动：“其他的德国大型企业在美国也有子公司。”这里是在影射法本集团。对于摩南来说，和美国股市进行交易是可行的。谈判陷入了僵局。1月29日，双方重新安排了会面，在此期间，施泰因布林克询问德意志帝国银行主席杰尔默•沙赫特，弗利克集团是否可以就“佩切克集团问题”获得美元贷款。沙赫特恼怒地回应道：“我已经和弗利克先生说过了，佩切克交易中不可涉及外汇。摩南必须接受德国的决定。如果弗利克能把这个男人踢出局，你们肯定会取得进展。”

弗利克与摩南再次见面时，这个美国人带来了令人震惊的消息：温特斯豪公司已电报纽约，准备开价1100万美元。没有外汇的弗利克威胁要把没结果的谈判报告给他的“委托人”。摩南仍然不为所动：“我现在在德国遇到的麻烦，也会威胁到美国的德国公司。”这很明显：他们准备用德国公司在美国的股份来抵消此次财产没收事件中美国人在佩切克集团里持有的股份。对于这一操作是有法律依据的，美国不允许外国人经营直接或间接生产军备物资的企业。“四年计划委员会”创始人凯普勒担心，这话针对的是法本集团在美国的股份。弗利克还是没有像沙赫特建议的那样，将摩南直接踢出局，而是用温特斯豪公司的进一步谈判向戈林施压。2月1日，戈林对温特斯豪公司发出命令：“未经我授权所进行的谈判必须立即停止，撤回谈判提议。”

来自上层的命令发挥了作用，卡利集团的温特斯豪接受了指示，弗利克的谈判地位得到了很大的加强；但是佩切克问题仍然没有任何进展。施泰因布林克记录道：“他们相信可以保护好自己，并且在等待德国方面是否会采取某些暴力手段。”他还写道：“奥地利的局势变化是否会对佩切克事件产生影响，人们可以拭目以待。”施泰因布林克笔记中注明的时间是2月12日。3月11日至12日的晚间，德军出兵奥地利。几乎和公司发展史里的每一次情况一样，这一次，弗利克集团对政治大环境仍然了如指掌。

国际社会在德国突袭奥地利事件上的容忍，很明显给朱利叶斯-佩切克集团留下了深刻的印象，图林根州省党部头目邵克尔针对他们发起的中伤运动“诡计多端的佩切克家族”也同样如此。弗利克关心的是怎样才能使这次谈判顺利结束，他已经为佩切克集团准备好了一小部分美金。虽然经济事务部主管的行政专员还有所考量：“我们要考虑到，外交上的变化也许会导致将来价格比现在高压手段下的价格还要便宜呢。”但弗利克十分确定，他觉得佩切克集团价值632.5万美金，另还要再加上97万马克，专家的估价在2亿马克左右。朱利叶斯-佩切克大概是有预感德国会进攻捷克斯洛伐克，1938年5月初就同意了弗利克的报价。

弗利克在幕后已经完全让交易朝着对自己有利的方向发展。632.5万美金里的500万由温特斯豪公司出，为此他得到了佩切克集团旗下对卡利集团意义重大的部分。为了剩下的132.5万美金，弗利克在中央银行兑换了1730万马克，卖出了法本公司一小块褐煤矿得到了1250万马克，并在市场上抛售了1000万马克的股票。通过这次交易他保留了约85%的“雅利安化”企业，并获得了400多万马克的利润。杰尔默•沙赫特评价：“这笔交易虽然昂贵，但无论如何还是十分不错的。选择我的朋友弗利克来负责这笔交易再合适不过。”此外，德意志帝国银行行长也正式表示：“从外部来看，弗利克在这次交易中的处理方式堪称完美。”

“伊格纳兹–佩切克问题”

哥哥朱利叶斯的此次出售显然没有给伊格纳兹-佩切克集团留下什么好印象。施泰因布林克在6月22日给经济部的一封信中写道：“根据迄今为止我们所得到的消息来看，我们在此次事件中完全处于被动状态。我们不得不怀疑，在最后的关键时刻，会出现美国人或是其他利益集团。”经济部的官员一直都很担心德国的海外资本，他们怀疑伊格纳兹-佩切克背后是实力雄厚的J. P摩根财团在撑腰。在这一点上，施泰因布林克在信中表示请当局放心：“摩根一直是犹太人的敌人，就算这桩生意再怎么诱人，他也不会保护一个犹太人的。”这封信的结论是：“对伊格纳兹-佩切克集团必须采取和朱利叶斯-佩切克不一样的手段。”纳粹当局同意施泰因布林克的建议，财政厅宣布向伊格纳兹集团追加高达3000万马克的税款。经济部还下令，封锁该集团的订购和供货。经济部早在收购朱利叶斯-佩切克时就期待有明确的“没收犹太财产”政策，这一次终于成为了给伊格纳兹-佩切克施加压力的好方法。

英国首相亚瑟•内维尔•张伯伦的绥靖政策是对希特勒的一种妥协，他相信能够凭此避免战争的发生。这一政策于1938年9月29日纳入了《慕尼黑协定》中，英国、法国、意大利和德国达成了一致，将大部分由德国人定居的苏台德划入德国的领土。希特勒保证，德国在欧洲不再有领土问题。回到伦敦后，张伯伦宣称：“这是我们这个时代的和平。”根据《慕尼黑协定》，奥西希市属于德国，经济部的审计师再次回到这里寻找借口，并指派特派员到伊格纳兹-佩切克集团。特派员的任务是，准备将伊格纳兹-佩切克集团低价出售或将其没收 。

截至1938年底，德国并没有法律规定没收犹太人的财产是合法的。弗利克早在与朱利叶斯-佩切克集团谈判的进程中就多次提出起草这样的法律，至少能当作一种施压手段。由于经济部和“四年计划委员会”的法律学家毫无进展，奥托•施泰因布林克委托弗利克派往奥地利的知名企业法律顾问雨果•迪特里希起草一份法律草案。6月20日，一份报告连同两份副本摆在了经济部和“四年计划委员会”的桌上。标题已经说明了一切：伊格纳兹-佩切克问题。

第1条：四年计划专员可根据“1938年4月26日犹太人财产登记规定”给每笔犹太财产任命一个财产受托管理人，“四年计划委员会”的委任聘书将规定其权限。特别要注意的是，财产受托管理人可被授权，无论财产所有人同意还是反对，财产受托管理人都能用合理的等值获得财产的所有权。

法律顾问迪特里希漂亮地完成了他的工作。他的这份建议几乎就是《关于处理犹太人财产的条令》的雏形文本。这项条令于12月3日生效，也就是冲锋队谋杀了91人的“水晶之夜”后，几乎所有的犹太教堂都被摧毁，无数犹太商店被洗劫一空。检察院在纽伦堡审判的总结概述中表示：“弗利克、施泰因布林克和卡莱奇参与起草这份雅利安化通用法令已充分证明，他们参与到了让犹太人在德国无法生存这一整个事件中。”

实际上，没收佩切克集团财产的法律依据基础在1939年初就已制定好。经济部长冯克任命经验丰富的钢铁大亨、普罗伊萨格公司的前任董事莱西为佩切克集团的财产托管人，领导“雅利安化”进程。除了弗利克，赫尔曼•戈林工厂的总经理赫尔曼•普莱格也很擅长收购。戈林工厂是戈林毕生的心血，目的在于使德国战时经济完全摆脱对外国的依赖。这家集团缺少煤田，弗利克知道，最好与普莱格好好合作。思来想去，弗利克向萨尔茨吉特市的国企提供了位于鲁尔区的部分硬煤煤矿，用来换取“公平”分配佩切克集团的煤矿的机会。普莱格表示有兴趣，两人商定向陆军元帅报告他们的计划。谈判的结果看起来是得到了戈林的批准：财产受托管理人莱西将一部分佩切克集团直接交给赫尔曼•戈林工厂，一部分通过国家控股公司实现国家持股转给赫尔曼•戈林工厂。随后，弗利克用哈珀矿业股份公司和马克西米利恩斯冶炼厂的很多硬煤矿换取了安哈尔特矿业工厂和2500万马克。也就是说，弗利克用11亿吨硬煤得到了33亿吨褐煤。君特•奥格尔评价道：“即便硬煤和褐煤价格一样，弗利克也是做了一笔十分漂亮的生意。但有不少专家估计褐煤的价格高，因为开采的费用低。”

获得佩切克的煤矿后，弗利克一跃成为欧洲最大的褐煤供应商。在此期间他坚持不从财产托管人那里直接拿燃料。施泰因布林克拒绝财产托管人莱西的提议时是这样说的：“在我们看来，这不是一笔私人交易，而是一个国家行为。”弗利克想让普莱格明白，接管伊格纳兹-佩切克的遗产，在政治上他是不能接受的。心性谨慎的弗利克害怕一旦纳粹的“千年帝国”破灭会被追究没收犹太人财产的责任。有证据显示，弗利克集团中一直认为这笔交易是非法的。纽伦堡的检察官曾引用过施泰因布林克写给戈林副手克尔讷的一封信：“关于褐煤，我这么说，这宗财产交易以后可能会上国际法庭。”事实证明他是对的。

伊格纳兹-佩切克集团的继承人（当时公司创始人已经去世）什么也没有得到。根据弗利克集团司法部草拟的《没收财产法》给予他们的补偿，最后据说用佩切克集团应追缴的3000万马克税收抵销了。

接班人奥托-厄恩斯特

“我首先是一个士兵，所以我做不到时刻保持着生意人那种冷静算计的头脑和冒险精神。”说完这句话，这位前海军军官以及党卫军总指挥参谋部的旅长奥托•施泰因布林克于1939年12月29日辞去了在弗利克集团中的职务。借助在经济部的关系，他很快接到了一份新的任务，从此之后，他将作为财产托管人管理弗里茨•蒂森的财产。出于对纳粹政策的失望，当时弗里茨•蒂森已经移民到瑞士，后来在法国南部被维希政权的军队抓获，直到战争结束都一直被软禁在德国。但这项新任务绝对不是施泰因布林克辞职的原因。

早在就佩切克煤炭问题进行谈判期间，弗利克和他最重要的合作伙伴就有过剧烈的争论。随着他在推进“雅利安化进程”中取得一次又一次的成功，施泰因布林克越来越自信，他在集团中的权力越来越大，于是就公开要求成为弗利克的遗嘱执行人。这位前任私人秘书的目标明摆着就是想准备日后成为集团的接班人，司马昭之心，早已路人皆知。对于56岁的注重家庭关系的弗利克来说，这样的要求有些得寸进尺。他把表弟科拉德•卡莱奇一步步培养成副手，弗利克参军时，就在卡莱奇的父母那里借宿过。科拉德•卡莱奇基本上是在弗利克集团中学会职业技能的：在布德鲁斯当店员，在科隆学习企业管理（表哥弗利克出学费和生活费），在夏洛特冶炼厂当实习生。1932年，弗利克将其从代理人提拔成夏洛特冶炼厂的董事，1937年成为该冶炼厂的全权代表。卡莱奇和果敢的施泰因布林克是完全相反的类型，他安静、谨慎地在幕后工作，将集团的财务打理得井井有条，哪怕是一个小数点。他可靠地管理着集团的贷款、债券、资产负债表和合同，如果要说有什么是弗利克完全不用担心的，那就是卡莱奇的忠心了。尽管如此，这位忠心耿耿的仆人也没有逃过家里人的嘲讽：“他脖子好短。”偶尔也会听到有人说：“他的脖子这么短肯定是因为他永远在拉厚重的文件夹。”

从1939年起，又有一位集团总负责人的亲戚成了全权代表——弗利克的侄子伯恩哈德•魏斯，也就是玛利亚•弗利克一个妹妹的儿子。伯恩哈德•魏斯也是在夏洛特冶炼厂完成了他的学徒生涯，后来接管了父亲在锡根的一家中型机械制造企业。叔叔弗利克最后将他派到了柏林的中钢，在那里，他负责硬煤和加工业领域。施泰因布林克离职后，从未对弗利克的权威提出异议的奥迪洛•布尔卡特在1940年成了弗利克集团的全权代表，这是唯一一个与弗利克集团没有家族关系的高级经理。短期内，因施泰因布林克离职留下的管理层漏洞被填满了。从长远来看，接班人已经很明显是弗利克的儿子奥托-厄恩斯特，1916年出生的他，即将慢慢地被带进接班人圈子。

关于弗利克这个大儿子的童年情况，人们知之甚少，弗利克对家庭成员的保护比对商业交易的保护更为严密。奥托21岁生日时，弗利克将集团母公司的一部分股权转让给了他，在之后的两年内，奥托手中的股份持续增加，约占名义资本的四分之一。1944年，这位年轻的两合有限责任公司股东持有弗利克集团45%的股份，他的弟弟弗里德里希•卡尔也持有相同的股份；然而，两个儿子对公司的股份没有支配权。弗利克通过合同确保了他自己对公司股权的绝对支配权，这也是相当有远见的，因为当时赠与税要远远低于继承税。

作为独裁父亲的长子通常都不容易，弗利克和奥托-厄恩斯特的关系是矛盾的。父亲的要求很高，同时又对长子的能力表示不信任。父亲想把奥托-厄恩斯特培养成一个冷酷无情又有远见卓识的商人，使之能够在自己死后仍能保证集团的繁荣发展；但是，一旦儿子开始发挥自己的独立性，父亲就会愤怒，并禁止儿子凭自己的经验行事。奥托-厄恩斯特混杂着一种自卑和故意装出来的无所谓进行反抗，他并没有培养出自己内心深处的自信，而只是听从父亲的命令。

原本奥托-厄恩斯特是想高中毕业后去柏林大学学习企业管理，但仅仅读了一个学期就不得不中断学业。父亲派他去图林根马克西米利恩斯冶炼厂的冲压车间，在那里的管理部门的实践培训似乎能让他更快地实现目标。此外还有一个优势，在父亲接了军备任务的企业里工作，奥托-厄恩斯特就可以像弗利克在一战时一样免服兵役；至于他的二弟鲁道夫为什么反而会自愿参加国防军，至今仍是一个家族秘密。如果鲁道夫不去战场，他的机会应该也不会太差。与奥托-厄恩斯特不同，弗利克并没有过户给鲁道夫股权。也许，鲁道夫是中了爱国的病毒，而且，他被认为是一个“莽夫”。1941年，家人收到了来自东线的阵亡通知书，弗利克受到了沉重的打击，这是他生平第一次因为家事而忽略了工作。有一段时间，他很少在集团总部露面，侄子伯恩哈德•魏斯在纽伦堡审判中陈述道：“有时候他似乎是想一切顺其自然。”但他的这种状态并没有维持很长时间。

战利品

“德国人选择希特勒，并不是为了让他给人民带来战争，”戈洛•曼写道，“人民选择希特勒，是想让他将人民从经济危机中解救出来；但是一旦希特勒上台，稳固了他的权力，他就可以想干什么就干什么了。”希特勒带来的这场战争，受到了国民经济发展与时代不符的观念驱动，也就是只有向东拓展“生存空间”才能确保德国的政权和繁荣的观念。民族社会主义者们忽视了在现代社会，不是土地，而是技术、知识和经济效益才能保障一个社会的繁荣富裕这一问题。

1939年3月15日，德国国防军占领了布拉格；早前希特勒就曾放话，要将这座城市彻底摧毁。对“捷克剩下地区的瓜分”意味着英国绥靖政策的终结，犹豫不决的张伯伦在下议院表示，将无条件保证波兰边界；紧接着法国也做出承诺，苏联也加入了军事互助协定，然而这一计划因波兰政府不同意苏联红军战时在波兰过境而破产。德意志外交部利用这一分歧与苏联就签订苏德贸易协定进行了秘密谈话。8月23日，外交部部长约阿希姆•冯•里宾特洛甫于莫斯科签署了《苏德经济条约和互不侵犯条约》，另有补充协议规定计划着秘密瓜分波兰以及承认苏联在波罗的海诸国的权益。这意味着纳粹成功地阻止了两线作战局面的出现。

《凡尔赛合约》签订20年后，也就是西方诸国实行了6年的绥靖政策失败后，同时也是斯大林对希特勒表示放行的两周后，这场人类历史上最大的灾难在柏林拉开帷幕。1939年8月31日，“德意志帝国元首”阿道夫•希特勒下令进攻；9月1日凌晨，德国国防军进军波兰；两天后，英法对德宣战。戈林自发回应：“如果我们输了这场战争，希望上帝对我们是仁慈的。”这一次，并没有出现全国性的战争狂热。一战爆发时，大部分德国人都欢呼着集体投军；二战伊始，虽然有很多宣传，但大部分德国人仍是沉默地表示怀疑，内心极度不安。早在“捷克危机”（苏台德区危机）时，英国驻柏林大使内维尔•亨德森爵士就向伦敦报告说：“舆论上相当抵制战争，但是，没有办法，这个国家掌握在纳粹的手上。” 人们对一战的惊恐和残酷还记忆犹新。多年来，“元首”都在谈论和平，用威胁别国的手段取得了外交政策上的成功。很多保守主义者希望不用发动第二次世界大战德国就能够真正回到以前的大国地位；但人们对进攻波兰并没有表示公开反对。英国大使的汇报中结尾是这样说的:“人类就像是拉往屠宰场的绵羊。一旦战争爆发，他们就将开拔，履行他们的义务。”

德国人行军迅速，并取得了巨大的成功。波兰军队主力在魏克瑟尔河湾被歼灭，华沙在空袭中被摧毁后，9月27日，波兰投降。英法两国除了发布正式的战争声明外，并没有在军事上帮助波兰。德国和苏联按计划划分了“利益范围”，德国吞并了波兰西部地区的三分之一，希姆莱的冲锋队开始把波兰的犹太人安置到在华沙和罗兹新建的犹太人居住区。10月6日，希特勒在国会上向英法发出“和平倡议”但遭到两国拒绝；而在这个时候，苏联袭击了芬兰。

希特勒原本想在1939年11月向西部发起进攻，法国人早就在马其诺防线后构筑了简易的防御工事，然而恶劣的天气和将军的疑虑致使战争延迟。1940年4月9日，希特勒袭击了丹麦和挪威，从而确保了德国军备生产中不可或缺的来自瑞典的矿石。英国人计划加强抵抗德国越过挪威的海上封锁。5月10日，德国军队开始远征西部，中立的荷兰、比利时和卢森堡在德国人的奇袭中被攻占。在敦刻尔克，德国国防军包围了法国的部队和英国军队的核心据点。由于希特勒不赞成使用坦克，英国军团得以死里逃生，撤退到英吉利海峡。6月14日，德国士兵进占巴黎。三天后，德国部队开抵瑞士边境线，并将法国军队的东翼包围在马其诺防线上。6月22日，法国元帅贝当签署停战协议，在法国南部的维希建立了傀儡政权。

英国新任首相温斯顿•丘吉尔再度拒绝了希特勒提出的在维持现状基础上的和平倡议，因此，“元首”准备进攻大不列颠群岛，但不得不承认，德国海军没有足够的能力让部队抢滩登陆。同时，英国皇家空军和德国空军原本势均力敌，而德国的战斗轰炸机飞行员伤亡惨重。希特勒暂时放弃了入侵英国的计划，转向了他原本的战争目标（在巴尔干地区、希腊和北非成功地进一步开展了闪电战）：东部的生存空间。

在袭击波兰的三个星期前，希特勒在但泽向国际联盟专员卡尔•雅各•布尔克哈特解释说：“我所做的一切都是针对苏联。如果西部的那些国家太过盲目愚蠢而看不明白这一点的话，那我就不得不与苏联达成一致，先打败西部，在他们失败后，再集聚全部的力量对付苏联。”很明显他吸取了一战的重要教训：避免多线作战，应该在战胜一个对手之后，再进攻新的对手。1941年6月22日，希特勒开始了针对苏联的“巴巴罗萨计划”；然而，由于英国获得美国越来越多的支持，西部并没有被打败，因此，还是形成了两面作战的局面。军事上迅速取得成功后——除了在环大不列颠群岛空中战斗的失利——希特勒觉得自己作为一个统帅从没有出过错。他无视会议中将军们提出的所有异议，认为德国国防军再度发起闪电袭击是正确的决定。

三支德国军团在西线用经历考验的战术突破了广阔的阵线，苏联军队感到惊讶和不解。9月中旬，德军包围了列宁格勒，在中部战场也占据了巨大的地形优势。德国国防军俘虏了近350万苏联战俘，夺取了大量的战争物资。第一阶段的目标已经快要实现，即取得乌克兰的粮食和波罗的海的霸主地位。阵线后方的部分德国国防军和冲锋队的突击队开始准备把东欧的犹太人聚集到集中营里，占领区的经济剥削也开始了。赫尔曼•戈林高兴地说：“以前人们把这叫做抢劫，现在，形式变得人性化了。尽管如此我还是打算抢劫的，而且是尽情地抢……”弗利克也参与其中。

直至战争爆发，弗利克集团从纳粹的军备计划以及犹太人财产“雅利安计划”中获得了巨大的利润。从1939年开始，弗利克和他手下的经理就一直“自发、贪婪且坚决地”着手控制占领区的工业企业，他们在西线找到了第一个目标。1940年6月7日，工业大亨俱乐部七名成员的小圈子在钢铁工业联合会的总部杜塞尔多夫会面，其中有艾伯特•福格勒、厄恩斯特•彭茨更、彼得•克罗克纳和弗利克。经济部部长瓦尔特•福克在这个工业大亨的圈子里通报说，纳粹领导层希望德国的工业“停止过度的夸张”“放弃吞并的欲望”。聚集在此的企业家们却一直认为，至少阿尔萨斯和洛林的钢铁必须尽快重回德国手中。毕竟这些都是在《凡尔赛和约》中被无耻地夺走的。如果不是为了改变1919年经历的不公平，谁会发动战争？

这些工业家不愿正面对抗福克，大多数人决定以书面形式向部长保证，目前不向法国东部的企业提出任何要求，同时希望签署了书面保证的人以后不会受到亏待。弗利克在这次会面结束后就直接去了玛丽亚温泉市诺贝尔酒店的浴场疗养，但是在疗养地的他仍然惦记着法国企业。

6月23日，即法德宣布停战的第二天，他写信给哈珀矿业股份公司总经理厄恩斯特•巴斯柯尔：“虽然现阶段对我来说，对您来说也一样，似乎不必急着争取新的商业交易。但我认为，是时候把注意力放在西部矿冶行业即将发生的剧变上了。无疑，人们可以预见，洛林-卢森堡的工业以及布里埃流域可能会归属德国。”弗利克已经发现了一个有价值的目标——科隆巴赫冶炼厂。早在20年代初，他就曾把一座钢铁厂出售给这家冶炼厂。科隆巴赫冶炼厂在米内特地区拥有1.5亿多吨矿石储量，旗下7600名员工创造的钢铁年产量达到100万吨，这相当于整个中钢集团半年的产量。

这一选择再次证明弗克利在策略上是非常明智的。这家工厂是由德国人创立的，这对战后没收的法律条件十分有利。对此，实力强劲的赫尔曼•戈林国有工厂盯上了另一家洛林的企业，对于这一点，弗利克早已得知。只有“萨尔之王”赫尔曼•罗赫林摆出一副竞争对手的姿态，凭借地理优势，赫尔曼•罗赫率先成为穆巴赫冶炼厂的代理受托人。弗利克看起来机会渺茫。钢铁工业总局的总干事冯•汉尼肯对弗利克的经理奥迪洛•布尔卡特说：“我真是不知道你们想要洛林的中钢做什么。”这位政府官员将上西西里的工厂集中到一起开展谈话说道：“大家都对穆巴赫、海因根、迪弗丹热的工厂感兴趣，其他几个工厂也在早些时候成了大家竞相抢夺的对象。”西里西亚最值钱的工厂已经到了赫尔曼•戈林国有工厂的手里。弗利克准备找两个老熟人帮忙。当时，奥托•施泰因布林克不仅管理着蒂森的财富，并且他还有另一个头衔：卢森堡和阿尔萨斯钢铁业总干事。弗利克曾经赠与他这位前任全权代表一笔丰厚的补偿金，现在看来是派上用场了。施泰因布林克在幕后替弗利克运作，并找到了他最重要的熟人赫尔曼•戈林。1940年12月初，弗利克作为朋友在两人私下会面时向戈林就穆巴赫工厂一事作了说明。弗利克抱怨，一旦罗赫林得到了穆巴赫工厂，那么受托人企业的股份就会是罗赫林实际财产的两倍。他本人的股份虽然比罗赫林这个萨尔人的股份多得多，但是他还没有获得一份独有的信托资产。此次会面，戈林并没有给弗利克明确的回复。

一个月后传来了好消息。在戈林48岁生日庆祝会上，他告诉他的客人弗利克，他将会是穆巴赫工厂的代管人。“从托管财产到拥有财产这一过程其实是走个形式而已，很明显，战后西部的工厂，包括穆巴赫，最后都会落到托管人的手里。”汉尼肯后来在纽伦堡法庭上这样说道。他还说：“为了尽可能达到最高的生产水平，必须拿出这样的激励。据我所知，后来获得的这一所得权是不会被任何人撤销的。3月1日，弗利克正式成为穆巴赫的托管人。”德国的一个专家鉴定委员会对弗利克股份的估值是2340万马克，这只占其实际资产的五分之一。从一开始就限制了法国人可能会出现的索回要求，弗利克任命大儿子奥托-厄恩斯特为穆巴赫工厂的领导。奥托必须证明已经年满35岁的自己可以胜任一家大型企业的高层经理，他没有辜负父亲的期待。战后，一个法国的厂长表示：“奥托-厄恩斯特留下的设备比他接管时好很多。盟军以不可阻挡之势向洛林地区推进时，奥托拒绝接受希特勒炸毁这家工厂的命令，因此，这里没有成为一片焦土。”

东部工人

“最重要的是把这块巨大的蛋糕切开，这样我们才能掌握它、管理它，从而充分利用它。”希特勒所说的蛋糕是苏联。在1942年7月斯摩棱斯克战役开始不久后，他就在总司令面前说过这些话。早在一个月之前，赫尔曼·戈林就在《绿色文件》中发布了关于“使占领区立即并最大限度地给德国带来好处十分必要”的秘密指示。德国国防军坚持从一开始就在德国各大集团中挑选可信赖的人参与进来，借助他们的经验来顺利开展工作。

很快就找到了拥有钢铁行业经验的可靠人选。1941年8月20日，根据戈林的建议，在经济部的主持下成立了矿山冶炼协会东部有限责任公司，缩写是BHO。BHO应自行运营或出租占领区矿业公司的所有设备，也可转让给德国的企业。这家公司的目标在于协调东部经济掠夺中各方的利益分配，应从一开始就避免为争夺企业而出现的争执。赫尔曼·戈林工厂的保罗·普莱格尔出任总经理和管理委员会主席，弗利克只能在管理委员会中担任一个职位；即使在这种情况下，他也早有准备。1940年9月，弗利克在他旗下萨克森的得能铸钢厂与国防军的瓦尔特·威廷将军签订了聘任合同，每个月付给威廷将军一定数额的酬金，并聘请他为自己传递“感兴趣的目标”在苏联境内的消息。和戈林的侄子一样，弗利克在这个人身上花的钱得到了回报。1941年，瓦尔特·威廷将军被任命为在苏联被占领区的原材料收集总监，并让弗利克集团明白了他的愿望都是与利益挂钩的。1941年12月，威廷乘坐陆军元帅威廉·凯特尔的飞机抵达顿巴斯，视察当地的矿业公司。圣诞节前夕，他向萨克森铸钢厂打了一个报告。在另外两件事上威廷也发挥了影响力，他设法让奥托-厄恩斯特和弗利克在萨克森铸钢厂工作的一个侄子逃过了兵役。在这件事上他也收到了小小的回礼：弗利克赠送这位将军一栋私人住宅。

早在1941年8月，弗利克就计划在拉脱维亚建设第一个工业项目，这个项目能够很好地完善企业结构。里加火车头、车厢和机车制造厂联合冶金股份有限公司，简称Vairogs，旗下拥有7500名员工，是东欧最大的火车车厢制造商。火车技术因“东部殖民计划”成了一个真正的潜在市场，而且Vairogs是由鲍岑货车工厂参与创立的，属于中钢。对弗利克来说，作为受托人接管的前提条件是很有利的，但和科隆巴赫的情况一样，还有好几方势力对Vairogs很感兴趣。其中最重要的就是克虏伯，克虏伯意图将这家货车工厂完全转化成军工生产企业。之前的经验就已经多次表明，中标的人肯定是与部长办公室关系不错的人。弗利克的侄子伯恩哈德•魏斯向经济部施压，强调了弗利克集团在货车制造上的丰富经验以及中钢和Vairogs的历史渊源。奥迪洛•布尔卡特在陆军军备局告诉主管此事的雷尔斯上校，弗利克也想在里加生产国防军在东线急需的火炮炮架。双方在战略上达成了一致。1942年6月中旬，弗利克接管了这家拉脱维亚企业，实现了“受托管理”。Vairogs在形式上仍属帝国财产，但直到1944年夏天从里加撤出，弗利克都是根据市场情况自行生产，主要生产火炮炮架。顺便提一下，在此期间，陆军军备局中出力很多的雷尔斯上校是Vairogs的监事会成员。

并不是只有弗利克参与了在东部的经济掠夺，几乎德国所有举足轻重的冶金集团都纷纷接管了东部的企业。弗里德里希•克虏伯股份有限公司获得了效益甚佳的克拉马托尔斯克机械厂，曼内斯曼得到了塔干罗格湾的冶炼厂，赫氏、克罗克纳和古特霍夫隆冶炼厂也没有空手而归；但弗利克集团再一次展现了其精准的目标定位。德国在苏联重工业上最大的收获在乌克兰的顿河和第聂伯河之间的地区。为了拿下这一目标，弗利克试图和保罗•普莱格尔以及他掌管的最大国企赫尔曼•戈林工厂结盟。1942年秋，弗利克集团和戈林工厂在柏林成立了第聂伯河钢铁股份有限公司，这家公司由中钢管理运营。这一联盟给当局留下了深刻的印象。自成立起，第聂伯河钢铁股份有限公司就管理着十一家钢铁厂，原钢年产量近280万吨。再和中钢对比一下：整个中钢的产量也不过200万吨；而第聂伯河钢铁股份有限公司旗下还有五个冶金厂，一个货车厂，一个焦化厂，一个水泥厂，一个集装箱公司和一家锯木厂。对于进一步的扩张，弗利克和普莱格尔也早已经有了想法。1942年7月，第六集团军还没有抵达斯大林格勒，普莱格尔答应他的伙伴继续追加“托管企业”。弗利克记录了他的此次预感：“我正要指出，上次我们见面的时候，斯大林格勒的状况我不是很清楚。眼下看来，拿到这些工厂的想法很可笑。”

六个月后，1943年2月2日，元帅弗里德里希•保卢斯率领的第六集团军在斯大林格勒宣布投降。苏联红军以势不可挡之势开向德国。此时距德意志帝国投降还有两年多的时间。在此期间，弗里德里希•弗利克写下了家族史上最黑暗的一章：他在公司里使用了数十万名强制劳工。

弗利克和强制劳工——“殴打劳工，没人提工资，吃的太粗糙”

“如果被告人不知道德国存在着强制劳工的话，那他们连普通人都不如”，美国检察官特尔福德•泰勒在纽伦堡审判报告中笔锋辛辣地写道。战争期间，至少有4万名强制劳工在弗利克的工厂里累死累活地工作。据东德历史学家卡尔-海因茨•蒂勒克说，仅1944年夏天，弗利克集团就雇佣了6万名强制劳工。尽管如此，在纽伦堡法庭上，弗利克的辩护律师仍然声称他们是来自占领区的志愿者。记忆力超乎常人的弗利克意识到，这一说法有点太厚颜无耻，于是坦白承认道：“随着人数的增加，我意识到了问题，开始良心不安，并不是所有人都是自愿的，当然也无法想象大家都是自愿来到这里的。”

对于德国经济来说，1939年战争爆发带来的首要问题就是劳动力短缺。工人和雇员都去打仗了，而妇女、年轻人和老年人并不能填补由此产生的空缺，于是来自占领国的“志愿者”平民以及战俘和集中营里的囚犯不得不加入进来。1953年3月23日，阿尔弗雷德•克虏伯在接受《星期日快报》的采访时说道：“这是一段十分可怕的历史。和其他德国企业家一样，我们也被迫使用强制劳工。在当时的情况下，坏事发生了。”实际上，1942年，希姆莱曾颁布一项法令威胁德国企业家“特殊处理”使用强制劳工一事，如果他们拒绝的话，法令上明文规定会对企业进行清算。就连弗利克在纽伦堡被指控使用“强制劳工”时也作证表示当时是在被迫执行命令。

德国的企业家到底是否真的是在不情愿的情况下雇佣“外籍工人”呢？在面临这样的情况时，他们又是怎么做的呢？对此，希姆莱法令颁布之前和之后的资料给出了不同的说法。在通常情况下，都是企业本身提出使用集中营囚犯、流离失所的平民和战俘这些强制劳工的。如果你不要求使用强制劳工，企业就得不到这些人，党卫军和有关部门本来就无法完全满足大量的需求，强制劳工已经成为了抢手的“货物”。很多企业要求在工厂附近就近建立集中营，还有些企业在集中营附近新建工厂，比如阿斯茨维兹旗下的法本染料公司。党卫军也因此填满了自己的腰包。1944年，有40万集中营囚犯在极端恶劣的条件下为德国的军工企业工作，弗利克的企业就动用了布痕瓦尔德、达豪、罗戈兹尼察和奥斯威辛等犹太人集中营里的囚犯。

早在1932年的夏天，希特勒就对亲信宣称：“将来会出现被打败的外籍人这个阶层，我们就把他们称作为现代奴隶阶层吧。”弗利克集团里是由侄子伯恩哈德•魏斯和奥迪洛•布尔卡特负责申请强制劳工。袭击波兰6周后，第一批来自波兰的强制劳工抵达了位于巴伐利亚的马克斯炼铁厂。接下来的6年战争，德国工业对于廉价劳动力的“需求”不断增加。主要是东欧国家的劳动局在后方操作，并在德国国防军、党卫军和警察的支持下，把东欧国家的人拉到德国。弗利克集团利用和纳粹领导人的关系，获得了充足的强制劳工。弗利克集团逼迫当地劳动局以及州劳动局和国防军进行谈判，并且，1942年后，弗利克集团定期拜访帝国经济部负责义务劳动事宜的办公室。这个办公室的负责人是弗利克集团的老熟人——弗里茨•绍克尔，他是图林根前任纳粹党部领导，曾用恶意中伤犹太人运动侧面为弗利克的“雅利安化生意”提供支持。

在参与战俘、平民强制劳工和集中营囚犯的抓获和分配上，德意志帝国煤炭和德意志帝国钢铁联合会起了决定性的作用。这两个组织是在1941—1942年期间大力发展重工业的倡议下成立的，和矿业冶炼协会的任务类似，意在配合德国经济对欧洲进行掠夺并提高军备生产力。1941年的10月和11月，由于越来越多的德国工人被调往东线战场，德意志帝国煤炭联合会就向戈林申请，从乌克兰的克里沃罗格调派1万～1.2万名矿工到鲁尔矿业区。帝国元首批准了这一请求。德意志帝国煤炭联合会将决定哪家企业能够分配到多少来自克里沃罗格的矿工，卡莱奇和布尔卡特参与了这一计划。弗利克既是德意志帝国煤炭联合会的主席团成员，也是德意志帝国钢铁联合会的主席团成员，因此他在哈珀和埃森的矿井得到了优先照顾。弗利克公司的大量记录证明，弗利克的同事向他报告了和德意志帝国煤炭钢铁联合会的申请和谈判过程。

然而，也不是所有分配都令弗利克集团满意。1942年8月，中德钢铁厂指责当局6月和7月只分配给了他们1052名强制劳工，而中钢本来要求分配到的数量是4084名。弗利克集团负责人还抱怨分配到了“不合适的货物”，这里指的是妇女、孩子和老人。矿业经济集团提醒大家不要过分低估苏联妇女从事矿山工作的能力，并指出，“这些妇女在苏联也是从事最繁重的工作，比如露天采矿”。在“雅利安化”进程中弗利克的同事和国家政要建立了密切联系，因此，在廉价劳动力分配一事上，弗利克集团的意见发挥了重要作用。巴伐利亚州政府的一位高级行政专员林提博士“完全”赞同马克斯炼铁厂关于强制劳工的申请，愿意就此事走访德国劳动部或德国国防军相关办公室，并以书面形式保障“尽全力使所有决定（1942年4月关于强制劳工的指示）都满足我们的申请”。从已知的资料中，我们不能肯定地说林提博士因他的服务从弗利克集团拿到了好处，但无法避免人们会有这种怀疑。1943年7月7日的“元首命令”指示为德国的煤炭矿业增加30万来自苏联的“东部工人”。安倍格市的劳动局给了马克西米利恩斯冶炼厂的同事一个小建议：“想要挑到最好、最实用的人手，最好早点去诺伊马克特（巴伐利亚州位于上法耳茨的一个县城）。”

战争伊始，德国的工业界就把所谓“猎头”送到了占领区，为德国的战争经济招募平民工人。威斯特法伦州的哈珀矿业公司的经理费史迪克就是这个招募代表团的成员，他于1940年3月前往波兰寻找“合适”的矿工，他在给上级的报告中多次抱怨许多矿厂都是假装告诉代表团他们急需工人。很多煤矿显然在过去几个星期里还招募到了几百人，而这群威斯特法伦的猎头隐瞒了这一事实。尽管如此，代表团还是在两周内招募到了26000名工人，这些人在体检后被分四批送往了威斯特法伦州的黑默地区。费史迪克写道，这些招募的矿工并不是没有瑕疵的，完全不能和我们德国人相提并论。他们没有牙齿，有的人还有胃病，脸色也很差。想要开展进一步的招募会很困难的："……到处都散发着波兰经济破败的气息。触目所及都是肮脏和犹太人。"

弗利克的公司里也有"西部工人"，他们来自法国、西班牙、荷兰和比利时。集团派出的"猎头"从意大利传来令人沮丧的报告，意大利当局包括当地的劳工警察是完全无法信赖的，"招募自愿者"已经失去了作用，意大利军方的武力措施也没有什么效果。1944年5月，马克斯炼铁厂的一个"猎头"在给公司主管的报告中写道："不在这些没心没肺的意大利人身上采取激进的措施是达不到目的的。除了极个别人，这些老哥既不想打仗也不想工作。在自愿的基础上开展招募工作是行不通的。我们也尝试过在大街上抓那些没有工作的人，但是收获也不大。"

弗利克的侄子伯恩哈德•魏斯，同时也是此事的全权负责人，更喜欢"东部工人"，他还提到了苏联战俘在布雷斯劳林克-霍夫曼机车厂的工作效率。据魏斯1942年2月的记载，如果给他们适当的照顾，干得好的话再加上份餐，"和意大利、西班牙以及其他基地的普通工人不同，俄罗斯的工人也会取得不错的成绩"。战争快结束的时候，弗利克公司中的工人中有半数是强制劳工，其中一半都是来自苏联。战争后期，中钢主管也亲自出马试图得到集中营里的囚犯，此外，他们还和奥拉宁堡[1]的党卫军经济事务处谈判协商，在弗洛森比尔格和达豪的集中营里

[1] 1933年，纳粹的第一个集中营修筑在此市。

亲自挑选囚犯。最后，有1000人在格勒迪茨中型钢钢厂工作，800人去了包岑的火车头厂。

诸多资料记载了这些强制劳工在弗利克的企业中的遭遇，公司的管理层禁止德国员工与这些“东部工人”接触。安哈尔特煤厂的布告中写道：“今年（1939年）11月1日将会有战俘安置到克拉拉矿区。希望全体员工和这些囚犯最大程度地保持距离。倘若有人违反了上述规定，一经发现，将立即批捕并被送往集中营。”

严禁互相帮助。对这一禁令，马克西米利恩斯冶炼厂上施韦格钢铁车间的工人卡尔•库默特有着深切体会。由于他暗中塞给一个苏维埃的强制劳工一块面包，公司主管的副经理就用书面的形式通知他：“这一行为，正如早前我在座谈会上和您说过的一样，太不可思议了，原本我应该报上级机关做出处置。鉴于一直以来您都是认真负责地履行义务，而事实上，您也向我保证过，以后绝对不再犯这种讨好战俘的错误了。因此，我不会再将此事上报，但我还是要非常严肃地警告您：由于您看起来并不依赖公司额外分配的食品券，因此您将被停发14天的重体力劳动者食品券。”

营养不良的战俘每周在马克斯炼铁厂的工作时间高达98个小时。纽伦堡审判的起诉人收集了哈珀矿山的证据，“为了能多装一点食物，苏联战俘把他们的餐具弄弯；这些在哈珀矿场工作的苏联战犯的X光检查表明，他们患有开放性肺结核的比例相当高；为了能有布条包裹双脚，还从裤子上撕布条”。矿区的医生戈特弗里德•威廉报告说，这些“东部工人”来的时候还算健康，但现在患有疖病，膝盖、肘部和背部都有溃烂。1944年8月，弗利克公司在鲁尔矿区就有8922名工人因重病而无法工作，其中7429人患有肺结核。有证据表明，弗利克对这一数字是知情的。

当时在萨克森的劳赫哈默工厂，有950名集中营囚犯时刻处于党卫军的监视下，每天工作12个小时，他们的日常饮食包括250克面包，5克油和半升汤。埃森硬煤股份有限公司和旗下凯瑟琳地区的工作条件极其恶劣，就连德意志帝国的一个官方调查委员会都在1942年12月批评道："目前，东部工人被安置在有着严密铁丝网的窝棚里，窗户被钉死，缺乏杀虫和消毒措施，到处都是害虫。草垫子上根本不能睡，人只能睡在电线网上。还动不动就棍棒加身。没有人提到工资问题。吃喝都太粗糙。"

如果这些强制劳工不抓紧干活儿，就会遭到逮捕和死亡的威胁。弗利克集团的主管公开非难这些"懒散"又"固执"的人。集团领导层和煤炭钢铁联合会公开发信函督促解决。比如，1943年1月5日，哈珀矿区的经理格奈泽瑙针对一个比利时劳工向多特蒙德的盖世太保提出惩罚诉讼，理由是："这个人三天打鱼，两天晒网。所有的警告和惩罚都无济于事。我们认为，这个比利时人太懒了，他在试图阻扰我们的工作。"两个星期后，他写了第二封信，信中他再次请求，"尽快采取措施，因为任由这个比利时人继续下去，对营地的其他人来说是一个非常坏的榜样。为了维护我们基地的秩序和纪律，拘捕这个人是非常必要的。"通常过不了几个小时，盖世太保就来将"偷懒"的人抓走了。

大型企业里的厂区保卫处有责任执行在工作场所的监控和处罚工作。弗利克集团旗下的所有大型企业都专门成立了厂区保卫部门来监控强制劳工，这一部门大多直接隶属于公司领导层。按照联邦警察署的规定，必要时候他们可以使用“体罚”和枪支。企图逃跑的苏联人，必须被射杀，“遇到这种情况，一定要目标坚定”。纽伦堡审判记录档案中记载了多起俄罗斯强制劳工因逃跑而被厂区保卫射杀的案例。

党卫军在格勒迪茨制造了弗利克企业中最惨无人道的强制劳工的黑暗历史。1945年4月17日，二战结束的三周前，168名集中营囚犯被射杀。纽伦堡审判中起诉人总结道：“收集的资料证据已经毫无疑问足以证明下列事实：弗利克集团的鲁尔矿区中强制劳工和战俘在极其恶劣的条件下从事开采工作，并有着极高的患病率和死亡率。同时，显而易见的是，弗利克集团旗下的所有企业给强制劳工和战俘提供的条件都非常糟糕，绝大多数的住宿情况都让人不忍直视，工作时间超长，心灵上的恐惧和被束缚的自由，身体上的痛苦和疾病的折磨，包括笞刑在内的花样百出的虐待，笼罩着这些人的日常生活。” 人们还不能肯定地回答，到底有多少人死在弗利克企业的工厂。20世纪80年代中期，汉堡历史学家弗里德里克•利特曼发表了一篇引人注目的研究报告，题为《主谋的紧急状态——弗利克集团的强制劳工》，但在其中也并没有找到关于这一问题的答案。死亡人数并没有统计过，预估有五位数。

弗利克的辩护律师称，集团领导层对这一情况并不知晓，假如知道的话，肯定会努力改善这一情况的。作为证据，他们特别呈交了一份关于苏联强制劳工营养不良的报告。柏林总部的总经理给埃森硬煤股份公司总经理厄恩斯特•坦盖曼的信中写道："正是这些数字表明了改善战俘营养条件的必要性。"这一"必要性"的原因在于："如果营养条件跟不上，那么患病率会急速上升，必然伴随生产率的大幅度下降。"事实上，坦盖曼确实马上改善了强制劳工的食宿条件。

在弗利克的工厂工作效率低的人，受到减少口粮的惩罚是很普遍的；但弗利克的经理坦盖曼反而认为："减少口粮配额绝大多数是针对那些故意不好好工作的人。工作效率特别高的人将会得到提高口粮配额来作为表扬，效果十分不错。顺便说一句，即使是那些不开化的东部工人也清楚得很，该怎么改善自己的生活水平。显而易见的是，苏联人很快就能适应，并明白我们提供的外部生活条件有多好。"事实上，公司档案证明，改善强制劳工的食宿条件会提高他们的劳动力。每天多一碗汤，多一点瓜子，再给两根烟，都会很好地调动强制劳工的劳动情绪。部分弗利克矿厂还会有社交晚会，有啤酒，有音乐，还会放电影。相信坦盖曼已经意识到："苏联人绝不可能都是死脑筋的蠢货。他们身上肯定还会有一些能让我感兴趣的闪光点。但重要的是他们必须服从命令。"

"如遇紧急情况……"——战后计划

1943年，此时的弗利克比之前任何时候都强大，他成了德国最重要的两大组织——德意志帝国煤炭联合会和德意志钢铁联合会的主席团成员，同时还是德意志帝国银行和钢铁行业集团的顾问；他还在多家大型企业的监事会中任职，如德累斯顿银行、安联集团、先灵医药、德国通用电气总公司、联合钢铁公司、戴纳米特•诺贝尔公司和德国莱茵集团。7月6日，“弗里德里希•弗利克大帝”庆祝他的60岁生日，他的私人秘书罗伯特•蒂曼斯，也就是之后的基民盟（CDU）创始人以及阿登纳政府的特别事务部部长，为此次生日会致辞：“公众很少有人知道他，但是国家领导人知道他为德国的工业经济做出了巨大的贡献。此前，他被提名为国防经济领袖并被授予这一荣誉称号，便是再好不过的证明了。”对此，戈培尔的周报《帝国》表示赞同：“除了弗利克，再也没有人担得起国防经济领袖的称号了。”弗利克想与大家一起分享这一国家荣誉，为科拉德•卡莱奇、伯恩哈德•魏斯和奥迪洛•布尔卡特申请一等战争勋章的荣誉。

但这个时候，弗利克的内心早已和纳粹决裂。距斯大林格勒战役失败已经过去5个月了，希特勒用了一个人们无法理解的理由向美国宣战，以至于这个世界第一经济强国直接卷入了这场对德战争。德意志非洲军在陆军元帅埃尔温•隆美尔的率领下于5月投降，将北非拱手让给了盟军。自1943年起，新型雷达探测器可以更好地定位德国海上最强武器“德国U型潜艇”，而戈林空军的劣势在于，为了闪电战而制造的短程战斗机和短程轰炸机很容易在被远程轰炸机摧毁的内城发现。2月18日，约瑟夫•戈培尔在柏林体育馆鼓吹“全力一战”，坚持不懈的口号和神奇武器的传言预言着“最后的胜利”；然而，所有没有被纳粹宣传蒙蔽的人都知道：德国将会输掉这场战争。

弗利克的双眼并没有被蒙蔽住，他可以通过与国防军上层的关系清晰掌握真实的战争局势；此外，公司内部的情报部门也设法从国外弄到了情报。1943年初，他和妻子玛利亚一致决定，借柏林被空袭为由将最小的儿子弗里德里希•卡尔送往巴特特尔茨的农场，卡尔的小伙伴埃伯哈德•冯•布劳希奇陪他一起。远离空袭的日子里，两个16岁的少年每天早上乘公共汽车前往特尔茨文理高中上学，这是一所男女混合学校，给他们“带来了一系列新鲜又陌生的刺激”。卡尔的父母经常会去看他们，通常弗利克还会带着私人秘书在农场遥控管理。当冯•布劳希奇的母亲在柏林因空袭丧生时，弗利克塞给了他100马克的纸币，并叮嘱他：“藏好它，以备不时之需。”随后，司机连夜将他送到了柏林，他必须回去帮忙挽救剩下的家产。

1943年年中，战略家弗利克开始为公司在第三帝国覆灭后的运营做准备。1943年5月，他把中钢从股份公司改成了有限公司，这样他将不再作为大股东用自己的个人资产而是用出资额来为公司负责任。此外，有限公司在战后将不再公布其资产负债表，反正战争年代这项规定也取消了。1年后，他把马克斯冶炼厂的名义资本翻了数倍，并也将其改制成了有限责任公司。这两次行动只是个开始。1944年3月，他把我们前面提到的母公司弗里德里希•弗利克两合公司90%的股份都转让给了两个儿子。9月20日—30日纳粹领导层征召青年和老年人组建人民冲锋队时，他做了最大的变动。弗利克对旗下公司的资本、公司形式以及名字做了大量的变更，在企业股票上做了一系列分摊、合并以及交换，并在“硬煤和钢铁”“褐煤和钢铁”和“加工业”之外创建了第四业务范畴“贸易公司”。全面重组的意图十分明显，淡化军备交易和“雅利安化”得来的利润。后来，他把集团总部从柏林搬到了杜塞尔多夫，情报部门早在1944年就掌握了战胜国的势力分布图，德国将划分成四个占领区。在弗利克看来，虽然他大部分工业基地都在苏联占区，但英占区更有前途。

1944年底，弗利克把原来给魏玛共和国民主党派的捐赠凭证搜集了起来，等盟军胜利后，他手上必须有能够立刻证明自己民主信仰的证据；据说，他有段时间还在柏林的私人别墅里藏了一个希特勒的反叛者。民主德国的作家曼弗雷德•奥勒森在《身价上亿的野心家》（又名《弗里德里希•弗利克》）一书中提到了弗利克在1944年和反叛将军林德曼上将的会面。林德曼是施陶芬贝格的人，弗利克和这位将军的意见一致，认为希特勒必定会“失败”。据说弗利克在集团里给林德曼提供了一个领导职位。但弗利克与反叛者的接触无法通过证词得以证明，纽伦堡的检察官以不可信为由驳回。

可以证明的是，弗利克在战争即将结束之际，立即和早已流亡美国的褐煤家族佩切克进行了两次接触。当初，弗利克利用所有能想到的政治、法律手段侵占了这位犹太裔捷克商人的财产，5年后，他委托当时德意志银行海外业务部主管赫尔曼•约瑟夫•阿布斯告诉佩切克家族，他已经做好了与他们就销售价格进行“新一轮的磋商”的准备。1944年10月，前任“雅利安化专家” 施泰因布林克带着党卫军领导的指示前往斯德哥尔摩，向佩切克的委托人探查情况。此时，希姆莱的这位老朋友对于最终胜利的信念已经开始有一点动摇了。施泰因布林克的党卫军人事档案中对这次不同寻常的任务记录到："他必须和那些之前因希特勒上台而不得不离开德国的大股东建立联系，因为他希望，这种私人联系能够在第三帝国战败后对钢铁联合会以及弗利克集团的现任掌权人帮上忙。"

盟军的部队在西线刚刚占领洛林时，集团领导人弗利克就把大儿子调往位于上普法尔茨地区的马克斯冶炼厂，并任命为总经理。他希望，假如最后美军开进了那里，他还可以带一部分公司文件和集团档案到那里，在还算完好的冶炼厂里成立一个领导办公室。他还建设了一个可以使柏林、杜塞尔多夫和罗森巴赫-苏尔贝里互相传递消息的私人信使。科拉德•卡莱奇必须留守在柏林的职位。为了与盟军之间的联系不因语言上的障碍而受到阻挠，他从军备部长阿尔贝特•施佩尔那里揽来了年轻有为的经理威利•施利克，还有一个汉堡船工的儿子说得一口流利的英语。弗利克在每一个未来占领区都任命了一名全权代表，并请求这些全权代表坚守在公司的岗位上直至最后一刻。3月，柏林沦为一片废墟。弗利克从财务部长那里拿到了书面批准的税收优惠——就像一战时的战争贷款——正好摆脱了高额的国债。

1945年3月19日，阿道夫•希特勒下达"焦土命令"（又称"尼禄法令"），即将德国所有不能带走的基础设施都销毁。但此项命令并没有被执行，对此，阿尔贝特•施佩尔提出了异议，然而希特勒驳回了他的意见，他说道："德国人民已经被证明是弱者，未来属于强大的东方人。战争结束后还活着的人都是下等人，优秀的人早已倒下。”4月30日，希特勒在柏林威廉大街的元首地堡中自杀。一天后，约瑟夫•戈培尔和夫人玛格达在杀死他们的6个孩子之后也自尽身亡。

弗利克用公证书指定忠实可靠的科拉德•卡莱奇为儿子弗里德里希•卡尔的“看护人”。1945年5月7日，德国无条件投降的前一天，弗利克回到了苏尔贝里的农场。他希望能藏在那里，等前线士兵的情绪平静下来了，由文明的部队来抓捕他。通过收音机，他知道战胜国在一个接着一个地抓获他的同伴。阿尔伯特•福格勒在多特蒙特的家中服毒（氰化钾）自杀，当时美军正准备抓捕他。4月份还在试图接管政府而被希特勒革除职务并开除党籍的戈林被抓获了。还有前任经济部长瓦尔特•福克携海，他拿着伪造的身份和乔装打扮的海因里希•希姆莱在最后一刻还在试图取得盟军的理解，最后无望之下选择自杀。战争结束后的第5个星期，美国军官闯入了弗利克在上巴伐利亚州诗情画意的农庄，弗利克家人躲进了一条裂开的沟渠，只有弗利克自己在家中等待盟军的到来。由于门锁打不开，一个军警试图用冲锋枪破门而入，其中一颗子弹打中了弗利克的左手。后来，只要人们想看，他都十分乐意向大家展示这块疤痕，还说：“我被抓的时候，差点被射杀了”。

简单治疗后，美国人把弗利克安置在了纳粹主犯拘留所。1944年6月，希特勒在上萨尔茨堡的普拉特霍夫宫向近150位德国军备经济界的高级代表说道：“假如我们输了这场战争，女士们先生们，每个人都要考虑从尘世到天堂的转换。我们唯一要考虑的是，你是要动手了断自己，是要上吊或是挨饿而死，还是你想要去西伯利亚做苦力。”

纽伦堡审判——“没有人会愿意相信，我们是罪犯！”

纽伦堡，1947年12月22日。弗利克站上了被告席，他身后站着两名身体笔直的美国警察。《南德意志报》的一篇报道事后回忆道：“他站在两名守卫之间，端正、沉着、冷静，自信满满。饱满的鹰钩鼻鼻翼两侧线条凌厉，下拉着长长的唇角，深邃的眼睑下是淡蓝色的眼睛，流露出一种蔑视和听天由命的气势。”耳机支架紧箍着他的满头银发。法官查尔斯. B. 西尔斯问被告席上的弗利克：“您能听到我说话吗？”弗利克说可以。法官宣读判决：“弗里德里希•弗利克，根据指控，将对您作出如下判决，法院判决您有期徒刑七年，您被审查拘留的时间也会算在上述处罚之内。确定的监禁时间将从1945年6月3日开始。现请将被告人带离法庭。”

弗利克家族的命运陷入了有史以来的最低点，弗利克不得不在拘留营的大厨房里削土豆皮长达两年之久。与此同时，萨克森州政府无偿没收了他在苏占区的全部资产，那几乎是他七成的工业帝国。美国参议院“罪行最大的42位企业家和银行家名单”上，弗里德里希•弗利克排在阿尔弗雷德•克虏伯和法本公司的总经理后面，位居第三位。

从1945年的11月到1946年的10月，除了那些已经自杀的人，对于主要战犯，纽伦堡国际军事法庭的判决分为两种：死刑和无期徒刑。对弗利克的审判属于“第五种情况”，也就是所谓的“后续审判”，由美国人单独负责，英国人、法国人和苏联都没有参与。除了弗利克，他的同事奥托•施泰因布林克、科拉德•卡莱奇、伯恩哈德•魏斯、奥迪洛•布尔卡特和马克斯冶炼厂的总经理赫尔曼•特贝格也被告上了法庭，他们请了知名律师为自己辩护。弗利克的律师鲁道夫•迪克斯在主战犯审判过程中还为杰尔默•沙赫特做了辩护，施泰因布林克的辩护律师为汉斯•弗莱克斯勒以及希特勒的建筑师兼军备部长做了辩护。1947年4月18日，三位美国法官宣布开庭。检方指控弗利克和他的雇员违反战争法规及违反人道罪共计5项罪名：

1. 奴役劳工：剥削被绑架的平民、战俘和集中营囚犯；

2. 掠夺公共及私有财产：其中包括穆巴赫冶炼厂、Vairogs和对第聂伯河钢铁股份有限公司的“托管”；

3. 参与对犹太人的经济迫害：集团的“雅利安化业务”；

4. 党卫军全国领袖朋友圈的会员身份以及资助党卫军；

此外，施泰因布林克还因在“党卫军总指挥的朋友圈”中位处高位而被指控。

美国调查员拿出了一万多页的证据来证实他们的指控，其中这些证据的绝大部分都来自弗利克档案。繁杂的诉讼程序总共持续了9个月。诉讼过程中弗利克几乎一直都保持着冷眼旁观的姿态，只在不得不回应的时候做出答复，对所有问题都敷衍了事。他的辩护律师对于此次辩护做出了如下策略：对于被指控的罪行要么是不知情，要么就是不在其主管范围内。假如他做了什么，那也是在执行纳粹官员的命令。德意志第三帝国的经济实质上是党卫军控制下的计划经济，谁要是拒绝使用强制劳工或是没有达到生产目标的话，就会被抓进监狱或是处死。弗利克集团被迫接受了犹太人的资产和外国资产，只要有可能，弗利克集团愿意支付赔偿。给希特勒的捐助总额为763万德国马克，这是被勒索的保护费，捐赠给希姆莱的捐赠是对自己人身安全的保障。被告人弗利克回应："在第三帝国时期胆战心惊的日子里，对于一个有钱人来说，用几十万马克来买一份个人生命安全的保证并不算贵。"弗利克一直是"不得已而为之"，他内心对于纳粹政权是不屑的。

为了证明自己有反抗纳粹的想法，弗利克找到了一位奇怪的辩护证人——希姆莱的芬兰籍私人医生兼脊椎治疗师菲利克斯•克尔斯滕，他也曾为弗利克治疗过。根据克尔斯滕的供词，1943年，他曾提醒弗利克，党卫军总指挥希姆莱怀疑他阴谋破坏战时生产，将大量财产转移到英国和美国，为逃跑做准备。听完这话，弗利克开始痛骂纳粹。克尔斯滕打断了他，并在便签纸上写道："别再说了，我知道，您被监听了。"在哈尔茨山上散步的时候，这名医生向弗利克全盘托出："1943年12月12日，希姆莱邀请了四五十个商界领袖。邀请函几周前就已经发出了，所以我才能向弗利克说起这事。我建议他接受邀请，因为没有人知道，缺席这次会议会造成什么样的后果。在会议开始的几天前，我接到通知去给希姆莱做检查。因此我也参加了会议。希姆莱说了两个小时，认为最终胜利是一个铁定的事实，痛骂失败主义者和破坏分子。会议结束后，弗利克先生问我：‘我们这是在精神病人的疗养院还是帝国元首的司令部啊？听完这些话，我都不太确定我身处何处。这是想要清算我们这些工业家吗？’第二天早上我遇到希姆莱的时候，他用一种抱歉的口气说：‘弗利克先生这次很是走运，要是这次他没来的话，我就把他抓起来交给卡勒福斯、米勒和卡尔滕布伦纳他们了。’”

根据证人克尔斯滕的证词，一年后希姆莱说：“如果民族社会主义党领导下的德国（纳粹德国）垮台了，我会让弗利克先生和它一起灭亡。”据说，7月20日密谋刺杀希特勒事件后，党卫军就打算逮捕弗利克。只是因为逮捕名单上名字拼写有误，弗利克才逃过一劫。弗利克的传记作家奥格尔评论道：“假如希姆莱真的想摘下弗利克这颗人头的话，他肯定轻而易举就办到了，这个完全不复杂的名字没道理在一份名单上会出现拼写错误。”

最终的判决是：弗利克监禁七年，施泰因布林克五年，魏斯两年半。卡莱奇、布尔卡特、特贝格无罪释放。法官认可了一系列减罪的因素：如果弗利克拒绝使用劳工，他可能会被没收公司。此外，陈述判决中显示，存在着“一系列惊人的证据表明，工人对于弗利克公司带来的人道待遇怀有感激之情”。法官认为，指控弗利克公司在强制劳工的使用过程中存在不人道待遇的证据链不足；但在这一点上，弗利克必然是有罪的，因为他在军备生产过程中使用了战俘，这一点违背了《海牙公约》的规定。

在被指控“掠夺公共及私有财产”方面，法官认为弗利克同样有罪，但在量刑上有所考虑，因为弗利克并没有把穆巴赫以及苏联的企业“糟蹋或是掠夺一空”。他们赞扬了弗利克集团并没有遵循德国国防军的命令，将托管的企业在战后全部摧毁。对于弗利克集团“雅利安化业务”的指控，陪审团认为与他们没有关系，因为他们在战争开始前就停止了这一业务。相应地，他们停止了对这一指控的审讯。审判过程中，朱利叶斯-佩切克的一位代表人供述，“考虑到德国当时的政治局势”，弗利克在谈判中总归是“促成了一个还算令人满意的结果”。

奥托•施泰因布林克没有否认他在党卫军中的成员身份，弗利克把他给希姆莱的捐赠称作是一种“人寿保险”。就指控而言，他们的罪名是成立的。但法官也找到了一系列可以减刑的情况。“这两个人都帮助过很多犹太朋友获得可以移民的手续。他们没有放弃在教会的成员资格（他们没有背弃宗教信仰）。”施泰因布林克隶属尼默勒牧师社区，为了让这位牧师不被监禁，曾两次出手相助。第一次他是在戈林的帮助下成功解救了牧师。施泰因布林克在一战中的功绩同样被计入了陈述判决的理由中：“施泰因布林克是一个愿意冒自己和全体船员生命危险营救被他击沉的船上的幸存者的人，难以相信这样的人会愿意参与屠杀成千上万手无寸铁的平民。”弗利克和抵抗组织的施陶芬柏格有着良好的联系（未经证实）：“被告人在纳粹组织中的这些以及其他无数意外事件中，存在着奇怪的矛盾，我们必须在量刑上考虑到这些。”

检察官特尔福德•泰勒称弗利克的七年有期徒刑“不夸张地说，极其温和，具有安抚性”，审判观察员指责法官轻视了法西斯主义犯罪。在他们看来，这个判决和新的西方政治局势是一致的。反希特勒联盟已然瓦解，冷战开始了。尽管对德国的暴行不满，但美国未来的对手是苏联，而不是德国。在美国，对于审判战犯的情绪出现逆转。主要战犯戈林、黑斯、里宾特洛甫、冯克、沙赫特、绍克尔还站在被告席上的时候，美国的战争部长帕特森就对审判表示“极度不欢迎”。还没判决的时候，首席检察官罗伯特.H.杰克逊表示：“我反对将这种审判继续下去。”他在私人备忘录里写下了理由：“我担心长时间对私有工业的公共辩论会让工业集团没有勇气与我们政府在未来利益相关的军备措施领域合作。”

1946年11月，共和党鹰派在美国大选中获胜。在进行弗利克纽伦堡审判的同时，罗斯福的继任者哈里.S.杜鲁门宣布了他的主张，为希腊和土耳其提供军事支持，以应对苏联的扩张。从1947年4月的莫斯科外长会议来看，占领区四大利益阵营的对抗已成定局。英国和美国将他们的占领区联合起来形成一个经济联合区，从而打破了《波茨坦协定》。西方列强和苏联使德国一分为二。在德国西部，马歇尔计划使经济迅速复苏，西德将成为一个对抗共产主义的堡垒。如果这时对弗利克集团负责人进行过于严厉的裁决，是不合时宜的。

弗利克认为给他的定罪是非常不公正的。他从来都不是一个坚定的纳粹分子，作为一个商人，他的公司严格遵守着法律规定。在纽伦堡后续审判中，只有一个工业家——阿尔弗雷德•克虏伯，他的9名经理以及法本公司的高层都得到了类似的处罚——向美国占领军高级委员会提出异议。弗利克的律师收集了大量证据证明，希姆莱把收到的捐赠资金用在了日耳曼民俗研究上，并列举出美国军备生产中使用的德国战俘的名字。高级委员会驳回了这一上诉。

1951年，弗利克对给他的定罪再次公开表态："我的法院简直就是一个美国法院。所有人，秘书、助手和法官都是美国人。此外，他们每天还为美国祷告两次。"他不再说什么了，他的骄傲不允许他这么做。自1950起，他再也没有申请过美国的签证，虽然他当时在美国有很多的业务往来，儿子弗里德里希•卡尔也在美国生活多年。

弗利克还做出了另一个决定：直至他离开人世，他都拒绝赔偿强制劳工一分钱；直到今天，他的孙子还被此事困扰。但从他的角度而言，他必须坚持，因为给强制劳工钱就等同于认同道德上有罪。他在纽伦堡审判最后陈词时，向法官大声喊道："我反对你们在全世界的人面前，污蔑我们德国工业家是奴隶剥削者和强盗。我的共同被告人以及我本人认识的人中，绝没有人会相信我们做了什么灭绝人性的事情，谁也不能硬说我们是罪犯。"

四、弗利克家族与经济奇迹

法官宣布了他们的判决。弗里德里希•弗利克被送进了位于莱希河畔兰茨贝格的监狱。这座关押了第三帝国许多政界要人的建筑具有它的历史象征意义。20年前，慕尼黑政变[1]失败后，希特勒在这里写下了《我的奋斗》。在纽伦堡审判中，被作为证人关押的奥托-厄恩斯特•弗利克直至1948年初才得以回到他已3年没见的妻子和孩子身边。作为此次审判的主要证人，他在关押期间被禁止家人探望。这期间他的妻子芭芭拉•弗利克和两个儿子流落到施塔恩贝格湖地区。在那里，他们住在湖边小山丘上的一个有3个房间的小木屋里。根据盟国指派的集团财产受托管理人为这个年轻的家庭定期提供一些生活费。大儿子

[1] 慕尼黑政变：又称啤酒馆政变、希特勒暴动。1923年11月，希特勒试图利用魏玛共和国的危机发动政变，建立民族主义的独裁统治，最终政变失败，希特勒等数位纳粹党领袖遭逮捕。狱中服刑的9个月里，希特勒写下了《我的奋斗》一书，被视为法西斯的理论和行动纲领。

格特-鲁道夫回忆说："我们当时没有雇人，母亲也觉得没关系，她一直都是一个能干的女人，在那个时候就是这样，她一个人承担起了生活的重担。"芭芭拉通过翻译赚点外快，两个男孩也有一个愉快的童年。弟弟弗里德里希•克里斯蒂安说道："我整天都生活在大自然中，和这里的其他小男孩一样，我只有两条皮裤和两件毛衣。我和哥哥经常打架，当然很快又和解。在我的班级评语中还写到这样一些事，比如：克里斯蒂安把校长叫无赖。又或者：克里斯蒂安把一个女孩推倒在水沟里。"在山村学校，由于缺少地方，不同的年级是上午和下午交替上课，所以兄弟俩经常一起去上学，这正合母亲的意。

即使奥托-厄恩斯特被释放后，根据军法[1] 第52条他还无权动用家庭财产。家庭财产依然受到"财产管制"。这位长子开始独自谋生，他还能记起父亲当年是如何白手起家的。奥托-厄恩斯特在慕尼黑创立了"南铁"钢铁贸易公司。在战后钢铁紧缺的那几年，他的钢铁废料生意做得很好，就像一战后的弗里德里希•弗利克那样。在苏尔茨巴赫-罗森贝格仍然保存完好的马克西米利恩斯冶炼厂，他将废铁加工成钢，以便再次通过南铁公司进行销售。但父亲对儿子在商业上的抱负并非特别欣赏。奥托一家经常去探望在兰茨贝格监狱的父亲。当时只有6岁左右的格特-鲁道夫讲述道："我们为祖父包了些苹果，然后坐上一辆还是由木材驱动的老式DKW汽车去到他那儿。通过铁丝网我们能与他交谈上一两个小时，当然是在

[1] 军法：由占领国（军事指挥官）发布的一系列法律的通称。

两名军事警察的监视下，他们戴着铿光瓦亮的头盔。”

在兰茨贝格的头几个星期，弗里德里希•弗利克需要做缝补裤子和换鞋底的工作。之后，这个对看书不感兴趣的人却升为了监狱图书馆的登记员，这显然激励了他开始动笔撰写自传回忆录。然而在写了13页后他就没有兴趣再继续写了，转而又重新回到了他最初的使命：在这间小牢房里开始计划着集团的重建。最得力的助手当然还是科拉德•卡莱奇，后来他回忆道：“凭着一辆老大众和几个好友借给我的几千马克，在‘老先生’还在狱中的时候，我开车走遍了整个国家，并进行了盘点。我们手头既没有在公司陷入瘫痪之后留下的有用资料，也不知道在哪些银行还有账户，或者还可以用哪些钱。”卡莱奇的盘点结果并没有让人倍感兴奋，但也留下了一些乐观的空间。老弗利克公司有大约四分之三的产业位于东部（即现在的苏占区和波兰）并且已经归公，大部分已被拆除。但尽管如此，老弗利克公司还是保留下了巴伐利亚马克西米利恩斯冶炼厂，85%的吕贝克高炉厂，60%的哈珀矿业股份公司，埃森煤矿公司，巴伐利亚铁料公司，多瑙沃特火车车厢机械制造有限责任公司以及纽伦堡的农业机械制造商费拉有限公司。1949年，马克西米利恩斯冶炼厂生产了71万吨钢铁，创造了1亿新马克的销售额，并拥有6500名工人。吕贝克的高炉厂也再次满负荷运行。

事实上，弗里德里希•弗利克自1947年以来就重新掌管着他的企业——当然是在监狱图书馆远程操控。科拉德•卡莱奇定期带领公司几个最重要的管理人员，伪装成律师或档案携带员，通过一道道关卡来到监狱接待室。在那里他们和老板商讨着公司的日常业务和企业战略，谈话结果会随时转达给集团的两名财产受托管理人。根据军法，允许弗利克自己任命受托人。他选择了以前就认识的两个银行家：赫尔曼•约瑟夫•阿布斯和罗伯特•菲德门奇斯，他们将在之后的联邦共和国担任重要职务。阿布斯很快会成为复兴信贷银行的负责人，在德国经济奇迹期间还是许多监事会的成员，最终他将接任德意志银行的监事会主席。罗伯特•菲德门奇斯是康拉德•阿登纳总理最亲密的顾问，并且直到总理去世都是他唯一的心腹。另外还有两名同样值得信赖的人，他们在占领时期的政府机构中曾悄悄对弗利克以及他的公司提供过有效的帮助。罗伯特•蒂尔曼斯，1930年到1933年是普鲁士内政部行政专员，之后成为弗利克的私人秘书，他是基民盟的创始人之一，并于1949年进入联邦议院；4年后，他被阿登纳任命为特别事务部部长。沃尔夫冈•波勒，纽伦堡审判的辩护律师之一，也经常去到兰茨贝格。波勒自1933年起成为纳粹党成员，1953年起成为基民盟议员，不久他将出任基民盟的经济专家。1960年，弗利克请他来担任集团的全权代表兼执行股东。

在监狱中，弗利克非常需要来自政界的支持，因为他好像并不确定在西德的那些财产是否还能保留下来。在这个饱受战争摧残的国家中，政治舆论首先指向了另一个方向。库尔特•舒马赫在集中营被关押了12年后，拖着残疾的身体，凭着不屈服的精神组织并参与了社会主义民主党的重建，在他领导下的社民党提出：“通过有计划的领导，共同建立起社会主义经济。生产的规模、方向和结构组织应该符合大众的利益。”其实大多数社会民主党人士是想以此剥夺大工业家们的财产，而且在社民党保守派中，具有基督教社会主义信仰的党员在基民盟的成立初期起到了推动作用，因此代表大工业家利益的基民盟也并没有反对。“煤炭是整个德国国民经济的支柱，我们要求矿山公有化”，被写进了1947年2月3日颁布的《阿伦纲领》。工会更加明确地指出：“德国重工业集团对于纳粹主义的上台和第二次世界大战负有历史责任。如果企业以及它的掌权者继续保留其在经济和政治上的特殊地位，那就不符合德国工人阶级的意愿。

同盟国一开始想把弗利克集团剩余的资产分割成23份，然而，以美军为首的同盟国最终反而促使了弗利克集团的东山再起。1946年西部地区的工业生产仅占战前产量的三分之一，饥饿已成为亟待解决的最大问题。新成立的联合国医学专家组认为每日能量摄入不得低于2650卡路里，而大多数德国民众每日的摄入量明显少于1500卡路里，单靠英国和美国的CARE包裹[1]和学校伙食只能勉强解决温饱。1946年9月，美国国务卿詹姆斯•弗朗西斯•贝尔纳斯在斯图加特的讲话中首次指出，美国要在市场经济条件下致力于德国的重建。1947年4月莫斯科外交部长会议失败后，成立“联合经济区”和“经济重建指导委员会”以及实施“马歇尔计划”毋庸置疑；很快，在西德占领区将会再次盛行私人资本主义。

在与苏联对峙日益尖锐的背景下，西方国家决定，

[1] CARE (Cooperative for American Remittances to Europe)：美国援助计划，即第二次世界大战结束后送往欧洲的食品救济包裹。

于1948年6月20日在他们的占领区引入新货币。这样做的必要性是显而易见的，纳粹曾用负债来支撑他们的战争，债务则通过印钞票来清偿。战后流通中的帝国马克有3000亿，而在毁坏的国民经济中商品和服务价值仅500亿。在未经德国同意的情况下，同盟国将所有旧的货币存量和货币负债按照10:1的比例兑换成新德国马克。每个公民可以从新成立的德国国家银行，即德意志联邦银行前身，得到40马克的补助，并在下月再得到20马克。突然之间商店的橱窗堆满了货物，商人们开始囤积各种商品。在经历了前几年的困境后，德国人第一次感觉到，形势又开始好转。货币改革对许多人来说也释放了新一轮的机会平等信号：即“每人40马克开始新生活”。事实上，这种新的货币对每个公民的影响是非常不一样的；正如1923年的通货膨胀使中产阶级失掉了他们的储蓄，却使那些持有财产、房地产和股票的人获利。而这一次也是，谁负债累累，他就一夜之间摆脱了债务；而在兰茨伯格监狱的弗利克是否也收到了他的40马克已经不得而知。然而，可以肯定的是，在货币改革当天，仅哈珀和埃森煤矿的资产负债总表就显示了约5.3亿德国马克的余额。

柏林的封锁最终使西德人民和同盟军在冷战期间结成同盟。随着波恩议会委员会商讨建立西德联邦制国家的推进，政治环境也越来越有利于弗利克集团在新成立的国家中保留下来；但是，集团仍然面临着分割和清算，因为按照同盟国制定的拆分规定，一家集团不能同时拥有国家的煤炭和钢铁产业。如果是这样的话，他是否有权要求获得赔偿金，以及获得多少赔偿还不得而知。因此，与他的狱友阿尔弗雷德•克虏伯相反，弗利克尽管承受着巨大压力，但他仍然拒绝在同意拆分规定的协议上签字。1949年5月23日，《德意志联邦共和国基本法》正式生效。8月14日，西德人民选举出了第一届联邦议院及第一任联邦总理康拉德•阿登纳。大约半年后，在1950年2月25日，弗利克提前获释，与装了好几车的商业卷宗一起离开了兰茨伯格监狱，美国高级特派员约翰•麦克洛伊为他减免了两年的服刑期。作为监狱图书管理员，他根本没有充分履行他的职责。后来他还说起："接替我的图书管理员还必须得先把我积压了4个月的工作做完。"

弗利克与克虏伯的两种选择

"我不会让人拿走我最后的财产"，弗利克在与他的朋友们谈起拆分规定时这样说道。虽然他有些夸大了自己作为受害者的角色，但也确实存在这样的危险。只有吕贝克的被"雅利安化"的高炉工厂不在这些规定之列，因为他们没有自己的煤矿区，但大鲁尔矿区和马克西米利恩斯冶炼厂已被盟军监督员列为拆分目标。1950年5月，盟军高级委员会规定，弗利克必须在5年内清算其控股公司，并且钢铁和煤炭企业只能保留其中之一。在被释放几天后，弗利克在位于杜塞尔多夫莎多大街的一间小办公室里开始准备他的战斗。这是科拉德•卡莱奇为他租用的一间临时办公室，起初他试图与阿登纳政府取得联系，实际上这些人也真的帮到了他。1951年1月，据柏林《每日镜报》的报道，一切似乎都朝着他希望的方向发展："根据拆分规定第27条新的执行规定，由盟军最高专员办事处下令的针对杜塞尔多夫弗利克两合公司的清算暂时停止。联邦政府对此提出了质疑，最高专员办事处开始进行审查。”对弗利克来说至少赢得了时间，他可利用起这段宝贵的时间，来保住核心冶炼厂马克西米利恩斯。在接下来的12月，他把26%的原始资金出售给拜仁州，其余部分通过一个新成立的控股公司转给了他的两个儿子。占领军几乎不能染指一家国有企业，而且两个儿子已经签了合同，把他们的股份支配权又转给了父亲，这一点盟军监督员也全然不知。4年后，弗利克又重新买回了这26%的股份。拜仁州在这次交易中赚得1300万马克，弗利克保住了他的工厂。

大家纷纷猜测这1000多万的收益是否是拜仁州帮助弗利克用他的狡猾手段对抗盟军拆分的唯一动机，慕尼黑财政部的主管国务秘书给出的官方理由也让人一头雾水。弗利克与拜仁州政府的关系有多深？其中有金钱交易吗？几年后马克西米利恩斯冶炼厂的负责人奥迪洛•布尔卡特在不经意中揭开了这个秘密。1950年春，人们在集团的一个矿井中发现了铀，当时还在狱中的弗利克决定，开始进行铀矿开发。10月27日，布尔卡特向核能国防部部长弗朗茨•约瑟夫•施特劳斯递交了第一个德国制造的铀棒并称赞他的老板说：“尽管当时盟国有禁令，弗里德里希•弗利克还是与盟军安全部美国处在柏林的负责人凯利先生一起，冒着风险资助勘探工作，而且没有被盟军安全部发现。”

当时鲁尔区的情况也不是很妙。尽管有阿登纳政府的保护，盟军的经济监督员仍然要求将煤矿业清出集团。弗利克首先抛出了一些商业烟雾弹，随后对他的矿石和煤炭企业进行了彻底重组。按照地理位置，矿井重新划归埃森煤矿股份公司、哈珀公司以及新成立的哈珀垄断矿业股份公司。哈珀还租用了埃森煤矿的一些最好的矿区，用来以后供应马克西米利恩斯冶炼厂。一开始一切进行得很顺利：德国需要煤炭，而弗利克可以通过好友赫尔曼•约瑟夫•阿布斯的关系从贷款机构获得用于重建的低息贷款。直到1951年，弗利克投入了4000多万马克用于购买新的输送设备，并且希望拆分规定自行失效。这又是一个从政治角度出发的考虑：西德必须发展成为一个反对共产主义的堡垒。经济需求应该要优先考虑，至少比那些美国东海岸卖弄才智的政治家们从纳粹政权中吸取的所谓的教训要更重要。人们不禁会问：美国人是不是在敷衍地进行德国经济的去纳粹化？因为纽伦堡审判后，“企业肃清”陷入僵局，企业拆分也可能会无疾而终。但是弗利克想错了，他的几个新一届内阁亲信在1951年底从波恩向杜塞尔多夫集团总部释放的信号却指向了另一个方向。弗利克知道自己该做什么。卡莱奇接到了要为煤炭公司寻求买家的命令，在饱受战争摧残的德国这不是一件容易的事。弗利克集团的煤炭储量即使不算上市股票也价值数亿马克，而那些潜在的买家正忙于弥补战争造成的损失，充盈自己的资产。

然而，卡莱奇很快就为哈珀矿区找到了一个看似靠谱的买主——德国联邦铁路公司，国内最大的煤炭买家；但是商谈失败了，这个靠国家补贴的国有企业根本没有这么多钱。卡莱奇公开保证，继续在全国范围内寻找感兴趣的买家。因为正如在1931—1932年间的盖尔森贝格事件中流传的那样，弗利克想把德国煤炭高价卖给法国，而这一次确实有一个感兴趣的法国买家——法国煤炭生产与供应股份公司。该财团的背后是10家法国冶金公司，与德国联邦铁路相比，它拥有充足的资金储备，但它也觉得弗利克提出的价格太高。尽管这家财团旗下的好几家公司没能坚持到最后，但经过一年多的艰苦谈判，双方终于在1954年4月签字了。此时，拥有15亿吨煤炭储量的哈珀矿业股份公司的股票市值已超过了6700万马克，弗利克以1.8亿的价格将其卖给了法国人。这次交易在莱茵河两岸引起了极大的关注。一部分法国经济媒体表示，这次购买是以和平的方式重新占领鲁尔区；部分德国媒体对此表示不满。面对指责弗利克简短地回击道："难道你能出更多的钱吗？"

联邦政府支持弗利克。早在1949年11月阿登纳总理就曾说过："在如今这个时期，历史遗留下来的矛盾对欧洲来说完全不符合时代潮流。因此，我决心把修复法德关系列为我的执政重点。联邦总理作为一名德国人甚至欧洲人必须是友善的。"法国财团将部分价钱以法郎的形式支付给弗利克，并规定这部分钱必须在法国用于再投资。为此，弗利克在巴黎创办了一家子公司，顺应了时代的精神。1952年7月，也就是与哈珀开展业务的前两年，在法国外长罗伯特•舒曼的倡议下，"欧洲煤钢共同体"成立，这使得法国、联邦德国、意大利、比利时、荷兰、卢森堡6国的煤炭和钢铁生产处于"欧洲煤钢共同体委员会"的统一管理之下。国际上的矿业竞争由政府统一成了新的"伙伴关系"。欧洲民族国家首次将其在经济领域的部分权力委托给一个超国家机构。欧洲煤钢联营因此被称为欧洲经济共同体。弗利克有些不情愿，但最终决定遵从盟军关于煤炭和钢铁的拆分规定，为欧洲大型工业的紧密结合出了一份力，另一方面这也完全符合阿登纳的主要政治目标，即德国的西方融入计划。

不久之后，弗利克集团又为埃森煤矿公司找到一家德国买主——曼内斯曼公司。他又一次大赚一笔：埃森在交易所的价值不到4000万马克，曼内斯曼支付了1亿。弗利克总共已经为他的煤炭公司赚得将近3亿马克，这正好可以在经济奇迹开始的时候把这些钱又用于投资。在1961年，他详细地对此事表了态："我想尽一切办法摆脱出售条件，但就算是总理也不能给我什么希望。所以，如果我不卖掉煤矿公司，我就会有很大的风险，甚至连监事会的一个席位都得不到。但是看着风险出现，对生意袖手旁观，这不符合我的风格。我一直是自己在管理集团的业务，如果让一些根本不懂生意的人来管理，对我来说简直就是糟糕透顶。"

弗利克再次在关键时刻做出了正确的决定。他的狱友阿尔弗雷德•克虏伯与盟军当局进行了艰苦的斗争，他们决定不得不出售莱茵豪森的工厂。20世纪50年代末，工厂由受托人贝托尔德•贝茨掌管，而克虏伯仍然不能进入他自己的工厂。又过了10年，他面临破产。在此期间，弗里德里希•弗利克又一次成为德国最富有的人。《南德意志报》在1956年评论："当鲁尔区的大多数矿业公司的老板还在努力地将德国采矿业重新联合起来还原分拆之前的状态时，弗利克却遵循时代的法则。他没有坚持之前的模式，没有盲目遵循传统，也没有一味地感情用事。只要资本主义经济存在，我们就一直需要像弗利克这样思维敏锐又不断奋斗进取的商人。”

弗利克的第二商业帝国

1953年6月17日，在斯大林去世的3个月后，罢工的建筑工人在东柏林街头游行。亨尼希斯多夫国营钢铁轧钢工厂的6000名工人也加入了这场反对提高劳动定额的罢工游行，该工厂之前也属于弗利克集团。他们提出了自己的要求：洗澡时间也要计入工作时间，就像弗利克在20年代所实行的那样。共产党人已经取消了社会福利待遇。9月，西德人民选出了第二届联邦议会。基民盟在85.8%的投票率下获得了45.2%的选票。由此，阿登纳主张的社会市场经济政策以及亲西方政策也首次得到认可。总理和西方盟国达成一致，拒不接受象征政治中立的由斯大林提出的统一德国的提议。2月18日，西方战胜国外交部长在柏林召开的关于德国问题的最后一次首脑会议以失败告终。3月25日，苏联宣布了德意志民主共和国主权独立，世界进入政治细分阶段。这个夏天，联邦德国队夺得了伯尔尼世界杯冠军，球迷们在看台高呼“德意志，德意志高于一切”。10月23日，西方各国、加拿大和比荷卢各国在《巴黎条约》的框架内为联邦德国加入北约铺平了道路，但前提条件是放弃核武器；因此联邦议院修改了《基本法》，并同意在联邦德国实行义务兵役制。12月，莫斯科宣布民主德国进入重整军备阶段。这是联邦共和国与民主共和国军备竞赛的信号。而弗里德里希•弗利克，这个纳粹时期最重要的武器生产商之一，马上就能大捞一笔了。

1954年，弗利克拥有约1.7亿马克和与法国煤炭公司交易获得的63.75亿法郎可供自由支配，他用一部分在法国的注册资金买下了新成立的纳韦迈松冶炼厂，这是查狄伦-科芒特里集团的一家子公司，也属于这家法国财团的一部分，他因此还间接接管了哈珀矿井，据说这令他非常高兴。而剩下的法郎他想投到比利时埃诺-桑布尔州的第二大冶金公司，约五分之一的比利时钢铁都由该公司生产。在公司的增资过程中，弗利克成功买进了多于20%的股份，一跃成为大股东。工会和比利时媒体对此进行了猛烈的攻击。1956年4月10日，比利时《人民报》刊登了一张图片，内容是在纽伦堡审判时法官正宣读对弗利克的判决，并配文："在纽伦堡法院大门前看到的这名站在两名美国警察之间的男子，几天前在杜塞尔多夫夸耀说，他对我国最大的冶炼厂之一有着决定性的影响。" 埃诺-桑布尔州的许多工人只知道德国有强制劳工和集中营囚犯。一个代表团闯入总经理办公室，质问他是不是要把"指挥官的帽子"戴在"战犯"弗利克头上。总经理好不容易才阻止了一场罢工抗议，比利时首相范阿克又声明称："政府认为，一个被定罪的战犯获得比利时公司的控股权是不符合公众利益的。"他敦促尽快取消这次交易。弗利克再次寻求德国政府的帮助，这次交易应该成为一个外交事件。煤钢共同体的支持者，比利时经济部长最终替弗利克解决了困境，他对比利时议会议员愤怒地解释道："德国方面向我保证，弗利克有着和所有重要的鲁尔区工业家一样的命运，都被盟军法院判了罪。”德方把弗利克说成是“希特勒政权的反对者”。这次购买明显是合法和有效的。尽管受到了质疑，弗利克仍然认为他没有理由重新交出股份，这些争执也并没有阻碍这个蒸蒸日上的企业在经济上取得成功，1956年，他已经得到了令人满意的26.7%的股息。

但其实，在法国和比利时的钢铁投资，只不过是一个能赚钱的副业，弗利克集团的战略已经瞄准了另一个方向。早在兰茨贝格的时候，弗利克就对美国的经济结构进行了深入研究，并从中看到了德国的未来模式。战略的第一原则是要比他之前的煤炭和钢铁企业能更好地控制风险；第二原则是像之前一样，以尽可能少的资金使利润最大化。进驻钢铁加工业是他的首要目标。弗利克认为，在化工、冶金和汽车制造行业存在着巨大的增长空间，他想凭借这三大支柱建立他的第二商业帝国。条件是有利的，他拥有比其他的竞争对手更多的流动资金。虽然股市仍然比较低迷，但已经能感觉到战后的繁荣即将到来。弗利克坚信：“德国经济必然会好转，否则所有的事情都不值一提。”

他把第一次行动瞄准了欧洲重要造纸商——杜塞尔多夫的费尔德米勒公司。1952年他开始着手收购瓦尔斯罗德的沃尔夫公司，这是法本集团的一家面临清算的公司，20世纪50年代时弗利克没花多少钱就把它买下了。不久之后，弗利克持有该公司75%的股份，此时，费尔德米勒对沃尔夫表现出了兴趣，他们双方同意进行股票交换。弗利克向费尔德米勒提供了旗下机器制造商基尔、费拉和沃尔夫的丰厚的股份，作为回报，弗利克获得了费尔德米勒公司的绝大多数股份。到1960年，弗利克已经拥有了费尔德米勒公司80%的股份，由此他在化工行业站稳了脚跟。与此同时，弗利克在投机商赫尔曼•克拉格斯的帮助下，又进入了由炸药发明人阿尔弗雷德•诺贝尔创办的特罗斯多夫炸药股份公司，在第三帝国时期弗利克就已在该公司监事会任职。该公司不仅生产所有类型的炸药（新成立的德国联邦国防军正好用得上），而且还是合成材料加工领域的龙头企业。通过一系列复杂的策略手段，弗利克首先用炸药公司的股份购进了造纸商费尔德米勒公司的大部分股份，以便用买到的这些股份重新买入炸药公司的股份。即使是最细心的观察家在最开始也不清楚他葫芦里卖的什么药。结果说明了一切：1958年弗里德里希•弗利克成为了诺贝尔炸药公司的监事会主席。这样一来，他掌控了两个企业，而这两家企业也正好能在生产中互补。

随后，弗利克立即把那些麻烦的小股东踢出了公司，为此，他使用了重组税法。这是第三帝国时期的经济法中的一条规定，这条规定让大股东可以在1959年的12月31日之前买断小股东的股份，而小股东对此却束手无策。1958年时这种霸王条款就备受争议。面对诸多质疑（事情还一度闹到了宪法法院），弗利克最终还是达到了他的目的。经济媒体一致抗议，但经理埃伯哈德•冯•布劳希奇却在他的自传《沉默的代价》中写道："柏林银行家弗斯滕贝格把小股东称作是愚蠢和狂妄的：愚蠢是因为他们买了股票，狂妄是因为他们居然也想得到分红。"大股东弗利克应该很满意，他总共只投资了1.32亿马克就得到了费尔德米勒和诺贝尔炸药公司。而在20世纪60年代末，这些股票市值已经高达15亿马克。

在弗利克的第二帝国中冶金是第二大支柱产业。由于使用中型钢，弗利克已经失去了吕贝克钢厂和马克西米利恩斯冶炼厂的主要客户。而在北德，他在朋友蒂尔曼斯部长的帮助下买下了德国马克公司50%的股份。1956年，他又以2600万马克买下了位于韦茨拉尔的布德鲁斯公司，这家公司拥有10%的市场份额，是联邦共和国最大的铸铁厂。弗利克主要是对旗下几个盈利的子公司感兴趣，也就是勒希林-布德鲁斯，黑森州采矿冶炼厂以及克劳斯-玛菲。拥有了它们，他就拥有了最重要的供暖、炉灶和浴缸制造公司。冯•布劳希奇在他的书中称克劳斯-玛菲为“火车头工厂”，到50年代中期时它也仍然是。然而，到1945年，该公司就为德国国防军生产了虎式和豹式坦克。重新进入利润丰厚的军工领域的政治条件即将实现。

1953年朝鲜战争结束后，美国敦促在西方联盟中更公平地分配军事债务。总理阿登纳意识到，随着联邦共和国的军备重整，重新夺回在西方军事联盟控制下的国家主权就要实现。1955年，西德又向国家主权迈进了一步，一年之后，第一批志愿军在安德纳赫向总理致敬。禁止生产战争武器的禁令已被废除。

在东西冲突中提供军事支持正合美国的意，而英国很快也不再抵制德国的军工生产。英国的经济专家们都以既赞赏又忌妒的眼光来看待德国的经济奇迹。德国企业被迫把重点放在民用生产上，在英国传统出口市场上也越来越成功。另一方面，法国只对一个在欧洲控制之下的新的德国军火工业开放。国防部长施特劳斯对此表现出兴趣，并与他的法国同事商议建造“欧罗巴坦克”。然而，该合作项目于1961年突然告吹，随后德国形成了两个小组，争夺建造战后的第一辆德国装甲车。一组由哈拉尔德•匡特率领，他想在汉堡以前的一家造船基地建造坦克。匡特传记的作者鲁迪格•荣格布鲁特写道：“哈拉尔德•匡特在由社民党管辖的汉萨城市的选址可能出现了严重的错误，因为有一个不可小觑的竞争对手：弗里德里希•弗利克，他希望在巴伐利亚，也就是弗朗茨•约瑟夫•施特劳斯和基社盟的故乡制造坦克。跟匡特相比，他与波恩政府的联系更好，所以由弗利克集团控制的机车制造商克劳斯-玛菲获得了豹式坦克的批量生产订单。”

单价100万马克的“豹1”坦克成为了绝对的畅销货。联邦国防军单独订购了2500辆，其中2000辆卖给了北约的合作伙伴。这一次又不得不和阿尔弗雷德•克虏伯比较，这个人在出狱后决定，克虏伯公司不再生产武器。科拉德•卡莱奇在50年代中期时也表示：“弗利克对任何一种军备都深感厌恶。”克虏伯保持着他热爱和平的基本态度。弗利克应该也能很快克服他对武器的恐惧。

明星先生

化学和军备是新兴行业，但弗利克却在汽车制造行业看到了最大的发展前景。希特勒曾计划打造一个全机动化的社会，这在美国几乎已经实现。可以预见，德国的汽车繁荣时期一定会到来。在20世纪50年代初，两家德国公司占领了国内市场：斯图加特的梅赛德斯-奔驰公司和沃尔夫斯堡的大众公司。排在之后的是宝马公司和汽车联盟股份公司。保时捷、宝沃以及格拉斯则只是小批量生产。科隆的欧宝和福特作为美国的子公司，对于德国的大投资商来说是无法企及的。如果弗利克想大张旗鼓地在汽车行业站稳脚跟，那么首先就应考虑国有集团大众公司和戴姆勒-奔驰公司。

弗利克试着向他认识的权威人士打探，联邦共和国是否对大众汽车的私有化感兴趣。阿登纳对此表示拒绝，显然，他担心这样会对外交政策带来不便。沃尔夫斯堡的领导层也表示不希望因为一个大股东而削减董事会的决策权。因此就只剩下戴姆勒-奔驰公司了。

1952年，弗利克家族开始暗中吸纳戴姆勒-奔驰公司的股票，年底梅赛德斯董事会就推测，有一个匿名买家已经大规模进入公司了。这家以优质的产品和过硬的管理而闻名的公司绝不希望成为投机对象。董事会主席弗里茨•科内克忧心忡忡地向监事会成员赫尔曼•约瑟夫•阿布斯求教，阿布斯安慰他说，所有的股票走势已在他的控制范围内：“一切都会向我报告。”然而，弗利克与代理人和银行的关系网还是很难被看穿的，就如同20世纪20年代的股市大战一样。1953年，当大家都知道他成为戴姆勒股东时，他就已经持有了15%的股份。杜塞尔多夫集团总部试图出面解释：这只是这位“老人”的业余爱好，他甚至都没有驾照。然而他们忘了，亨利•福特一生也没有驾照。而弗利克似乎非常认真地对待他的这个爱好。通过马克西米利恩斯冶炼厂，他同时把位于英戈尔斯塔特的汽车联盟有限公司注册资本的40%纳入自己的控制之下，该公司是奥迪公司的前身。

对于戴姆勒的老板科内克来说，这一切不是一个好兆头。他立即动身前往杜塞尔多夫，想当面询问弗利克对他的企业有什么打算。科内克是一个直截了当的人，不过，他不敢直接向这位“老铁人”询问，他是否愿意在斯图加特重操旧业，获得短期的收益然后卷包走人。科内克礼貌地暗示，严肃认真是戴姆勒最重要的资本，并向弗利克提供董事会主席的职位。《明镜周刊》报道称：“弗利克嘟哝了一声。科内克应该可以安心地保住他的职位；人们很快就会明白，弗利克不仅仅是想在这赚钱。”弗利克立刻把目标瞄准了25%的拥有否定权的少数股权。如果他阻止表决，股份公司的规章就不能改变，并且他可以阻止股东大会执行重大决策。戴姆勒的股票行情迅速上扬，弗利克又继续买入。在1955年6月18日举行的年度股东大会上，全权代表科拉德•卡莱奇报告，弗利克已拥有了25％的份额，由此他一跃成为除德意志银行之外的最大的股东。就在同一天，他进入了监事会，卡莱奇发出口令：“现在没有人可以抢走我们在戴姆勒的股份，没有人比我们更有实力。”但是事情并不是那么简单。

戴姆勒的第三大股东也许是战后时期唯一能与弗利克的狡猾和顽固一争高下的企业家。持有上百家公司股份的京特•匡特拥有10%的戴姆勒-奔驰股份。1954年他去世之后，继承人赫伯特和哈拉尔德决定将那个时候还亏损着的梅赛德斯和宝马发展成为行业的第二大支柱。事实上匡特家族并没有能够与弗利克相提并论的流动资金，但突然间，戴姆勒的第四大股东出现了。一位来自不莱梅的前木材商人赫尔曼•克拉格斯想快速获利，最终他成功买进了8%的戴姆勒股份。随后他向弗利克和匡特开出了双倍的价格，即每股770马克。弗利克拒绝了，并说："这是虚价。"而匡特兄弟将价格砍价至430马克。对克拉格斯来说，虽然以目前385马克的价格这仍然是一笔不错的交易，但还远低于他的预期。然而克拉格斯还不知道的是：弗利克与匡特兄弟已商妥，买下克拉格斯手中的全部股份。于是弗利克退出，由匡特兄弟出面买下，随后按照3.5（弗利克）:2.5（匡特）的比例分配了股权。

在弗利克的推动下，戴姆勒-奔驰公司又收购了巴伐利亚汽车联盟公司88%的股权，由此他在奔驰的股份提高到了40%，一个融合的局面再次形成。戴姆勒间接进入小型汽车领域，而不必设计一辆自己的汽车。有梅赛德斯作后盾，汽车联盟能够把更多的资金投入到新型DKW600的研发，并成功将其大批量投入市场。从销售额来看，弗利克在欧洲创造了最大的汽车集团，凭借其在经济上的成就，他又一次获得了应得的赞赏。

"在您75岁生日之时我祝愿您一切顺利。您在漫长而艰苦的工作中，不受国家和个人所遭受的厄运影响，打造了毕生伟大而令人赞叹的事业。祝愿您在接下来的岁月中精力充沛，身体健康，尽享您在事业上的成功。"1958年7月10日，弗里德里希•弗利克收到了这封电报，发件人是康拉德•阿登纳。在出狱后的第8年，这位德国钢铁巨人成为了德国经济奇迹的创造者之一，他成功地整合了资产负债表上的120家公司，第二次创建了一个集团，而且每家公司都优势互补。垂直来看，予供应商、生产和客户确保了最佳价值链；水平来看，由于规模庞大，他们主导着市场。杜塞尔多夫集团总部有着简洁高效的准则：

•必须将至少80%的利润进行再投资。

•集团旗下的所有公司必须形成清晰明了的独立行事的单位，其领导层必须是有能力的资深人士。

•不设置财务管理总部。所有企业与银行直接进行谈判。

•谨慎的投资监控和成本控制。只以事实为依据。必须冷静理智地作出最终的决定。

最重要的是分散领导的原则。这也许是弗利克集团长期以来取得成功的最重要的原因。没有一个德国集团的老板可以像弗利克这样给下属公司决策自由。冯•布劳希奇回忆道："集团领导层的成员绝不可能传唤总经理并给他下达指令，只有弗利克亲自出面的情况下才可以这样做。集团总部的任何一个人都不得规定费尔德米勒必须在哪里购买纸浆。即使我们在集团内生产纸浆，这样的订单也是不会被强迫的。"弗利克完全相信市场的力量。如果戴姆勒不想从马克西米利恩斯购买它的金属板，那么马克西米利恩斯就必须更高效的经营，并提供更好的报价。因此，在其他企业中普遍存在的隐蔽交叉补贴被排除在外。弗里德里希•弗利克在世时，杜塞尔多夫总部只有50名员工，他们都跟弗利克一样不得不凑合着在简陋的办公室里办公。

阿登纳的财政国务秘书荣汉斯告诉记者，他希望联邦资产按照弗利克集团的原则来管理。总理本人也就经济政治领域的问题询问这个大工业家的看法，特别是以下这个问题："弗利克，您怎么看待欧洲经济共同体？"弗利克回答说："总理先生，我认为不怎么样，因为利润可以共享，而亏损就不能分担了。"

强制劳工没有得到一分钱

总理的朋友弗利克已经快80岁了，过去的一些事情又找上门来。1962年，犹太人索赔大会的一个代表团要求诺贝尔炸药股份公司给予1300个犹太集中营囚犯一个迟来的公道，这些囚犯曾在1944—1945年间在该公司的弹药厂做苦工，并且在纳粹垮台后还经历了解放。弗里德里希•弗利克当时是诺贝尔炸药的监事会成员，在60年代初，他持有82%的公司股份。索赔大会的要求并不高：每名强制劳工应得到5000马克的赔偿，共计650万马克。

诺贝尔炸药的董事会提名威斯巴登的律师法比安•冯•施拉布伦多夫为谈判代表，他以作为希特勒的反对者而出名。1943年3月，冯•施拉布伦多夫把装有"两瓶白酒"的包裹交给了希特勒专机上的一名军官，请求他转交给德国国防军总司令部的一个上将。瓶里其实装满了炸药。不幸的是，引爆装置失灵了，但是这次密谋暂时还没有被公之于众。冯•施拉布伦多夫的暗杀企图失败后，于1944年7月20日被逮捕，而后又获释，但之后又按照希姆莱的命令被移交到柏林人民法院。在审判开始前不久，法院大楼遭到美军的炸弹空袭，纳粹刽子手罗兰德•弗雷斯勒因此而丧生，所有的文件被毁。战争结束后，冯•施拉布伦多夫成了一名律师，并致力于为纳粹政权的受害者提供帮助。

冯•施拉布伦多夫也觉得给予每个囚犯5000马克是一个不过分的要求，在与犹太人索赔大会代表厄恩斯特•卡赞斯坦的第一次会面中他就撰写了一份条约，准备在一周内提交弗利克审阅。每个囚犯，只要能证明确实曾在诺贝尔炸药公司的弹药厂工作过，就有权得到5000马克的补偿。卡赞斯坦欣喜万分："这是我至今为止针对强制劳动问题进行的最满意的谈判。"而接下来的几次谈判却不尽人意。冯•施拉布伦多夫必须告知大众，弗利克公开反对提供补偿，持有诺贝尔炸药18%的股权的瑞士企业家迪特•布尔也进行了阻止。几天后，又有消息称，如果能提供更多雇佣强制劳工的证据，弗利克和布尔就会向犹太人组织提供400万马克。索赔大会要求至少500万，并肯定手里还有足够的证据。这个情况明显让弗利克感到有些吃不消，于是把全部的决策权交给了他的亲信沃尔夫冈•波勒。

让波勒接手这件事一开始看来是稳妥可靠的。冯•施拉布伦多夫很快就可以向他的犹太谈判伙伴报告，波勒没有对新的条约提出什么实质性的异议，条约中规定了1964年5月1日支付500万马克，现在只差董事会批准了。而到了5月1日，犹太人索赔大会的账户没有收到一分钱。董事会突然担心，这会为戴姆勒和汽车联盟创造一个先例，这两家公司同样也曾对许多强制劳工进行剥削。然而，冯•施拉布伦多夫许诺：弗利克仍然会在不引起很大轰动的情况下来解决这个问题，并准备再支付200万马克，请大家耐心等待董事会的最终商议。这个时候厄恩斯特•卡赞斯坦也在思考要将事件公之于众来施加压力，而且此时的确是公布这个消息的有利时机。在经历了20年的镇压之后，一部分德国人开始对纳粹罪行进行深入的讨论和分析。然而，索赔会议最终还是决定不予施加压力，并希望私下进行和解。而此时，弗利克的代表要求提供更多的证明文件。

历史学家海因里希•克罗斯坦撰写了一份专家评估报告，其中清楚地证明了诺贝尔炸药的历史罪责。冯•施拉布伦多夫认为索赔已经八九不离十了；然而新的问题出现了：诺贝尔炸药的董事会表示，目前公司没有流动资金。犹太受害者认为这样的说法是非常厚颜无耻的。金融专家估计，那个时候仅弗里德里希•弗利克个人的财产就有几个亿，他完全能够支付这500万。面对这样的局面卡赞斯坦仍然建议，当前诺贝尔炸药应承认支付义务具有法律约束力，并在未来几年内分期支付这笔款项。集团对此没有作出反应。

1967年夏，冯•施拉布伦多夫被任命为联邦宪法法院法官，因此他不再担任调解人的角色。随后索赔大会向赫尔曼•约瑟夫•阿布斯寻求帮助，他是一个正直的人，并且与弗利克的关系最好；然而他却告知大众，卡莱奇已向他说明，诺贝尔炸药公司自1962年首次谈判以来一直坚信，不管从法律上还是道义上都没有任何支付义务。弗利克集团成功地拖延了时间，索赔彻底落空了。

犹太人索赔大会作了最后一次努力，他们请求一个人的支持，也就是为弗里德里希•弗利克减刑的前高级专员约翰•麦克洛伊，他给阿布斯写信说："我认为贵公司在这件事情上的立场过于狭隘，如果从道德层面上来说，这根本没有切中要害。这并非是‘商业意义上的要求’。有证据证明，贵公司的确雇佣了犹太强制劳工，因此是否有对强制劳工实施暴力已经不是关键了。”科拉德•卡莱奇于是委托给埃伯哈德•冯•布劳希奇去追究此事。冯•布劳希奇迄今为止在协商中都表现得很严厉。在卡莱奇、冯•布劳希奇和麦克洛伊于杜塞尔多夫的一次会面中，这位年轻的经理摆出了各种理由来证明管理层的成员没有参与暴力。麦克洛伊回到纽约后说道，在冯•布劳希奇讲述时，他因为心情郁闷曾多次离开了房间。

麦克洛伊不敢相信，这件事已经有了最后的决定。他作了最后一次努力，亲自写信给弗里德里希•弗利克。信中他写道：“在战争结束时，我所目睹的那些在集中营的暴行中幸存下来的大多数犹太人集中营囚犯，都是在健康方面受到严重损害的老妇人。当然，我也犹豫，我是否应该把我的个人观点强加于别人，比如他应该怎样履行道德义务，但我认为，通过您的付出可以让事情向正确的方向迈出一步，这将有益于您的公司，有益于联邦共和国以及您作为一个真正的慈善家的名誉。”

这封信的副本给了冯•施拉布伦多夫、阿布斯和克翁斯坦。冯•施拉布伦多夫看后请求说，但愿人们可以私下告诉麦克洛伊，即使他是一个美国人，也不应该删掉他名字里的“冯”。弗利克没有亲自回信。他把这封信又转交给了冯•布劳希奇，一个月后冯•布劳希奇告诉麦克洛伊：“与您的期望相反，弗利克先生不能承认，在目前情况下，仁义或道义上的原因会让诺贝尔炸药股份公司或弗利克家族向索赔大会赔款。……弗利克先生请求您，对他在这件事上的最后决定给予理解。”19年后，在德意志银行暂时接管由弗里德里希•卡尔•弗利克担任总裁的弗利克集团时，还是最终汇出了这500万马克。

人情世故的影响……

弗利克家族的优势是激发生产力，让一加一等于三。一旦他握有中型企业的大部分股权，不出几十年，就能大大盈利。《明镜周刊》的作者汉斯•沃纳•基尔兹和约阿希姆•普鲁斯把他比作一名棋手，看到棋子的布阵他就能立刻得知哪里蕴藏着隐秘的力量。但是他有两个明显的弱点：首先，弗里德里希•弗利克无视历史的重要性和责任感。其次，很显然，他根本没有觉察到家族内部的一场积蓄已久且即将爆发的冲突。

奥托•斯泰因布林克是纳粹党卫军和潜艇指挥官，纽伦堡审判时，在检察官向他询问弗利克与工作人员之间的关系时，他说了一句奇怪的话：“如果说到人性这方面，或者换句话说不近人情的性格，这就扰乱了他整个人的气场和风度。一旦涉及到要弥补或反思自己的个性，或者在承担个性带来的后果上，他就选择逃避。”这也被套用到他与家人的关系上。弗利克管理公司得心应手，但却无法团结自己的家庭成员来继续发展自己的事业。弗利克家族有一张在20世纪50年代时拍摄的家庭照片令人印象深刻：站在中间的是表情严肃而僵硬的弗利克，左边是费劲挤出一丝微笑的儿子奥托-厄恩斯特和他的妻子芭芭拉，站在弗利克右边并挽着他手臂的是妻子玛丽，她用慈爱的目光看着她的小儿子弗里德里希•卡尔，卡尔得意地笑着。

1953年，弗利克把大儿子奥托-厄恩斯特从慕尼黑南铁五金商店调回集团，两人还维持着一般的关系。在弗利克看来，奥托-厄恩斯特在纽伦堡的证人席上表现得不那么勇敢。尽管如此，他是集团的长子，并且迄今为止在集团的内外职位上他都做出了不错的成绩。在杜塞尔多夫总部，奥托-厄恩斯特一开始就升为总经理，此外父亲还派他去了11个监事会。同样，在4年的时间中，他也没有在这些事情上犯过任何重大的错误，40岁生日时他晋升为弗利克有限公司的全权代表。大约在同一时间，弗利克也将小儿子以总经理的身份纳入了集团领导层。这一切看起来似乎不同于王朝更替的顺位继承原则，因为两个儿子都在准备接任父亲的领导职位。

奥托-厄恩斯特有着一米九四的大个儿，是一个肌肉发达、野心勃勃的人，但他有一个缺点，就是遇到事情容易着急。每天早晨，他都会与一位牙医朋友在他位于杜塞尔多夫的布德瑞庄园附近的树林里慢跑，直到精疲力尽。他获得过20枚金色运动徽章。在公司里，他也努力完成父亲的要求，但是父亲却越来越质疑他的能力。孙子格特-鲁道夫回忆说："祖父的卓越品质之一，就是在错综复杂的关系中找出关键点。"奥托-厄恩斯特就不具备这样的能力。他的讲话方式是喋喋不休以及死抠细节的，但是重要的点他却一带而过，这种表述方式让祖父极为厌烦。而且人们在背后议论奥托-厄恩斯特有一个夸张的癖好，就是请求父亲弗利克阅读自己的笔记，但父亲其实还有一大堆重要的事等着他去做。

在公司里，兄弟俩的状态又回到他们在童年时期那样。哥哥很努力，但看上去有些紧张和拘束。相反，弗里德里希•卡尔在那时候还很年轻，对所有事都保持着轻松的心态。战争结束不久，他开始在慕尼黑学习企业经济学。当父亲在狱中为审判做准备时，他搬到了赫兹格大街90号，睡在铁路员工莫斯纳夫妇的厨房里。这个住处是学生救济机构通过强制分配住宿安排给他的。弗里德里希•卡尔经常在他住所拐角处的卢云堡啤酒馆喝到微醺。当父亲出狱时，卡尔就已经以优异的成绩完成了学业，并获得博士学位，他的博士论文题目是“市场经济体制下的质量竞争”。而相比之下，哥哥在大学第一学期结束后就被父亲召回了公司。弗里德里希•卡尔在吕贝克的两年商业职员学徒生涯结束后，想去海外积累工作经验，于是他去了纽约，跟着一个白手起家、精力充沛的社交达人彼得•格雷斯一起干。对卡尔来说他是第二个父亲般的人，或者更确切地说，他是一个与严厉的弗利克正好相反的人。格雷斯主管了一家以自己的名字命名的杂货店公司，他喜欢在他的办公桌上倒立，还不顾所有专家的意见重组了他的公司。纽约财阀用既钦佩又不屑的眼光看待格雷斯，这个我行我素的人以非常规的手段取得了成功。奥托-厄恩斯特对于美国人的企业经济冒险行为不感兴趣，但卡尔却对格雷斯充满了崇敬之情。后来，他还把出售戴姆勒股份所得的大部分利润都交由格雷斯管理。

弗里德里希•卡尔从美国归来后，父亲将集团分成两个管辖领域：奥托-厄恩斯特负责钢铁领域，而弗里德里希•弗利克继续把小儿子叫作“小男孩”，并把有增长潜力的化工、造纸和汽车制造行业移交给他。这次划分导致了第一次大的冲突。一天早上，奥托-厄恩斯特从报纸上得知，自己已经不再是戴姆勒监事会的成员，弟弟卡尔取代了他的位置。但是奥托害怕跟弟弟公开产生争执，在父亲那里他也只是抱怨这次变动是从“第三方”了解到的。他没有进行反抗，这让父亲认为他“在敌人面前表现得太过懦弱”。这次领域划分到底是一个借口：被戴姆勒撤职是一次明显的降级。奥托的儿子格特-鲁道夫认为这是家族矛盾激化的开端，“毕竟叔叔在这个时候还没有资格成为戴姆勒监事会成员”。

奥托-厄恩斯特暂且继续服从。德意志银行给奥托提供了一个监事会的席位，这件事遭到了弗利克的反对，后来当德国商业银行来找他时，他直接拒绝了。即使他给父亲提供了很多建议，但是这位“顺位第一继承人”还是没有得到父亲的好感。当弗里德里希•弗利克计划在费尔德米勒造纸厂再投资几百万时，却遭到了奥托的抗议，奥托希望这些钱能投到他管辖的吕贝克高炉厂和马克西米利恩斯冶炼厂，年迈的父亲没有听从奥托的建议，还是把钱投到了造纸厂，不过销售额的增长再次证明父亲是正确的。在他的领导下，费尔德米勒的销售额增加了4倍。

不管怎样，到1958年，奥托-厄恩斯特的心里已经积压了满满的失望和挫败。一件小事成了父子冲突爆发的导火线。在1958年3月27日的例行会议上，儿子请求父亲给他看看吕贝克公司的一些文件，父亲认为这很浪费时间，奥托-厄恩斯特坚持要看，理由是：作为吕贝克工厂的监事会成员他必须对此有一个全面的了解，而且根据《股份法》这个要求也是合理的，然而父亲告诉他："你只是监事会的一般成员，不必知道这些信息。"当奥托再次坚持时，父亲大发雷霆："你只是在靠着我的恩典生活，我可以随时解雇或召回你，离开这儿你什么都不是，你现在拥有的一切都是我给你的！"奥托-厄恩斯特站起身，回到办公室，打包好东西然后不辞而别。

奥托-厄恩斯特受到了深深的打击，一直把自己关在位于布德瑞的家中。他写了一封信给父亲："在公司，我比我们的对手知道的信息还要少，这种情况必须要改变。"父亲不喜欢有人抗议自己的决议，因此撤回了他的全权代表权和一部分公司股份。奥托-厄恩斯特仍然持有集团控股公司19%的股份，而这些对他已经没有什么用了。弗里德里希•弗利克用条约的形式保证了他的完全支配权，从而确保了他"在自己的集团中是主人而不是客人"，《明镜周刊》这样评论说。这个家族的长子因此被迫变成一个隐名股东，一个他自始至终都无法接受的角色。在写给父亲的信中，他的语气变得尖锐起来："我必须指责你没有正确管理家族财产。"由于集团总部仍然没有要和解的迹象，这位有资历的经理开始寻找一份在家族企业之外的工作，找工作的过程持续了近两年。1960年初，曼内斯曼监事会的威廉•赞根给奥托提供了一个机会，接管他集团的整个铁矿贸易公司，并且如果奥托能证明他在销售方面是合格的，还会给他提供一个董事会的职位。

对于弗里德里希•弗利克来说，儿子的求职导致了一个难堪的后果：工业竞争者得知了家族的内部纷争。老弗利克一直很重视家族在工业界的良好形象。显然，他也很惦念他的孙子们，这个一向难以接近的男人和他们保持着良好的关系。1960年春天，他让步了，向奥托-厄恩斯特提供了一个董事长主席职位，这正是之前两个儿子为此闹翻的那个职位。3月，奥托-厄恩斯特接管了当时有3000名员工的吕贝克金属冶炼厂股份公司，并创造了1.45亿马克的年销售额。

然而几个月后，新的谣言又开始在鲁尔流传：弗利克家族又出现了冲突。奥托-厄恩斯特是一名登山爱好者，他前往非洲乌干达，与柏林大学的一个探险队一起攀登鲁文佐里山。这次探险活动要持续70天。奥托-厄恩斯特在报名参加时还是一个失业者。他没想到，在即将启程时他回到公司工作了。吕贝克的监事会主席阿尔弗雷德•罗德没有反对他的这次旅行，然而弗利克知道后很生气，毕竟他都没让自己享受放松旅行。他在董事会的亲信面前咆哮：“这是不负责的逃跑！”

弗利克不想掀起又一次的争吵，他委托律师重新起草一份股东协议，协议应规范在父亲自愿离职或死亡后的集团内部权力关系和继承人的法律地位。对于子孙们应指定一名监护人来确保他们的权利。12月14日，奥托-厄恩斯特从非洲的探险旅行回来后，全家人包括孩子的法律监护人聚集在家中，商量并签署这个复杂的协议。协议生效之后资产比例被重新分配。奥托-厄恩斯特持有的股份又增加到42.5%。弗里德里希•卡尔保留了他45%的股份，之前股份的2.5%转入了“弗里德里希•弗利克基金会”，10%转入了“玛丽和弗里德里希•弗利克基金会”。根据父亲的建议，奥托-厄恩斯特再次将32.5%的股份直接转给了他的两个孩子，同时还需支付3500万马克的赠与税。由此，两兄弟在企业的地位意味着他们之间应该会出现新一轮的争执。奥托-厄恩斯特自己还剩下10%的股份，但是，他也可以这样认为，通过自己的孩子他还可以继续对整个集团产生影响。他的律师沃纳•利尔茨把这份协议称为“伟大的和平协议”。然而和平即将再次面临考验。

弗利克希望，未婚的弗里德里希•卡尔能将其35%的公司股份传给第三代，但是这个小儿子现在还没有孩子，因此弗利克要求建立一个基金会，由弗里德里希•卡尔的未来继承人所有。如果卡尔在以后没有孩子，那么这就将属于他的侄子和侄女，也就是奥托-厄恩斯特的孩子。这一切已经足够混乱，然而弗利克又继续添乱。随着新的股东协议生效，他想达到两个目标：一方面，他希望确保集团能够尽可能长久地生存下去，并寄希望于第三代；另一方面，他希望节省税款，因为从目前的情况来看，需支付的赠与税明显低于可能会支付的遗产税。这时又出现了一个问题，如果未婚的弗里德里希•卡尔将他的资产投入基金会，将会按照IV类税率上税，在这个时候他没有把财产留给自己的孩子而是赠与了他哥哥的孩子，这将花费家族1.14亿马克。弗利克因此产生了一个混乱的想法：弗里德里希•卡尔要收养奥托-厄恩斯特的长子，这样就可以节约7500万马克。按照弗利克的想法，一旦弗里德里希•卡尔有了自己的孩子，领养关系就应终止。在法律上，这种设想是完全不成熟的。奥托-厄恩斯特和妻子芭芭拉也大吃一惊，直接拒绝了这个提议，然而当这时卡尔要求奥托-

厄恩斯特一家应该至少先支付1.14亿马克的一部分时，他们就觉得这更加不可思议了。毕竟，他们将暂时从中受益。律师利尔茨说："这是伟大的和平条约带来的第一次震动。"然而争执过后，大家又言归于好，这主要是因为该条约至少对第二代来说是基本公平的，因为没有一个儿子可以通过在集团领导层的资产地位把另一个人挤出去。针对任何可能发生的争议，弗利克设立了一个仲裁小组，如果其中一个继承人违反了20条规定中的其中一条，那么仲裁小组就应发挥作用。因此，任何一个未来的弗利克集团老板都不允许擅自设立或出售分公司，或者认购超过1000万马克的债券。

和平协议也规定了各合伙人的收入。弗利克每年获得净收入500万马克，两个儿子必须要节省一点，他们每年可获得税后25万马克的收入。在集团内部职能方面，一切照旧。弗里德里希•卡尔留在杜塞尔多夫集团管理层，负责增长性行业，奥托-厄恩斯特管理吕贝克股份公司，即使过去了半年，他也没有看到一个可以在集团内进一步增强他影响力的好时机。马克西米利恩斯的总经理奥迪洛•布尔卡特想退休，奥托-厄恩斯特在战争结束的最后几个月已经开始管理工厂，并希望能够接替布尔卡特的职位，他有信心自己能够担负起双重重担，而父亲却对他没有信心。在父亲看来，由于空间上的距离和不同的生产规划，不能同时由一个人来管理两个工厂。他让奥托在吕贝克和马克西米利恩斯当中选择一个，奥托再一次感到失望。渐渐的他开始怀疑，父亲在继承人的问题上最终选择了弟弟卡尔，并且现在想阻止他的地位在集团内继续扩大。奥托-厄恩斯特不得不再一次服从。他几经犹豫后最终选择了位于上普法尔茨的马克西米利恩斯工厂，该工厂共有职工9000人，是吕贝克工厂职工人数的三倍。

但争执并没有就此结束。搬到巴伐利亚的事情还没最终决定，又因为南威斯特法伦钢铁厂股份公司的空缺职位分配有了不同的看法。父亲越来越顽固，他想再次让大儿子明白，集团内还是他说了算，于是他命令奥托继续留在吕贝克，而在这个时候，奥托对父亲的信任已经所剩无几了。1961年的新年前夜，一封寄到吕贝克的信函也摧毁了这最后的信任：弗利克在没有任何商谈的情况下又重新制定了新的股东协议，预先规定了对奥托-厄恩斯特的权利剥夺，新规定当然是有利于弗里德里希•卡尔的。弗利克制定这些规定当然是不成问题的，因为在1960年订立条约之前，他又一次强迫儿子把所有的支配权转让给他。

新的协议规定，在弗里德里希•弗利克去世后，普通合伙人只能通过90%的有表决权的股份被罢免。由于弗里德里希•卡尔拥有10%再加上他基金会的35%的股份，所以他一直在职。根据合同，奥托-厄恩斯特在父亲离职后可以再次升为普通合伙人，但也只是在理论上如此。然而，如果有“正当理由”，晋升在任何时候都可以予以拒绝。此外，集团老板有权随时从公司资本中拨出22.5%并将其转让给弗里德里希•卡尔。由此可以设想这样一种情况，弗里德里希•卡尔拥有67.5%的资产份额，并能够在几乎所有问题的得票数上胜过哥哥。而仲裁小组对弱势一方的潜在支持就没再提了。

律师奥托•克兰茨堡勒——他曾在纽伦堡审判中担任

海军上将邓尼茨的辩护人，也是弗利克家族最亲密的法律顾问——对此也担忧，他的朋友即当事人弗里德里希•弗利克会因此破坏两个儿子在法律上的同等地位。现在大家都不敢轻易暗示弗利克这种做法是不对的，因为这正是他的意图。不过，克兰茨堡勒在写给弗利克的一封信中，还是指出了要害问题："您没有重视到不良家族关系所带来的后果。"继盖尔森贝格和纽伦堡之后，这种人情世故的影响可能会对集团的生存造成第三次威胁。

父与子的对峙

奥托-厄恩斯特考虑了整整1个月。随后，他写了一封信给他"亲爱的父亲"："这份条约严重伤害了我和我的孩子们的利益。"父亲却干脆地回答道，他没有看到应该修改条约的理由。3月14日，为了避免再一次的决裂，奥托-厄恩斯特做出了最后的努力。在第二封信中他写道，"我对你和弗里德里希•卡尔的信任已经严重动摇了"，并要求对第二份条约中出现的可能对他不利的因素做出担保，而父亲认为没必要回信。下一封信是一封挂号信，儿子告诉他，"从现在起要放弃集团内的另一份工作"。父亲什么也没说。第二封挂号信直接从杜塞尔多夫地方法院第一商业法庭寄来。第二次失业的儿子针对以下几点提起诉讼：

•对新股东合同的修正决议应宣布无效。

•弗里德里希•弗利克滥用职权，应当撤回他孩子赋予他的全权委托权。

•集团母公司弗利克有限公司应根据德国《商法典》第133条解散，因为股东之间必要的信任已不存在。

核心内容是：奥托-厄恩斯特是希望把他的股份从集团中拿出来并由自己来经营。如果法官判他胜诉，弗里德里希•弗利克将变卖包括120多个子公司的整个集团，那么这个庞大的杜塞尔多夫集团将分崩离析。仅仅是由此产生的税收就会对公司造成巨大的经济损失，对成千上万的工人和员工的影响也是不可估量的。家族中的朋友们努力了几个星期，试图在最后时刻阻止一场法庭对决，但是没有成功。5月10日，儿子状告父亲的案件在杜塞尔多夫地方法院A144室开庭，文件号为18069562I。这次审判成为了媒体竞相报道的轰动事件。此次诉讼涉及的价值高达20亿马克，而集团的实际价值可能只比这个数额高出三分之一。到目前为止，德国经济史上还没有出现过类似的诉讼。

奥托-厄恩斯特试图通过诉讼获得最低10万马克的资本份额，这相当于公司资本3750万马克的不到0.3%。很大程度上来说他自己是没有钱的，因为在这之前父亲把他剩下的10%的集团股份也收回了。奥托-厄恩斯特想以低一些的争议价值来节省诉讼费用。父亲识破了他的意图，取得了第一回合的胜利。他把诉讼价值提高到两亿马克，诉讼费因此将高达130万，这些费用使得奥托-厄恩斯特不得不搬出他的子女们来救场。

《商法典》第133条规定，应股东的要求，如果有“重要理由”，法院可以解散公司。根据奥托-厄恩斯特的观点，这是由于“多次的失信”。他的律师利尔茨陈述说，奥托-厄恩斯特•弗利克是作为一个“勤勉的以及心系集团命运的人”而上任，然而父亲的固执却最终阻止了他为公司尽职尽责。相反父亲的律师把奥托-厄恩斯特看成是集团内一个“挑拨是非的人”，并用《民法典》第530条予以反驳。他宣称：“如果受馈赠者因赠与人的严重错误承受严重的冤屈，可以撤销赠予。”父亲因此要求归还赠与儿子和孙子的公司股份。对此，奥托-厄恩斯特又提出第二项诉讼，由杜塞尔多夫第三民事法庭受理。

1963年6月14日，商业法庭法官就弗利克有限公司的解散和1961年12月的股东合同合法性判决进行了讨论。他们在判决理由中对弗里德里希•弗利克取得的成就表示高度尊敬，他几乎是从一无所有建立起了他的商业帝国，而集团的分割会摧毁他毕生的事业。此外，作为整体的集团显然比单个子公司相加在一起更有价值，分割公司的要求被驳回。另一方面，法院裁定，弗利克在没有合伙人参与的情况下拟定的新股东协议基本无效。理由是：在集团创始人离职后，继承人的法律平等地位将受到危害。第一轮审理以父亲占微弱优势而结束，他暂时避开了最大的危险。针对审理结果，他的律师引用格哈德•豪普特曼在《日出之前》中的一句话来评论：“这是我没有想到的对我一生的加冕。”

在第二次民事诉讼中，父子俩的律师带来了六个大箱子和装有档案材料的七个厚皮文件夹。法庭上跟第一次审理时一样拥挤不堪，一部分听众不得不凑合站着，他们都是自费前来。律师利尔茨引用他的当事人奥托-厄恩斯特的话说，父亲“是一个独裁者，压制他，并且还试图阻止他获得晋升”。他对他当事人的情况进行了如下说明：“奥托-厄恩斯特虽然得到了财产，但是没有取得任何法律上的证明文件。”父亲的律师反驳道：“弗里德里希•弗利克虽然是出了名的强硬，但他从未在儿子面前表现。”然而，奥托-厄恩斯特仍然提出“解散起诉”，致使公司和家族的名誉遭到诋毁，这是他“严重忘恩负义”的最重要的证明。

1965年4月14日，82岁的弗利克得到了民事法庭的判决。奥托-厄恩斯特“因为他的忘恩负义应该受到斥责”并判败诉，因为他想摧毁父亲的事业，而他对公司的创立并没做出什么“重大贡献”。由此，父亲弗利克有权将赠与儿子的财产收回。同时民事法官也认识到，解除旧的股东协议是遗产分割诉讼的起因，并且至少这位“多疑和对权力敏感”的父亲没有想要引起什么纷争。鉴于奥托-厄恩斯特一直在集团任职，而且没有失误，法官同情地指出：“如果集团分割，原告的职业生涯也将毁于一旦”，这当然不能抵消他的过错。法院认为他“逾越了合理抵抗的界限”。一部分经济媒体人士却不这么认为。《南德意志报》认为这个判决是“旧约中的措辞和严厉”。报社编辑迈克尔•容布卢特哀叹“几百年在司法中普遍存在的对财产及其所有者的尊重”被看得比个人的权利还重要。

然而，这起戏剧性的事件还远没有结束。就在法庭宣判之后，奥托-厄恩斯特威胁要继续上诉。这起被家族和公众谈论五年之久的诉讼由联邦法院审理。虽然弗里德里希•弗利克胜算很大而且坚信在之后的几轮中能使判决对自己有利；然而，与儿子的争执给他带来了巨大的情感负担，他已经好几年没见到对他来讲非常重要的孙子了。奥托-厄恩斯特同样也没有什么兴趣，在成功的希望很小的情况下继续把官司打到底。格特-鲁道夫回忆说：“我们家在这个时候也耗尽了所有的财力。”1966年，母亲玛丽•弗利克去世了，她一直敦促要与儿子心平气和地达成和解。在临终时她又一次把丈夫和儿子叫来，希望他们要理智行事。奥托-厄恩斯特的妻子芭芭拉•弗利克也推动了丈夫与公公之间的和解，她成了冲突最终解决的一个关键人物。

作为马克西米利恩斯工厂第一位总经理马克思•哈勃的女儿，芭芭拉•弗利克也出生于一个重要的钢铁世家，在家里的男人们被关进监狱的那些年，她独自抚养了3个孩子。而弗里德里希•卡尔在那个时候还没有孩子。芭芭拉负责为家族传宗接代，因此她一直和公公交流想法。埃伯哈德•冯•布劳希奇说，她多次向弗里德里希•弗利克指出，如果弗里德里希•卡尔突然去世了并且还没有孩子，那么公司将面临危险。婆婆的结论是：“如果这种情况发生，集团将会支付巨额税收”。

当一家人还处在母亲玛丽•弗利克去世的悲痛中，律师奥托•克兰茨堡勒就已经为协调父子关系而拟了一份新的股东协议。《法兰克福汇报》在1966年9月10日报道：“根据9月9日达成的协议，自1962年以来的弗利克家族法律纠纷已终止。弗里德里希•弗利克与50岁的儿子奥托-厄恩斯特•弗利克达成补偿协议，奥托-厄恩斯特退出了弗利克集团的母公司——弗利克两合公司。据专家估计，现金补偿超过了1亿马克。根据埃伯哈德•冯•布劳希奇的说法，芭芭拉•弗利克为自己拿到一份“巨额养老保险”。3个孙子获得了将近三分之一的集团股份，但是是以一个奇怪的比例。格特-鲁道夫和弗里德里希•克里斯蒂安分别得到12.12%的公司股份，而孙女达格玛只分得了6.06%。这必定不利于奥托-厄恩斯特一家的和平。根据条约，在慕尼黑学习法律的两兄弟可以在年满28岁以后作为普通合伙人进入管理层，这个职位对他们长期有效。第二份和平条约使弗里德里希•弗利克支付了共计1.82亿马克的赠与税。这是一次很好的交易，正如后来所证明的那样。在弗里德里希•弗利克去世时，没有支付一芬尼的遗产税。

奥托-厄恩斯特将他的“遗产”一部分用于购买优质投资股票，另一部分则投到了北美和南欧的一些国家。在堪萨斯州，他连同牛群一起买下了一个巨大的牧场，又在法国和意大利买下了几个超级大农场。这个时候他已经疲惫不堪。公众长期以来都把他当作“忘恩负义的儿子”来看待。奥托-厄恩斯特是一个比较情绪化的人，却要试图以铁一般的纪律压制住自己的感受。即使是他的孩子也并不是一直无条件地与他站在同一阵线。将近40年后，弗里德里希•克里斯蒂安说：“祖父就像家族里的巨人，对父亲来说他没有什么行动空间。我曾经批评过我的父亲，而如今我敬佩他面对祖父所具有的勇气。如果他能感觉幸福一些就好了。”

不幸的是，奥托-厄恩斯特生不逢时。他希望在父亲的工厂里证明自己的能力，以便在适当的时机接手领导权，然而这个适当的时机没有到来。弗里德里希•弗利克在75岁时都依然身体健康、精神矍铄，不想停止工作。他认为集团内由大儿子煽动的关于继承人的讨论是对他个人的攻击，弗利克只想自己决定交出实权的时机。“弗里德里希•卡尔总是表现得比我们的父亲更机敏，他从来不说反对的话，只是静静地等待着，他等得起，因为他比父亲小十多岁”，格特-鲁道夫•弗利克说道。

冲突日益尖锐时，弗利克一直思考要把集团的命运交付给家族之外的人。第一个候选人是威利•施利克，他是讲英文的船坞工人的儿子，第三帝国灭亡时他与占领国保持着联系，战后他白手起家创建了一个小规模的造船基地，也许弗利克在他身上重新看到了自己的影子，但最终他还是决定不交给外人了。事实证明这个决定是正确的。几年后，施利克的集团在最为轰动的一场战后破产中倒闭。此外，百货公司老板赫尔穆特•霍顿也在弗利克考虑的候选人名单之列，10年后，他却成了德国最有名的逃税者。第3个候选人是卡塞尔亨舍尔工厂的总经理弗里茨-奥雷尔•乔治。然而他也跟税务局扯上了关系：20世纪60年代中期他在联邦总理艾哈德的一次晚宴后被捕。

弗里德里希•卡尔的支持者埃伯哈德•冯•布劳希奇认为，奥托-厄恩斯特是造成家族不和的主要原因：“在弗里德里希•弗利克出狱后并和他的手下卡莱奇一起接管整个公司业务时，奥托-厄恩斯特不得不接受自己的下属职位，但是却心有不甘。他多次反抗试图挣脱这个束缚，弗里德里希•弗利克察觉到了大儿子这种强烈不安的情绪，这对家族长期的整体发展很不利。”父亲和儿子本质上比他们承认的要更相像，对掌控权力的决心让他们俩变得偏执。儿子没有意识到他正在进行一场无望的斗争，这位老人从内到外都牢牢掌控着他的“第二帝国”，没有人可以从他手里夺走。

同样的，兄弟俩的关系也明显受到继承大战的影响。大战的导火索是弗里德里希•卡尔接替了哥哥在戴姆勒监事会的职位，奥托-厄恩斯特一开始就怀疑这是一场阴谋；卡尔甚至没有邀请哥哥来参加他与埃尔加•雷因堡的订婚典礼。很多人都在推测，为什么父亲最终把优先权给了小儿子。奥托-厄恩斯特最后用尽一切手段来证明自己，弗里德里希•卡尔则表现得低调谨慎，尽管后来《明镜周刊》和街边小报报道了弗里德里希•卡尔喜欢狂饮烂醉，而这在当时还没有人知道。根据与弗里德里希•卡尔私交甚好的经理汉斯-阿恩特•沃格斯的说法，这根本就不可能。卡尔喜欢安静悠闲地骑行去摩泽尔。如今一些家族成员认为，他是有意表现得低调，以此来保住遗产。也许弗里德里希•弗利克希望，小儿子事业心的缺乏比大儿子过分想证明自己的野心能更好地确保集团继续生存下去。如果真是这样，那么老人这次就彻底错了。

奥托-厄恩斯特离开公司之后，就消失在大众的视野中。在他去世前，只有一次关于他的报道引起了读者的注意：在他位于布德瑞的别墅里发生了一件令人费解的事。1970年7月，一辆警车停在他的别墅前，原因是有人被剥夺了行动自由。奥托-厄恩斯特家的女佣人向他请了假，因为她要跟未婚夫一起置办婚礼所需的东西。之后《明镜周刊》报道了此事：据23岁的警察长沃纳•泽森所说，女佣人的丈夫称，芭芭拉•弗利克女士在7月11日动手阻止他的未婚妻乌苏拉离开别墅和他一起去买家具。芭芭拉干脆把这位女佣锁在后房，并拔下钥匙，而且还用“混蛋”和“无赖”这样的字眼侮辱了她。”《慕尼黑晚报》使用了醒目的大字标题：“百万富翁监禁自己的女佣”。

1974年1月4日，年仅57岁的奥托-厄恩斯特·弗利克在梅尔布施[1]死于心脏衰竭，家族的仇恨似乎也给这个野心勃勃的儿子带来了身体上的伤害。奥托-厄恩斯特只比跟他打了半辈子架的精力充沛的父亲晚去世两年。

“他是一个虔诚的人，上帝会奖赏他。”

在妻子去世以及诉讼结束后，弗里德里希·弗利克退休回到他位于博登湖畔康斯坦茨的度假酒店，那个时候他已经位列世界富人榜第5位。此时离导致国防部长弗朗茨·约瑟夫·施特劳斯辞职的“《镜报》事件”已过去4年，康拉德·阿登纳已经退休3年，柏林墙也已经矗立了5年。弗利克一直关注着古巴危机以及刺杀肯尼迪事件。在德国的大学里，大学生们开始问他们的父亲在1933年至1945年之间都具体做了些什么。由库尔特-乔治·基辛格领导的大执政联盟统治着波恩。与弗利克的军备管理人员有着良好关系的弗朗茨·约瑟夫·施特劳斯又重新成为内阁成员，这一次他出任财政部长。纽伦堡律师、弗利克集团的全权代表沃尔夫冈·波勒担任了基社盟的名誉财务主管。

尽管弗利克的身体状况不佳——肺部和听力都出现了问题，然而即使到了八十多岁高龄他也不希望停止工作。

[1] 梅尔布施（Meerbusch），位于德国下莱茵地区，是北莱茵-威斯特法伦州诺伊斯县的一城市。

虽然他将日常业务委托给了弗里德里希•卡尔，但是在集团战略问题上他始终都亲力亲为。每天早上他吃完早餐、做完按摩后都会去林间散步，归来后他都要听取关于杜塞尔多夫集团中心日常运作的汇报；午休后，他有时会大声地对经理发出他的命令和指示；晚饭后，他还会花上两三个小时的时间处理弗里德里希•卡尔和科拉德•卡莱奇定期给他送来的档案资料。

孙子格特-鲁道夫和弗里德里希•克里斯蒂安也是康斯坦茨的常客。哥哥曾作为海军志愿军当了两年海员，而弟弟米克却没被选上。奥托-厄恩斯特认为，小儿子为此心情郁闷，于是送了他一辆保时捷；而相反，哥哥格特-鲁道夫却很肯定地说道："我弟弟也没有很伤心。"弟弟在维也纳商学院注册入学，成为一名大学生，但是他却对课程感到失望，于是就把商学院的学业撂到了一边。兄弟俩开始一起在慕尼黑学习法律。回忆起狂欢节舞会，一起去比萨附近的家族庄园以及在叙尔特岛的度假时光，兄弟俩都兴致勃勃："我们如同出笼的鸟儿，尽情地享受着自由的生活。弗利克这个名字人尽皆知，我和哥哥都是很自信的人。那时候成天就是派对和漂亮姑娘，还有老师在课上讲的那些精彩的法律案例。"弟弟弗里德里希•克里斯蒂安兴奋地讲述着当时的情景。他们不习惯待在家里，父亲用严格的方式教育他们，整理床铺和擦鞋之类的事都是他们自己做。全家人一起吃饭，没有人敢迟到，去舞厅是不允许的，每个周末他们都要徒步旅行到霍赫骚尔县。在慕尼黑，这两个来自德国最富有家庭的孩子每月都有1000马克的零花钱，并且哥哥"在月末仍然还能有一些剩余"。

无论如何，格特-鲁道夫更有上进心，跟他的大多数同学相比，这名海军少尉入学晚了两年，他要通过努力追赶上他们。

然而祖父却不喜欢孙子们的专业：“你们不必自己成为律师，完全可以雇一名律师。”他向孙子们解释道。而且每当林中散步时祖父都要给他们上一堂集团战略技巧强化课。与此同时，他也要求孙子们在进入集团之前，要在实践中学习和掌握一些必要的企业经济知识。完成学业后，如祖父所愿，大孙子格特-鲁道夫去到了杜塞尔多夫西蒙私人银行和纽约的欧洲美洲银行旁听。1971年5月，格特-鲁道夫以普通合伙人和执行股东的身份加入了弗利克有限公司。一年之后，弟弟弗里德里希·克里斯蒂安也加入了公司，在之前他已在欧司朗公司作为董事会助理积累了一些经验。

1972年，弗利克集团的在职合同员工达14万人，销售额达到130亿马克。弗里德里希·弗利克出任科隆大学、弗罗茨瓦夫大学和印第安纳州韦恩堡大学的名誉博士，柏林工业大学任命他为荣誉评议员。他戴着慕尼黑德国博物馆的金色名誉指环和巴伐利亚勋章。在他80岁生日时，从经济部长艾哈德手里接过了联邦星级十字勋章和肩带。克罗克纳家族、蒂森家族、福格勒家族以及鲁尔区其他的一些工业家们曾想尽办法阻止弗利克进入鲁尔工业区，但他却在激烈竞争中站稳脚跟，并证明了自己的集团是最强大的。1972年7月20日，在89岁生日不久之后，弗里德里希·弗利克在康斯坦茨死于支气管炎引发的心力衰竭。

据《世界报》报道，一周后有1000多人聚集在杜塞尔多夫舒曼大厅，与这位“德国最伟大的企业家”告别，其中包括内政部长汉斯-迪特里希•根舍，弗朗茨•约瑟夫•施特劳斯，路德维希•艾哈德和全国经济界的精英。德国工业联合会主席汉斯•古特•索尔表示：“他一直是有远见的以及成功的企业家代表，是我们未来经济发展道路的指明灯。”前总理艾哈德对此表示赞同：“真正的企业家不仅仅是以老套的经济回报为目标，在工业政策的观念上也能如此果敢，在个人生活方式上谦虚正派，他给我们树立了很好的榜样。”在说话中擅长运用文字游戏的赫尔曼•约瑟夫•阿布斯用以下方式总结了弗利克的一生：“弗利克（Flick）这个名字是勤奋（Fleiß）、忠诚（Loyalität）、富有见地（Ideenreichtum）、专注（Conzentration）和知识（Kenntnis）这些词的首字母的集中体现。”

弗里德里希•弗利克被安葬在他的出生地克罗伊茨塔尔的家族墓地，上千支橙红色的玫瑰装饰着那具朴素的橡木棺材。牧师再次对弗利克去世前捐赠的教堂管风琴表示感谢，并在结尾说了几句话：“通常只有伟大的人不需要祈祷和信仰。他是一个虔诚的人，上帝会奖赏他。”

弗里德里希•弗利克将他农民阶层的品质带入了大工业的世界。马克斯•克鲁克在他刊登于《法兰克福汇报》上的讣告写道：“农民式的家庭观念……要把所有的家产集中在一起，为子孙后代保留庄园。对于他所创建的一切，弗利克从没有过其他的想法。他把他的财产看作是整个家族的财产，并且要求，在家族内要按照他的准则和原则来共同管理财产，这是每个家庭成员理所应当的义务。”奥托-厄恩斯特提出解散集团的诉讼对弗里德里希•

弗利克来说就如同世界末日，当孙子们清楚地认识到集团是他们的毕生使命时，他才重新找回了内心的安宁，不过那时候孙子们还没预料到之后会与叔叔卡尔闹翻。

弗利克棺材前的演讲者巧妙地避开了家族纷争，但是弗利克和奥托-厄恩斯特之间的裂痕太深了，一直延续到他去世之后。在家族的讣告中，芭芭拉•弗利克与她的孩子格特-鲁道夫、弗里德里希•克里斯蒂安和达格玛怀着深深的悲痛、崇敬和感激之情与弗利克告别，唯独没有奥托-厄恩斯特的名字，他也没有出现在父亲的葬礼上。

五、在驾驶台上的弗里德里希·卡尔·弗利克

弗里德里希•弗利克逝世当天，在与国家的金钱博弈中他最后一次获胜。由于家族内存在长远规划的赠与模式，因此在他去世时，不需要支付任何的遗产税。然而，继承人之间再次出现了争议，而且这次争议被公开在大众面前。在讣告发布几周之后，《明镜周刊》刊登了一份复制版的秘密补充协议，该协议是弗利克在去世前两个月与他的两个孙子签订的。当着集团公证人迪特海姆•林德豪斯的面，弗利克规定，赋予拥有公司资产3.03%的弗里德里希•弗利克博士基金会在股东大会上的完全投票权，并任命格特-鲁道夫•弗利克和弗里德里希•克里斯蒂安•弗利克为董事会的唯一成员。两兄弟在协议上签了字且没有对外公布。

叔叔弗里德里希•卡尔•弗利克一直到遗嘱宣读时才得知他的权利被削减了，虽然他以12.12%的公司股份和由他

代表的两个家族基金会而拥有集团三分之二的多数资产。然而，在商业决策方面，股东的多数表决权才是起决定作用的。因为基金会、格特-鲁道夫•弗利克和弗里德里希•克里斯蒂安•弗利克现在共持有3票，与叔叔弗里德里希•卡尔•弗利克的持票数一样多（作为股东持1票，加上基金会的2票，共3票）。弗里德里希•卡尔•弗利克有理由怀疑：他被欺骗了。科拉德•卡莱奇召开新闻发布会声明："在此事上大家的观点是有分歧的。"前民主共和国的作家奥尔森引用了他的话："我们非常失望。"

弗里德里希•卡尔•弗利克立刻开始研究，他可以以何种方式合法驳回此项协议。从一开始形势就对他不利。给他那两个自信的侄子施加压力，让他们自愿放弃基金会投票权，无论如何都是无意义的。弗里德里希•弗利克有远见地加上了一条，即从法律上不能单方面退出秘密协议。

然而，弗利克集团内的相持局面只是一种理论上的可能。在家族控股公司中还有另外两名股东拥有席位和投票权：弗里德里希•弗利克生前的心腹科拉德•卡莱奇，他继续负责公司的财政和人事；以及作为没有资本参与的股东、雇主董事长奥托. A. 弗里德里希。两人都属于弗里德里希•卡尔•弗利克的阵营，然而这是老弗利克80岁时候的事了。如果他们离开公司会怎么样呢？弗里德里希•弗利克在他的遗嘱中又提到了另一个人：在附注中，他建议埃伯哈德•冯•布劳希奇作为普通合伙人重新回到弗利克集团。两年前，由于与青年时期的朋友弗里德里希•卡尔•弗利克存在分歧，冯•布劳希奇跳槽到斯普林格成为全权代表。老弗利克在遗嘱中给了他3个月的时间来做决定，即从宣读遗嘱的那天算起。

埃伯哈德·冯·布劳希奇在众多德国经理中是一个例外。他有近2米的身高和将近100公斤的体重，他举止得体，有着柏林人的机智风趣。冯·布劳希奇每次出现，总是能成为相机和大家关注的焦点。高中毕业后，他曾想当一名记者，但是后来去到了美因茨学习法律专业。他曾以法律学者的身份在汉莎旗下的神鹰航空公司工作。1960年7月1日，弗里德里希·卡尔·弗利克在与父亲协商后，让他来到了集团，但没有给他分配具体的职责。在与哥哥奥托-厄恩斯特发生家庭冲突的情况下，弗里德里希·卡尔·弗利克更希望身边有昔日好友的帮衬。直到今天冯·布劳希奇都被看成是非常忠诚的人，几年之内他就晋升为集团的经营合伙人。然而，他凭借仪表堂堂的行为举止，使得集团继承人弗里德里希·卡尔·弗利克跟他比起来显得越来越黯然失色，很快他就成了集团的代言人。在一些实质性问题上两人的分歧越来越多，包括戴姆勒高层的人事安排。冯·布劳希奇尤其青睐不安分的汉斯-马丁·施莱尔，他希望全力推进领军行业的扩张。弗里德里希·卡尔·弗利克则寄希望于谨慎的约阿希姆·扎恩，据说在背后出现了多次不愉快的场面。最终，冯·布劳希奇于1970年请求离开集团，离开原因是因为一件小事。《世界报周日版》刊登了冯·布劳希奇的一张和蔼可亲的肖像，并配上标题“权力顶端的男人”。这已经不是第一篇引导公众相信在弗利克集团内是经理而不是继承人握有话语权的文章了。弗里德里希·卡尔·弗利克给集团所有股东写了一封言辞激烈的信，最终埃伯哈德·冯·布劳希奇与阿克塞尔·斯普林格集团签署了一份出任首席全权代表的五年合同。

弗里德里希•弗利克在他的遗嘱里耍了两面派，因为孙子格特-鲁道夫•弗利克和弗里德里希•克里斯蒂安•弗利克在遗嘱启封时才得知对冯•布劳希奇的此项提议。而弗里德里希•卡尔•弗利克在父亲去世前就已经得知，之后卡尔通过新闻发布会告知，弗里德里希•弗利克和他一致决定给予冯•布劳希奇重回集团的选择权。集团的观察员对这种说法表示质疑。冯•布劳希奇已经离开集团两年了，这个提议意味着可能存在的对大股东地位的削弱。“两个侄子与回归者冯•布劳希奇联合可以排挤掉他们的叔叔”，《明镜周刊》对此评论道。虽然这只是在两名老股东卡莱奇和A. 弗里德里希离开之后才会出现的情况，但不禁使人产生了一种推测：这项人事决定是父亲对小儿子不信任的表示。那时候冯•布劳希奇46岁，显然，弗里德里希•弗利克希望高层经理人士的专业经济知识可以保护集团利益不因儿子的错误决定而受到影响。

对冯•布劳希奇来说，这不是一个简单的决定。在两年的时间里，他已经与阿克塞尔•斯普林格集团建立了良好的联系。一位知情者向《时代周报》透露，冯•布劳希奇对德国经济界中的任何领导职位都不感兴趣，而弗利克集团提供的领导职位除外。不出所料，埃伯哈德•冯•布劳希奇在几个月后又回到了杜塞尔多夫集团总部。

“海员不应该回头看”

1972年是世界政治关系破冰之年。美国和苏联签署了关于限制战略武器的第一份《削减战略武器条约》。理查德·尼克松成为第一位出访莫斯科和北京的美国总统，并于11月再次当选。中日两国建立外交关系，正式结束了自1937年以来的战争状态。欧洲经济共同体和欧洲自由贸易联盟签署了一项自由贸易协定，以进一步推动欧洲内部国家的商品流通。第二次世界大战中的四个战胜国签署了《西柏林协定》，缓解了西柏林与联邦德国的交通联系。勃兰特政府的新东方政策在内政上唤起了内心的情感。基民盟议会党团主席赖讷·巴泽尔在第一次宣读促进与民主德国和东部邻国关系正常化的《东方条约》后，也首次在联邦共和国历史上对总理进行不信任案投票。而反对派阵营中缺少两票。如今似乎已证实，民主德国国家安全侦查总部收买了两名基民盟议员，以此来确保勃兰特的总理职务。然而，社民党议会党团主席赫伯特·韦纳是否也通过金钱来确保自己的多数票也尚不清楚。

新一轮选举安排在11月。维利·勃兰特的竞选活动是由他的私人政治助理君特·纪尧姆组织的，他是斯塔西（前东德国家安全部）的“和平侦察员”。选民用对勃兰特-谢尔政府的支持并使其在大选中获胜来证明了政府东方政策的正确。1972年12月21日，联邦共和国与德意志民主共和国之间的基本条约生效。由此，关系正常化在“睦邻友好”的意义上有了法律形式。两国互相承认，并同意设立“常驻代表”。赖讷·巴泽尔承担了政治失败的后果，并宣布了他的退出，接任他反对党领导人位置的是赫尔穆特·科尔，埃伯哈德·冯·布劳希奇与他保持了友好的关系。

通过与祖父签订的秘密协议，格特-鲁道夫•弗利克和弗里德里希•克里斯蒂安•弗利克的实力得到增强，他们带着极大的自信开始了在集团的全新使命。两人住在杜塞尔多夫的高档公寓里，无论是街边小报还是左倾报刊都时不时报道一些兄弟俩的纸醉金迷的生活，有人羡慕，就有人嫉妒。这两位弗利克集团的继承人，至少在目前都找到了他们自己的幸福。格特-鲁道夫•弗利克与约翰娜•祖•塞恩•维特根施泰因公主结了婚，她是俾斯麦宰相的曾孙女；弗里德里希•克里斯蒂安•弗利克与西班牙摄影模特伯爵夫人安德烈•德•波塔戈缔结了婚约，她是西班牙赛车手阿方索•马奎斯•德•波塔戈的女儿；妹妹达格玛也在与一名贵族交往，从那以后她就叫做维兹图姆伯爵夫人，她的丈夫在图宾根任大学讲师。贵族圈中有人这样嘲笑："成为弗利克家族的一员是给自己的徽章镀金的最快途径。"

尽管拥有生活美好的一面，格特-鲁道夫•弗利克和弗里德里希•克里斯蒂安•弗利克仍是勤奋而且有雄心的。两人之间不存在权限之争，因为一个把精力放在商业上，而另一个则关注他企业家的主要任务。家庭的传统是尽可能让私人和商业领域的事不受公众影响，而与之相违背的是，弗利克的孙子们毫不掩饰他们的野心："这些遗产作为一个无生命的产物并不会吸引我。而相反，我更多看到的是对于完成一个有意思并且责任重大的终身事业的机会。……在我看来，仅仅关注怎么对遗产进行消费的生活是没有任何意义的。"弗里德里希•克里斯蒂安•弗利克在1973年3月告知《明镜周刊》的读者，距离他的祖父作为商业学徒开始他的职业生涯已过去了70年。他的哥哥补充道："真正的企业家与那些花花公子资本家或其他在金钱交易上不负责任的人确实存在着明显的区别。"

如果侄子们能给叔叔弗里德里希•卡尔一个更为轻松的职位，他一定会更高兴。在美国格雷斯的见习期满后，他也真正开始"在前线"崭露头角。父亲弗里德里希•弗利克不顾他的意愿把他从慕尼黑派到了韦茨拉尔的布德鲁斯公司，该地区至今还有"黑森州西伯利亚"之称。弗里德里希•卡尔远离了他的朋友，在条件很差的公司宿舍里住了六个月。在埃伯哈德•冯•布劳希奇回到集团之后不久，格特-鲁道夫和弗里德里希•克里斯蒂安不得不断定，集团内的权力结构并没有真正朝对他们有利的方向发展。在50年代时据说打了弗里德里希•卡尔一个侮辱的耳光的"叔叔"卡莱奇和奥托. A. 弗里德里希，其实是集团主要持有人即他们的叔叔的可靠支持。而冯•布劳希奇很快也澄清，他忠诚于卡尔，而不是奥托-厄恩斯特的后代。

凭借背后有可靠的大多数股东支持，弗里德里希•卡尔提出两个新口号，一个是："海员不应该回头看"；第二个口号："对投资的资本进行新投资是必要的"。弗里德里希•弗利克把一个运转良好的集团交给了下一代。在20世纪50年代和60年代初期进行大规模收购之后，公司资产进一步巩固，很好地填补了"小金库"。为什么要重组？经济环境确实令人担忧。在经过近20年的持续发展后，这个经济奇迹国家不得不应对第一次经济危机的来临。

1973年10月，赎罪日战争[1]爆发。阿拉伯国家将石油作为武器投入使用，并宣布削减原产量。作为对策，西方国家开始抵制石油生产国，特别是那些反以色列的国家。最初，合理的价格走高导致了囤积，市场变得不稳定，阿拉伯国家继续减少供应，石油价格在2个月之内翻了两番。

石油危机在一个不利的时机也影响了联邦德国。在社会自由联盟的领导下，1971年经济增长从8.7%下降到了2.7%。1973年，经济增长了0.5%，而两年后又下降了3.5%。通货膨胀率约为7%，失业率几乎每年翻番。1974年，在德国有近60万人失业。尽管在当时有“无车星期日”[2]的规定，政府和人民还是缺乏适当的危机意识。威利·勃兰特推行了雄心勃勃的国内改革政策，工会继续将加薪标准提高到10%，以此来平衡高通胀率。这两者都使公共财政负担沉重，德国陷入了债务危机，在很长一段时间内都没能从中摆脱出来。

在弗里德里希·卡尔·弗利克和他的总管冯·布劳希奇看来，弗利克集团也在面临着预算危机。公司没有足够的流动资金来进行必要的现代化改造。家族中大大小小的希望避免高息债务的公司，可以或者只能从现金流中，即从实际利润中为投资提供资金。而股份公司具有更大的财务灵活性，因为他们可以暂时让股东承担风险或动员股东投

[1] 赎罪日战争：即第四次中东战争。

[2] 无车星期日：“无车星期日”这个词在1973年第一次石油危机期间被广泛使用。为了应对石油危机，西德采取紧缩措施，并且根据1973年11月9日推出的“能源安全法案”，规定了总共四个无车星期日以及速度限制。

资。弗利克集团的家族资本的很大一部分都与那些只支付小额股息的公司捆绑起来，例如，集团在戴姆勒-奔驰公司资本的39%的股权在扣除财产税后生息不到1%。如果说奔驰公司是德国工业生产界的一颗明珠，那么每个邮局储蓄存折却能生出比这更多的利息。同时，费尔德米勒，布德鲁斯和诺贝尔炸药公司也有巨大的资本需求，仅仅在费尔德米勒公司就需要一个价值3亿马克的新造纸厂。布德鲁斯的负责人则要求至少要投资1.5亿马克，以保持竞争力继续进行生产。这是德国经济史上最轰动的股份交易的开始，在另一方面这又应归属于联邦共和国政治史上最大的丑闻之一。

“结束的开始”

1974年圣诞节后不久，在马略卡岛上的福门托尔海滩，在度假住所的总理夫人洛基•施密特还没打开行李箱，电话就响了。财政部长汉斯•阿佩尔要求立刻与总理谈话，因为他有一个涉及国家利益的紧急消息要传达：“伊朗国王巴列维想要购买弗利克家族的戴姆勒-奔驰股份。”赫尔穆特•施密特马上就反应过来：“这已经越界了。”阿佩尔接到总理的命令，无论如何要阻止这场交易。然而政府并没有采取法律行动。当时也没有禁止向外国投资者出售股份的规定。但据说经济部长汉斯•弗里德里希斯已从国家的角度对他的老相识埃伯哈特•冯•布劳希奇进行了规劝。

坊间一直有流传，弗里德里希•卡尔•弗利克在为他的戴姆勒股份寻找买家。这些股份的市值约25亿马克，是1958年的市值的16倍。但是潜在的买家是有限的。20世纪70年代中期，在欧洲的汽车制造商中没有一个能筹措到这样一笔资金。美国的企业家们联合起来反垄断，日本企业家正在为提升本国品牌的国际竞争力忙得不可开交。另一方面，中东自石油危机以来已形成庞大的资金储备，阿拉伯人和波斯人正抱着炫耀的目的寻求投资。哈拉尔德的遗孀英格·匡特——继弗利克和德意志银行之后的戴姆勒第三大股东，两个月前以10亿马克的价格向科威特出售了她14%的股份。德累斯顿银行行长尤根·波投促成了这笔交易。德意志银行首席执行官弗朗茨·海因里希·乌尔里希斥责道："真是一件不可思议的事情，简直难以置信。"

1975年1月3日，弗里德里希·卡尔·弗利克前往圣莫里茨，向正在那里滑雪度假的乌尔里希告知，他也想出售戴姆勒的股份。伊朗国王沙阿给出了高出股市20%的价格，约达30亿马克。沙阿大刀阔斧地推动了波斯的工业化革命且成效显著，并为德国企业提供了一些利润丰厚的大型合同，所以他和妻子索拉娅公主在德国很受欢迎。然而，如果科威特王室和德国的盟友伊朗结盟，那么他们在施瓦本地区的企业中就拥有发言权。德意志银行需要两天的时间，利用政府的支持来提交有竞争力的报价。德意志银行接受了沙阿的价格，但只购买了29%的股权，买入价格为20亿马克，弗利克家族保留其10%的股权，弗里德里希·卡尔·弗利克对此表示接受。两周之后，德意志银行于1975年底签订了价值2 031 238 725马克的购买合同。施密特总理松了口气："无论是戴姆勒-奔驰的员工，还是德国经济目前在世界上的地位，还有我们的自尊心都不能允许我们将股份卖给伊朗。”《图片报》则用略带外交式的口吻描述道：“太棒了！梅赛德斯从阿拉伯酋长手中得救了！弗利克集团和德意志银行已经向阿拉伯人展示了他们如何做到这一点。所有的员工可以放心了。”

然而，这次交易在弗利克集团的股东中引起了争议。像以往一样，他们按照老弗利克的意志对公司的每一个决策进行了探讨。弗里德里希·弗利克总是和公司有着不同的观点，这里并不掺杂感情色彩，因为公司已经不再适应这个时代，不再适应康采恩的管理模式了。与所要投入的资本金额相比，不到1%的收益率是无法让人接受的，并且由于石油价格的上涨，汽车制造行业已不再是一个朝阳产业。随着世界经济的联系日益紧密，弗利克集团有限公司几乎一直都只是一个德国式的企业。如果顺应国际化的发展，企业可以更好地分散经营风险，并且开拓新的、更有前途的领域。

本来这听起来是很有说服力的。不过，在与戴姆勒谈判的准备阶段就能看出格特-鲁道夫·弗利克和弗里德里希·克里斯蒂安不同意叔叔的路线。埃伯哈德·冯·布劳希奇的回忆录写道：“在所有的商讨中，他们始终拒绝减少戴姆勒股份；家族向来都在戴姆勒有投资，这是绝不能放弃的。”出售3周之后，集团通过新闻发布会告知了分歧导致的最终结果：“弗里德里希·卡尔·弗利克博士一方与另一方格特-鲁道夫·弗利克博士、弗里德里希·克里斯蒂安·弗利克博士及他们的妹妹达格玛·维兹图姆伯爵夫人已对他们退出弗利克有限公司达成一致。退出的股东一方可以得到现金补偿，根据当事人的意愿可以不对补偿的金额予以披露。”

在出售戴姆勒的股份之后是迟来的遗产分配。1周后，格特-鲁道夫·弗利克和弗里德里希·克里斯蒂安接受了《时代周报》的专访，与他们的父亲不同，他们遵守不向外界透露家庭纠纷的家族传统。在回答戴姆勒股份是不是违背了他们的意愿而被低价卖出这个问题时，弗里德里希·克里斯蒂安的官方说法是：“作为弗利克集团的经理，我们已经尝试了，并成功地客观解决了这些问题。如果出现实质性的争论，也会试图去客观地解决它。在戴姆勒的交易上也是如此。”30年后，哥哥格特-鲁道夫描绘了一幅不同的画面：“当时我们很激动地说道：现在叔叔开始卖戴姆勒的股份了。这是结束的开始。”哥哥毫无疑问地说道：“戴姆勒就是一个实例。叔叔甚至不知道该把这么多钱投在哪里。集团不是现金管理处。”此外，首席技术官汉斯-阿恩特·沃格斯当时也看出，弗里德里希·卡尔根本没有战略能力。如今他回忆道：“永远也不会有人向我说明出售戴姆勒-奔驰股份的意义、目的及逻辑。”因为这位首席技术官错过了一个“跨企业的发展战略”，正如弗里德里希·弗利克一直追求的那样，“弗里德里希·卡尔更倾向于保守资产管理的理念，而不是依靠基于现代化和合理化的政策”。

出售戴姆勒几个月后，弗利克集团又以1000万马克的价格把吕贝克的冶炼厂出售给了美国钢铁巨头美国钢铁公司。1976年，艺术品拍卖商鲁道夫·诺伊迈斯特建议将马克西米利恩斯冶炼厂卖给克罗克纳。这笔交易分两步进行。首先，上普法尔茨钢铁锻造厂51%的股份以1.37亿马克的价格转让给克罗克纳，其余的股份应在两年之后以1.33亿马克移交。这意味着，除布德鲁斯公司外，弗利克有限公司把所有重要的钢铁子公司都卖掉了。冯•布劳希奇说，集团在20世纪80年代一点点把自己拆分了。沃格斯更是感觉，集团开始变卖家产了：“弗里德里希•卡尔总是可以让家产变现。如果可以及时拿到钱，就不需要采取任何外交手段。”君特•马克斯•帕夫根是这条路线的坚定捍卫者，他是卡尔除冯•布劳希奇之外的最亲密的朋友。帕夫根曾在弗里德里希•弗利克手下从基层干到了总经理，因为懂外语，他负责海外业务。与“叽喳”沃格斯一样，帕夫根也有一个比较孩子气的绰号“小歪”，因为他的头总是微微地斜着。很快，“小歪”就成为弗里德里希•卡尔解决任何问题的贴身顾问，最后卡尔把他提拔成股东。1980年，冯•布劳希奇解了帕夫根的职，据《明镜周刊》说，因为他“做了几笔自己的买卖”。

1975年1月，各大报纸的财经编辑纷纷猜测：为什么弗利克集团没有把所有戴姆勒的股份卖给沙阿国王？部分左派媒体认为，这位喜欢轻歌剧的国王可能对这家在斯图加特的公司根本没有兴趣。他们想起了当年关于盖尔森基兴矿山的交易，当时老弗利克和死敌法国人谈判，但是最后却以高价卖给了德国政府。为了逼德意志银行出手，弗里德里希•卡尔也用了类似的手段吗？戴姆勒的老板约阿希姆•扎恩几年后对这种说法作了更正：“那些把沙阿国王的意图作为施压手段而传播出来的所有传言都是不切实际的。沙阿已经亲自向我证实了他当时是感兴趣的。”如今，没有人有理由质疑扎恩的说法。第二个猜测是关于奥托-厄恩斯特的孩子们离开集团时所得到的补偿金额。几周的时间里，来自财务部门的“20亿”这个数字一直在流传，因此很快许多编辑就肯定，弗里德里希·卡尔为了摆脱麻烦已经变卖了戴姆勒股份。即使在今天，“叽喳”沃格斯也说：“格特-鲁道夫·弗利克和弗里德里希·克里斯蒂安都是聪明的家伙。老先生希望他们能在公司得到属于他们自己的机会，说不定这也有利于公司的进一步发展，但是弗里德里希·卡尔一步步地将他们隔离并最终将他们撵走。”如果细看就能马上明白，20亿马克的数额显然定得太高。如果弗里德里希·卡尔直接将出售戴姆勒股份的所得收益转交给两个侄子和侄女，那么仅仅只会产生2.5亿马克的税。

格特-鲁道夫和弗里德里希·克里斯蒂安接受《时代周报》的采访时说道，即使没有出售戴姆勒的股份，集团也能负担这些补偿金。弗利克有限公司当时的流动资金约有5亿马克。冯·布劳希奇估计他们3人的补偿金额会达到3亿马克净额，这个数目似乎是符合实际情况的；最后，他为弗里德里希·卡尔主持了一场谈判。芭芭拉·弗利克的哥哥卡尔·拉贝代表奥托-厄恩斯特一家进行了谈判。弗里德里希·卡尔首先提出了实物赔偿，但是遭到了3人的拒绝，因为他们担心这会产生重组整顿的风险；没有集团资金支持这没有任何意义。之后格特-鲁道夫·弗利克和弗里德里希·克里斯蒂安一再强调，他们绝不希望因为补偿金的缘故让集团的生存受到威胁。没有资金亏损，净额3亿马克，也就是加上税等其他费用总额约4.5亿马克是可行的，而且，这笔钱为兄弟俩提供了大量的机会去开创新的事业。

“我们不想靠这些财产生活，我们只希望在德国工作，而不是在巴哈马群岛或是其他什么地方。祖父一直告诉我们：‘鞋匠离不开自己的工具。’人们应该去干自己在行的，而不是去干不懂的事。我们是在德国成长为企业家的，对国外的情况不太了解。纳税只是需要考虑的一个方面。”在与叔叔协商之后，格特-鲁道夫•弗利克这样解释道。不久之后，两兄弟就和母亲芭芭拉搬到了瑞士。这些资产在卢塞恩的琉森湖可以比在德国税务局得到更好的管理。在卢塞恩的班霍夫大街，兄弟俩搬进了一个舒适的办公室，许多瑞士投资顾问催促他们重新整理资本和投资。要加入这个城市的豪华高尔夫俱乐部不太容易，但他们自己的业务运作得不错。他们创立了名为“弗利马克”和“格拉克”的股份公司，后来改为“弗利马克思”和“格拉尔”，主要为了管理他们的资产。他们投了很大一笔钱到得克萨斯州的商业地产，还投资了一些中等规模的制造企业，比如康涅狄格州的一家牙科配件制造商。此外当然还有父亲奥托-厄恩斯特的遗产，其中包括堪萨斯州的牧场。同时，格特-鲁道夫•弗利克还在寻找石油的投资机会。

同样，弗里德里希•卡尔•弗利克也很满意，他喜欢用自己航海的画面来展现集团良好的状况，这次也是如此。现在他终于是“独自坐在驾驶台上了”。《世界报》对此赞许道：“弗里德里希•卡尔•弗利克，48岁，是最后一位大型私营企业的持有人。赫尔穆特•施密特的一些年轻员工喜欢给他加上一个绰号‘化石’。他在杜塞尔多夫-奥伯卡塞尔的房子没有门铃，屋顶上贴着石板白砖，墙上挂着阿肯巴克的油画，书架上摆放着《静静的顿河》，花园里有金鱼池塘，还有玻璃游泳池。”很快，弗里德里希•卡尔•弗利克就会告别这种中上层阶级的宁静生活。

“像一个瘾君子……”

1975年是弗里德里希•卡尔•弗利克生命中的转折之年，他摆脱了戴姆勒股份的束缚，也甩掉了两个侄子。私生活方面，种种迹象却指向“分崩离析”。60年代中期，弗里德里希•卡尔与第一任妻子埃尔加•雷因堡的婚姻只维持了3年，她是一名来自慕尼黑的高级中学毕业生，结婚时才19岁。1967年，弗里德里希•卡尔第二次承诺了永恒的忠诚。在施蒂利亚州的一次打猎中，几乎像电影情节里演的那样，弗里德里希•卡尔与来自上普法尔茨的林区主任的漂亮女儿厄休拉•鲁瑟相识了，她的质朴和能干深深地吸引了他。据说那时候老弗利克还曾在博登湖边的公寓里尝试着教他的儿媳如何看懂资产负债表。婚后他们育有两个女儿，亚历山德拉和伊丽莎白，分别出生于1968年和1973年。8年后，这段婚姻关系也破裂了。女儿判归厄休拉•弗利克所有，厄休拉得到了750万马克的补偿金，并改嫁给了指挥家卡拉扬团队的一位喜爱社交的电影商人。弗利克似乎不怎么怀念他的第二段婚姻。在一次采访中他说他前妻很唠叨：“我不喜欢一回到家就有人向我问一堆问题。”

在婚姻的最后几年里，弗里德里希•卡尔因为奢华浮夸的生活方式越来越成为报纸八卦专栏的报道对象。1975年离婚后，他真的有一些狂躁。“有时，弗利克集团的一群人像部落野蛮人一样去到他们常去的饭馆。”报社的记者这样报道。弗利克集团的成员组合有些滑稽，包括滑雪教练、猎人、保镖、时尚裁缝和其他常去迪斯科的人，除艺术品拍卖人鲁道夫•诺伊迈斯特之外，慕尼黑老派对明星詹姆斯•格雷泽和方济会初级厨师埃迪•雷因堡也属于他们的团体。除了坦特里斯和奥伯吉娜米其林餐厅之外，弗兰西斯卡那也是他们经常去的餐厅。至今他仍然很喜爱喧闹的巴伐利亚式的惬意生活和丰盛的食物。由于疲惫不堪的身体状况他已经不能像过去那样再喝那么多的啤酒了。在20世纪70年代后半期，他和朋友们都非常享受圣诞节前的“惬意小聚”，有时能狂欢畅饮长达30多个小时，这个德国最富有的私营企业家一再以他惊人的酒量给人留下了深刻的印象。在狂欢宴上，他刻意展示自己的男子气概：在屋顶的吊灯上做引体向上，把啤酒倒在昂贵的翅形杯中，有时还会损坏一两件家具来展示自己的强壮。当这个“壮汉”奋力一击时，便是一种特殊的乐子，他可以徒手把一个放在桌子上的大啤酒杯连同桌子一起劈碎。这帮人根本不用担心哪家餐厅不让他们进，弗里德里希•卡尔•弗利克会为这一切买单，而且当这个亿万富翁下一次又甩出几张千元大钞时，餐厅老板们还是很高兴。

每当朋友们在派对上一次喝光“2000支小啤酒”，负责买单的弗里德里希•卡尔总是很高兴。当他在啤酒帐篷“弩弓射箭”，跟着巴伐利亚进行曲的节奏挥动着指挥棒时，比任何时候都快乐。在迪斯科舞厅，他偶尔会播放进行曲来把舞池里的人赶走，然后再通过请全场人喝酒来补偿那些年轻人。《明镜周刊》以嘲讽的口吻写道："父亲弗里德里希·弗利克是挣钱的天才，他的儿子却在花钱上很有天赋。"《明星周刊》补充道："人到中年的时候应该做决定，而不是约小姑娘。"

"像一个瘾君子一样。"《明镜周刊》写道，"弗里德里希·卡尔·弗利克每年都会为他奢侈的生活花掉两三千万马克。"如果他喜欢，就可以安排一个8人小型乐队专程从墨西哥飞来。修理一辆奔驰300 SL他可以随随便便就花掉25万，《汽车与运动》杂志甚至还把他当作封面人物。更为昂贵的是，他那长达63米的"黛安娜2号"游艇在地中海上航游至少要花费2000万，他把沙特统治者哈立德的巡洋舰当成自己的榜样。要是他想在船上吃到某一种浆果，就会派人直接空运过来。如果去南美洲办事，他会把那些名贵的葡萄酒专门运到南美洲。弗里德里希·卡尔喜欢穿着达豪传统服饰，他让他最中意的裁缝马克斯·迪特尔做了6套新西服，在每一个住所都放上一套。在哈里的男装店里他一次性订购了80件毛衣。"他太有钱了，可以买下他想要的一切"，慕尼黑的老友这样评价他。

弗里德里希·卡尔·弗利克不仅仅在啤酒馆里展示了他"惊人的身体素质"，一直以来他都是一名出色的耐力运动员。网球、滑雪和山地远途等运动让他抛开了沉闷的日常工作，不过他最爱的还是狩猎。在他继承的位于施蒂利亚州的狩猎场和新收购的靠近匈牙利边境的尼克尔斯多夫狩猎场，打猎专家每年在繁殖的季节都会培育16000只雄松鸡和成群的赤鹿。这个在20世纪50年代就拥有奥地利护照的集团老总会和他的知名私人顾问团一起飞去那里，他雇佣了半个村庄的人当围猎者，并显示了他作为射手的能力。他在非洲猎狮，在美洲或慕尼黑的奥林匹克射击场猎熊，以此来训练自己的射击精准度。他早就把诺贝尔炸药公司租给了射击场。

为了弗里德里希•卡尔的工作和娱乐日程安排，两名飞行员和一架法国“神秘”型私人喷气机会全天待命。在过去的几年中，除了父亲留下的地产——巴特特尔茨的农场和维尔德巴特克罗伊特的农舍之外，卡尔又买下了巴黎的一座城堡、蔚蓝海岸的一幢别墅以及纽约的一套豪华顶层公寓。作为“莱福德礁俱乐部”的成员，他可以在巴哈马群岛休息放松。他的朋友赫尔穆特•霍顿、摩根•费尔斯通、亨利•福特和约翰.F.亨西都属于这个俱乐部的成员，也是他巴哈马群岛的邻居。

1980年初，弗里德里希•卡尔为他在慕尼黑的新住所举行落成典礼，这座有着亚洲建筑风格的房屋甚至都可以作为詹姆斯•邦德系列电影的取景地：600平方米的居住面积，还有据说能经受住机关枪猛烈扫射的防弹玻璃，游泳池，以及配有电源和自动装置的核掩蔽所。二十几个保镖保护着这所房屋和它的主人，并且由一个在越南战争中被授予勋章的军官担任保镖队队长。落成典礼上整个慕尼黑的上层社会都前来庆祝，还竞相猜测这套地产的价值。《慕尼黑晚报》估价为2800万，弗利克发言人曼弗雷德•基塞韦特含糊地否认：“这个数额不对。”

群龙无首的集团

“人们只有像祖父那样鞠躬尽瘁才可能领导好一个集团”，如今格特-鲁道夫•弗利克这样说道。从他的面部表情中也可断定他指的是谁。当整个集团最需要有一个头脑清醒的领导人时，弗里德里希•卡尔•弗利克还处于他的第二个青春期。凭借出售戴姆勒股份获得的收益，集团本应该要重新定位。在杜塞尔多夫集团总部，埃伯哈德•冯•布劳希奇、汉斯-阿恩特•沃格斯和金融专家克劳斯•戈特开始计划制定新的集团战略，获得报价，并与潜在的合作伙伴商谈，但是却很难获得老板的最后决定。《经理人》杂志对此写道：“为了维持企业运转，不断有人携带着一个需要签字的文件箱来回奔波。”文章的标题为：群龙无首的集团。如果弗里德里希•卡尔又去休闲度假了，这些工作事务就不得不被搁置，不过即使他坐在慕尼黑的家庭办公室桌前，也不能做出什么明确的决定，拖延和犹豫成了卡尔的工作作风，这让杜塞尔多夫的经理们非常生气，同时也感到担忧。对于公众的批评和指责，弗里德里希•卡尔•弗利克依然反应过激。在《经理人》杂志刊登出文章之后，他让一家媒体代理机构调查这些消息的来源。最终，杜塞尔多夫领导层不得不写一封读者来信向杂志社说明：“这篇文章是我们自己写的，没有请教任何人，也没有他人的参与。”这封信又让弗利克集团后院起火，商业记者把它当作集团内部不和谐的新证据。

1976年1月1日，有大约19亿马克汇入弗利克两合公司的账户。理论上，戴姆勒收益是公司的营业利润，但同时还需支付62%的税。不过，税收法提供了两种可以免除税务的特殊情况：第6b款所得税法和第4款外商投资法。第一条规定，如果“联邦经济部长与财政部长和州政府指定的机构能够达成一致并证明，股份收益在考虑到转让股份的情况下，从国民经济角度特别促进和适宜改善一个经济行业的企业结构或者有利于广泛的财产分配，在这种情况下，出售股份公司股权的所得利润可以予以免税”。外商投资法规定的方向与之相同。如果在海外投资时，“股份收益在考虑到转让股份的情况下，在经济上特别促进和适宜国际分工或者加强全球经济一体化”，在这种情况下，出售股份所得的利润不用上税。用通俗的话说，即如果一个企业家将他的资产转化为国民经济收益，他就不必对出售所得的收益缴纳税款。这也适用于国内外的新投资。然而，这样做的条件是，出售股份和追加股份必须有益于国民经济，并且两者之间相隔不超过3年。

这两项特殊规定已经常在使用，不过在国内政策上长期饱受争议。对于自由主义者来说，这两项规定是企业家可以灵活且长远经营的保证。而左派认为这两项条款是有利于富人的不公平规定。没有人会怀疑，弗利克集团也不想为出售戴姆勒股份的钱缴税。弗利克与德意志银行的交易还没有公开，各种猜测就已经蔓延开了。总理和经济部长是否向弗利克集团承诺了免除税务并且不用通过部级机构规定的审查，就为了不让这些股份流往波斯？甚至在经济上有保守倾向的《法兰克福汇报》也在私下议论：“人们猜测，购买价格从一开始就是在考虑所得税法第6b条判定的节省税收的情况。”经济部长弗里德里希立即予以否认："弗利克两合公司从来没有与我谈过关于免税的问题。"几天后，《法兰克福评论报》想从"沉默不语"的财政部得知"弗利克集团是不是真的不需要为其收益上税"。几周后，这个问题就从头版头条里消失了。几乎所有的经济专栏作家都同意，至少出售给德意志银行的行为是有利于德国经济的。最终卖到波斯-阿拉伯的可能性被打消了。德国和世界还要面临更重大的问题。

在越南，越共发动了最后一次重大进攻，并迅速赢得了地面战。1976年4月30日，南越军队无条件投降，最后一支美国军队仓皇逃离越南，西贡改名为胡志明市。8月，欧洲和北美的35位国家和政府首脑在赫尔辛基签署了欧洲安全与合作会议的最后决议。美国和苏联签署了《限制地下核试验协议》。在西班牙，佛朗哥将军逝世，他的西班牙独裁政府也由此灭亡。当时德国的极左翼恐怖组织抬头。2月27日，议会外反对派的武装分子绑架了柏林基民盟主席彼得·洛伦兹。这一次国家妥协了。在释放了5名被关押的恐怖分子后，洛伦兹才被释放。不久之后在斯德哥尔摩，"霍尔格·迈因斯指挥官"占领德国大使馆，并杀害了使馆的武官。安全部门随后提高了对德国政治家和实业家的保护措施，弗里德里希·卡尔·弗利克被列入可能受威胁人员名单，他们为他增加了私人安保人员。

在此期间，弗利克工业管理两合股份公司的办公室（弗里德里希·卡尔·弗利克更换了公司形式，以保护公司免受社会自由联盟的新的员工决策法的影响）收到了几百个关于集团如何对戴姆勒利润进行重新投资的提议。这些提议包括投资折旧船只、世界各地的城堡、世界海域的深海锰结核开采以及再次建造齐柏林飞艇的想法。由冯•布劳希奇带领的杜塞尔多夫分公司对资不抵债的房地产主和发明家进行审查，已忙得不可开交。时间紧迫，到1978年12月31日前，必须把这近20亿马克花出去，否则税务机关将收取税款。

对于部分资金要做出投资决定很容易。约4.6亿马克，即账面利润的大约1/4将用于子公司的增资，以使其更具竞争力。黑森州中部的布德鲁斯公司获得了1.1亿马克，用于其生产结构和生产工艺的现代化改造以及发现利基市场；特罗伊斯多夫的诺贝尔炸药公司分得1亿马克，用于进一步扩展其“特殊化学品”领域；费尔德米勒公司的负责人对于2亿马克的资金注入感到很高兴，这些资金可用于购买新机器来与扩张后的斯堪的纳维亚半岛的造纸商抗衡。此外，弗利克两合公司还将其环保公司、项目化学工程有限公司的自有资本由200万马克增加到2500万马克。在石油危机的背景下，成立了为开发替代燃料而建立的技术中心。这些资本的增加显然是有经济收益的，它们使得这些企业能够以贷款的形式获得高达约9亿马克的投资。布德鲁斯和费尔德米勒原本面临着关闭工厂的危险，但注资后额外创造了一千多个就业岗位。

然而，弗里德里希•卡尔把更大一部分从戴姆勒获得的资金投资到了美国，更精确的说，是纽约美国大道1114号（邮编10036），这里一直是以他的老师彼得•格雷斯命名的一家综合企业。“彼得•格雷斯以坚定的决心将这个以前不是很重要的航运公司发展成为一家国际化、智能多元化的大型企业，这深深地吸引了我”，在后来提到当时对于化工企业的热情时卡尔这样解释道。他分两次购买了总共8亿马克的股份，由此他持有这家企业总资本的约1/3的股份，是最大的个人股东。他对于第4款外商投资法规定的免税是这样解释的，弗利克两合公司和格雷斯在化工领域的合作同样也保障了德国的工作岗位。通过格雷斯，弗利克集团最终成为了一家国际集团。以同样的理由，弗利克提出以2.1亿的投资购买美国过滤器公司34.5%的股份，这是一家美国领先的从事石油加工、煤气化和环保技术的公司。财政部与经济部都一致同意这两种情况，这意味着有超过15亿马克是可以免税的。利用为他的父亲带来荣誉的这些手段，弗里德里希•卡尔•弗利克在1978年底前以2.1亿马克购买了已面临破产的格林保险集团的多数股份。弗里德里希•卡尔承认："作出这个决定是经过一番思想斗争的，因为我们在这个领域缺乏行业经验。"不过，税务机关也能从中看到免除税收带来的"经济收益"，这大概也算是一个安慰。由此重组暂时完成——最终戴姆勒收益只有2亿马克是应纳税的。

1978年12月4日，也就是距离最后截止期限还差27天，这位集团总裁在新闻发布会上满意地对他的策略进行了说明："我们已经克服了停滞和倒退的威胁。以及可能出现的公司在狭窄经济空间内的停滞不前。"弗利克说道。他的结论是："我们的集团现在已瞄准了未来的方向。"这些数字似乎证明了他是正确的，因为1978年弗利克集团的营业额增长了10%左右。对于免税的诸多质疑也因此平息了一些。虽然社民党的左派——其中包括议会国务秘书罗尔夫•博梅和巴符州议员迪特•斯波里——在联邦议员反复抗议“昂贵的去纳粹化证明”，而且，弗利克的员工偷偷告诉记者：“我们再也没听说‘第6b款’这个话题了。集团总裁也赢得了足够好的评价。”在重组后《世界报》称赞道：“他几乎已经悄悄走出了他伟大父亲的影子。”文章的标题是：有远见的浪子。

弗里德里希•卡尔•弗利克一直把德国作为集团的重心，这不仅仅深受保守派的推崇。20世纪70年代末，那些工会少、税务机关少、管理松垮的国家已经吸引了越来越多的企业家，赫尔穆特•霍顿就是其中之一。他变卖了他的贸易帝国，跟格特-鲁道夫•弗利克兄弟俩一样去了瑞士，从那以后他把自己的数十亿马克投在了提契诺州。1978年11月30日，弗里德里希•卡尔对这种做法表示反对：“我之前的声明不会改变，联邦共和国在未来仍然是我以及我的集团的家。”然而那个时候，他当然不知道，来自波恩附近圣奥古斯丁的一名税务官员刚刚发现了有关捐款的内幕。当7年后记者和联邦议院调查委员会的负责人作为税务稽查员对此进行调查时，弗利克的名字在联邦共和国已经成为行贿和腐败的代名词。同年，弗里德里希•卡尔成为了奥地利的首富。

六、被收买的共和国

这名将弗利克丑闻公之于众的男子，并不是在汉堡新闻杂志社工作的左派反叛分子。1975年，圣奥古斯丁的税务稽查局局长克劳斯•福斯特像往年一样把票投给了基民盟，这一年，他只有42岁，凭借自己的勤勉和能力当上了政府部门的主管。他拥有和睦的家庭，漂亮的住宅，一个网球俱乐部，一辆沃尔沃和一份不错的薪水，一切都井然有序。如果他的业余爱好不是玩斯卡特纸牌，那么行贿政党丑闻就不会发酵成弗利克丑闻了。

1975年1月底，在司法大楼的走廊里，一名跟他一起玩斯卡特的检察官兄弟把他拉到一旁，这名检察官遇到了一个福斯特可能感兴趣的案件。一个叫彼得•米伦巴赫的人——基民盟自有联合企业总经理联邦十字勋章的获得者——指控一名很不靠谱的投资顾问，他曾委托这名投资顾问投资11万马克，现在钱不翼而飞了，他怀疑这名投资顾问没有把钱用于投资，而是塞进了自己的腰包；而另一方面，检察官也想知道，一个小小的总经理是如何有11万马克去做风险投机的。税务机关应该仔细调查此事，毕竟，这可能是黑钱。

在电话中，米伦巴赫无法对钱的来源进行合理解释。于是，福斯特的同事设法搞到了米伦巴赫的公寓以及办公室的搜查令，并发现了一个并不很起眼的文件夹，文件名是“EU”。在经过一轮初步检查后，福斯特清楚地表示：“我们已经完全掌握了情况。”

“EU”是《欧洲商业咨询机构》的名称缩写，这是一家总部位于避税天堂列支敦士登的公司。列支敦士登公国伊曼努尔亲王和萨尔瓦多共和国的领事弗兰茨•格斯尔是这家可疑咨询机构的董事会成员，彼得•米伦巴赫是这家公司的“共同担保人”。福斯特从来没听说过这个职位，或许他可以从文件内容入手查到什么。欧洲商业咨询机构的账单已经在140家德国公司的财务处账薄里归档了，这些公司都给这家列支敦士登的公司汇过钱，并拿到了此公司出具的评估鉴定书。仅从1972年至1974年，EU就已收取了160万马克，并将大部分钱又返还给了波恩的米伦巴赫。随着福斯特越仔细地翻阅文件内容，猜疑就越强烈：他们在进行大规模的洗钱。这家列支敦士登皮包公司的客户名单都是一些德国经济大户：戴姆勒-奔驰、曼内斯曼、西门子、大众、卡尔施泰特、德国巴高克、德国嘉实多、德国奥利维蒂。从安德卜格到美乐家，从艾德卡到多特蒙德前进啤酒厂，似乎所有的大公司都让这家公司出具过评估鉴定书。这个做法简单却无耻。这些公司花几万或者几十万马克就为买几页“专家评估”，而且这笔钱是不用上税的。基民盟不动声色地通过自己党派的公司填满了他们的资金库，双方都触犯了法律。在德国，向政党捐款原则上有两个条件：一是捐赠必须来自于上税的收入，二是超过两万马克的金额必须公开证明。

鉴于情况严重，克劳斯•福斯特当然会向上级通报。他向科隆最高税务机构起草了一份报告："在1972年至1974年被查封的文件夹中审计师W.欣岑博士的检验报告里显示，列支敦士登的这家机构显然已从众多经济实力比较雄厚的公司获得了丰厚的收入。这些大部分都是1000元起的整数数额，最高的达到了20万马克。"收取这些款项是用于评估，但根本不值这个钱。事实上，福斯特绝对不会知道得这么清楚，因为他没有看到评估本身，然而种种证据表明确实如此。对于相同的评估，不同的公司支付了完全不同的价格。此外，这家位于阿尔卑斯山的小型机构似乎无所不知：据称，他们向慕尼黑希特拉格服装公司报告了"颜色的影响"；让布伦达克斯日化品公司更了解"德意志联邦共和国的外籍劳工的问题"；对于厨房制造商博得宝，EU正在为其"现代厨房在欧洲南部市场的销售机会进行调查"。人们不能否认这家德国列支敦士登的公司确有某些自我嘲讽的意味，还有一个题为"根据联邦共和国税法对国内外贿赂的税收处理"的评估报告也在他们的计划之列。福斯特把最重要的发现放在了他的报告结尾。从被查封的文件夹中可以看出，"大部分由EU收取的金额已被转到一个德国大党的机构"。根据福斯特的说法，这不得不让人怀疑，这种形式的党派融资至少违反了税收法规。

拉帮结派和拖延策略

令福斯特惊讶的是，他接到科隆最高税务机构主席赫尔曼•默斯曼（内部称“O”）的命令，“暂时不就此事进行任何调查”。后来才知道，米伦巴赫案件已经报告到了上级北莱茵-威斯特法伦州的财政部长弗里德里希•哈尔斯滕博格（社民党）和基民盟财务主管瓦尔特•莱斯勒•基普那里。社民党主席海因茨•屈恩也被告知。基普的同事向他保证，在不引起关注的同时，与福斯特达成妥协。1976年秋联邦议会举行选举，赫尔穆特•科尔首次向施密特总理发起挑战。一旦公众听到了关于政党非法集资的风声，联盟党将面临惨败。为什么杜塞尔多夫的社民党政府偏偏对这些令人担心的问题表现出如此大的宽容和理解，在当时只有内部人士知道。与联盟党的做法相似，社民党通过高价把没用的宣传品卖给那些想避税的资助人，由此慢慢充裕了他们的金库。通过社民党机关报《前进报》，人们想出了一种花费很低的筹措资金的方式：花钱买广告或启示，但报纸从未刊登。

在社民党领导的北莱茵-威斯特法伦州政府的支持下，基民盟唆使他们“最好”的律师——（科隆税务律师和政党说客君特•费利克斯、审计师霍斯特•韦拉赫和基民盟首席代表韦•吕特耶）去做克劳斯•福斯特的工作，他们精通法律，而且能言善辩，他们要一起对这个税务稽查员进行劝说；至少在联邦议院选举之前，他们要不惜一切代价阻止他的进一步调查。费利克斯向圣奥古斯丁的税务稽查局递交了以下提议：这家欧洲商业咨询机构以后将根据德国法律对所有收益上税，米伦巴赫和联盟企业有限公司应承担相应的责任；作为回报，福斯特必须要承认，评估是值那些钱的，并保证不再追踪EU的那些“顾客”。非法政党集资的违法行为应降至二级税收案件并且暂时不予追究。然而福斯特依然保持强硬，他对情况太了解了：这家公司在基民盟的唆使下逃了税。福斯特没有听从上司停止调查的命令，提出了书面申诉。

默斯曼主席为了惩罚他将他调职，还利用职务之便对他一通刁难。三年后，福斯特带着失望辞去了公职，并自己开事务所当上了税务律师。然而在离职之前他设法让这起德国最大的政治献金丑闻不被散播出去，但根据《刑法典》第258a条的规定，起诉自己“在公务中妨碍司法”。现在默斯曼才意识到，福斯特是这么较真，这个固执的人的自我起诉必然会引起检察机关的调查。默斯曼通过最简单的官方途径找到了科隆总检察长沃纳•菲朗姆，向其坦白了所有情况，并希望得到赦免。压力最终来自于杜塞尔多夫的州财政部。菲朗姆阻止了拉帮结派的做法，并要求福斯特立即提交EU案件的相关材料。在审阅后，科隆检察院决定重新进行调查。由此，想把事件扼杀在萌芽中的企图失败了。

武器交易商人和女秘书

在接下来的几年里，税务调查人员和检察官在整个联邦共和国内对EU名单上的多家企业展开了调查，许多审理都毫无结果，不是因为判决没有引起很大关注，就是由于超过时效而被暂停；另一方面，政治压力迫使法官睁一只眼闭一只眼。后者在弗里德里希•卡尔•弗利克的朋友弗朗茨•约瑟夫•施特劳斯掌权的巴伐利亚州是经常发生的情况。丑闻被大事化小小事化了，然而，联盟党仍然面对一个棘手的问题：司法机关一直盯着自己，党内的财政专家都知道，其他党派也不干净。由君特•费利克斯领导的专门调查小组决定主动出击，将社民党和自民党的行为公之于众，但宗旨是用其他人的丑闻掩盖自家的丑闻。基普手下的人再次对这起严重事件展开调查。费利克斯从波恩的一个武器交易商那里获悉，北威州自民党财务主管汉斯•加特曼多年的一个女秘书不久前被开除了，现在还有30万马克的债务缠身。

费利克斯知道，这个女秘书可以爆出很多料：比如，她帮助武器交易商获得了向中东提供军备物资的出口许可，作为回报，她得到了一捆现金，并存入了她女儿的账户。随着税务检查的深入，这位女秘书浮出了水面。在武器交易商人的别墅里，双方拿出诚意坐在了一起。费利克斯再次提出一个交易：这位前秘书必须当着公证人的面，报告自民党的非法交易，作为回报，他会专门成立一个皮包公司来清偿她的税收债务，女秘书同意了。两天来，她保证绝不撒谎，向波恩公证人告知，自民党人士是怎样填补他们的金库的。基民盟代理人费利克斯两天后把这位女秘书的供述以刑事指控的形式转交给了波恩检察院。

4年来，这项调查工作进展艰难，现在终于有一位关键证人讲出了全部实情，检察官也没有理由对这一供述提出质疑。这项陈述与对女秘书进行税务审查时被查封的文件相一致。在对自民党的调查过程中，加特曼前任的名字一次次出现在北威州的自民党财务主任办公室：时任联邦经济部长的奥托•格拉夫•拉姆多夫。线索逐渐清晰，拉姆多夫可以动用一套完整的洗钱机构，其范围甚至延伸至佛罗里达州和土耳其，它们大多是假的慈善协会，如“自由市场经济促进协会”或“国际自由联盟和欧洲统一自由运动的德国小组”，这些协会可以开具抵税发票，并将他们的捐款通过外国户头汇入自民党的金库。

1980年之前，与其他企业的领导人相比，弗里德里希•卡尔•弗利克和埃伯哈德•冯•布劳希奇的名字很少与非法党派捐赠联系在一起并出现在报纸上。尽管EU名单中表明弗利克公司也接受了他们的评估，但因为数额少所以不显眼，还没有人在这个时候把它将戴姆勒股份收益的免税联系起来。这一次又是克劳斯•福斯特在被解雇前成功地进行了调查。

10减2得13

在使徒保罗的《哥林多前书》中写道，上帝褒奖“欢乐的施予者”。1980年初，克劳斯•福斯特仍然在圣奥古斯丁负责调查捐款，如果有人有逃税嫌疑，福斯特绝不手下留情。显然，圣言会的捐赠量如此多，是不能完全用世俗公正公平能解释明白的说法去对待。许多捐赠者都退出了教堂。为什么他们就该慷慨支持天主教的传教工作？同样值得注意的是，几乎所有的捐赠者都拥有同一个税务顾问。福斯特把他的手下安插到了这些捐赠者身边，以调查他们的利他动机。一个女药剂师坦白，她用1000马克的捐赠收到了5000马克的捐赠收据，这部分钱就不用上税了，这让她省下了远超过1000马克的税款，这是明显的逃税行为。在一次例行会议上福斯特说：“因为一切都没有取得进展，我们必须要去修道院。”

圣言会与圣奥古斯丁的司法大楼并不是一步之遥。在过去几年中，僧侣们修建了一些引人注目的宏伟建筑，有图书馆、会议中心和博物馆，不过建造的钱从哪里来？在搜查过程中，神父约瑟夫•施罗德一直保持缄默，他作为司库负责修道院里的世俗事务。不久之后，他便投奔于瑞士的修会。在他的办公室里，官员们发现了弗利克集团总会计师鲁道夫•迪尔的电话号码。从被查封的这些修会书籍中可以得知，弗利克集团已在近几年中向他捐赠了高达百万的金额。1980年1月23日，福斯特没有事先告知就突然来到杜塞尔多夫集团总部迪尔的办公室。显然，如果预先通知，他就会事先整理那些记录了集团向圣奥古斯丁修道院捐款的卷宗。在10年内，弗利克公司每年向其捐赠100万马克，共计1000万马克。福斯特没收了这些文件正想离开，这时又一名弗利克员工从门外进来。埃伯哈特•冯•布劳希奇会很希望能够与税务人员聊上几句。在聊天中，冯•布劳希奇问，他能帮到什么？他很清楚“圣言会”有时会得到集团的资助。然而他自己与这个事情无关，修道院是科拉德•卡莱奇操心的事，然而卡莱奇在那时已经去世了。在税务局的人离开房间之前，冯•布劳希奇指向保险柜并讽刺道：“如果你们还有什么怀疑，请便吧！”

与此同时，神父施罗德怀着内疚的心情逃到了瑞士。在保障其人身自由的情况下，他在巴登州南部地区的边境小城勒拉赫做了全面的供认。弗利克集团每汇入100万马克，他就从中转移80万马克到一个瑞士的一个不记名账户上，随后他将这些钱以现金的形式偷偷带回德国，并将其交还给会计师迪尔，由此弗利克公司又从捐赠的这1000万马克中秘密地收回了800万。这意味着，扣除给传教士的200万，集团可以通过高达千万的捐款节省约500万马克的税款。僧侣们偷偷地享受着这些金钱，而弗利克集团用国库里的钱填补了它的黑金库。当人们第二次去迪尔的办公室时，就弄清了弗利克公司把这些黑钱到底用在了什么地方。

“弗里德里希·卡尔·弗利克wg.所有人”

1981年11月4日，几名税务稽查员正在搜查迪尔的文件柜，这时电话铃响了，是冯•布劳希奇向他打听复查进展。迪尔心虚地磕巴道：“文件袋还是被他们找到了。”袋子里除了有几个文件夹和信封外还有三对钥匙。当调查人员在德累斯顿银行杜塞尔多夫分行用其中一对钥匙打开保险箱的时候，迪尔表现得异常不安。这一次检查机关才算是真正收获满满：弗利克两合公司的秘密“工资单”被发现了。在“wg. 名单”里藏着一个丑闻故事。所有的这些关于非法政治献金、洗钱，并且牵连了数百家公司的丑闻一下子变成了弗利克事件。因为除了绿党之外，所有政党的大名都出现在了集团黑名单中。让人感到奇怪的是，迪尔用缩写“wg.”代表“wegen(因为)”记下了所有行贿的款项。

支出者用名字的缩写来命名，例如Ka. 代表Kaletsch

（卡莱奇），v. B. 代表von Brauchitsch（冯•布劳希奇）。因此在“wg. 名单”上写着：“1975. 4. 2 卡莱奇wg. 勃兰特 50000，1976. 7. 12 弗里德里希•卡尔•弗利克wg. 弗朗茨•约瑟夫•施特劳斯 25000，1977. 5. 10 冯•布劳希奇wg. 科尔 50000，1977. 12. 6 冯•布劳希奇wg. 格拉夫•拉姆多夫 30000”。检察院一下就明白，弗里德里希•卡尔•弗利克是这般慷慨大方地把他们所有人都照顾到了。11月11日，税务调查人员又一次没有事先通知就登门拜访了弗利克集团总部，这一次，他们查缴了100个文件夹和150本捐款册，其中包括许多笔记，这些记录是冯•布劳希奇按照老弗利克的方式写下的，且专供内部使用。在接下来的几个月中，《明镜周刊》总是引用这些笔记中的内容，而原本这些笔记只有检察院才能查阅。

冯•布劳希奇在他的回忆录中抱怨这是有针对性的泄露：“如果我早料到半年后这些文件夹会逐一交给《明镜周刊》，我早就在11月4日晚（也就是在发现“wg. 名单”之后）从杜塞尔多夫的约翰登运输公司叫上三辆载重七吨的车，并雇上20名学生，让所有的卷宗一夜之间消失。”事实是冯•布劳希奇既没有叫卡车，也没有雇学生——由此，非法政治献金的规模被逐渐曝光。很快《明镜周刊》的读者就会知道，弗利克集团的游说者与波恩的政治大人物关系有多好。当集团老板弗里德里希•卡尔在慕尼黑或别的什么地方正沉醉于上层社会的奢靡生活时，冯•布劳希奇已经构建了一个更加紧密的关系网。

特殊照顾的领域

“德国经理中的鲁梅尼格”，弗利克事件调查委员会副主席威尔弗里德·彭纳这样称呼埃伯哈德·冯·布劳希奇，他的头衔和职务多得确实令人印象深刻。他不仅是众多集团公司如德累斯顿银行、英国石油、汉高、克罗克纳、克虏伯和施瓦哲工程实验的监事会成员，而且还是德意志银行董事会成员，德国雇主联合会主席团成员以及德国科学基金联合会董事会成员。他还在德国体育援助基金会、马术协会和国家奥林匹克委员会中担任多个职务。自从他的朋友汉斯-马丁·施莱尔被暗杀后，他便又开始掌管汉斯-马丁·施莱尔基金会（1977年秋雇主联合会主席被绑架时，冯·布劳希奇直接收到了施莱尔的消息，并在联邦总理的私下支持下与瑞士的一名作为恐怖分子调停人的律师取得了联系）。此外，冯·布劳希奇还是德国工业联合会副会长。1981年3月，德国工业联合会主席团一致选举他为新任主席，并将于1983年1月1日上任。

20世纪70年代末，埃伯哈德·冯·布劳希奇是联邦共和国最具影响力的经济领袖之一，他是联邦总理施密特的顾问并陪同其出访；与此同时，他加强了与自民党和联盟党的联系。他的知心朋友经济部长汉斯·弗里德里希斯向其保证“愿意随时效劳”。在20世纪70年代初，当赫尔穆特·科尔还是莱茵兰-普法尔茨州的州长时，冯·布劳希奇就跟他很要好，通常，他俩约好在下班之后去科尔的办公室，“我们来到州总理办公厅的一间高雅的品酒室，科尔总是事先备上好酒和点心”。据冯·布劳希奇说，与“波恩政府高层们”的关系是以“相互尊重”为前提的，这意味着“我们相互倾听，去思考如何能从他人的专业能力中学到对自己工作有益的东西”。政府高层们都把他想象成游说拉拢议员的人，但是，向公众披露越多关于弗利克集团行贿的细节，该事件对于所有记者无论左派还是右派就越清楚：弗利克集团希望通过政治献金来确保戴姆勒股份的收益不用缴税。在关于所得税法第6b款和外商投资法第4款的决定还未最后定夺时，捐赠一直在进行，这绝非巧合。

1975年1月13日，弗利克集团与德意志银行达成了他们的交易。2月4日，总会计师迪尔在他的秘密账簿中记录道：“卡莱奇wg. 勃兰特　100000，卡莱奇wg. 科尔（通过冯•布劳希奇）　50000，卡莱奇wg. 弗里德里希斯博士　50000，卡莱奇wg. 谢尔　100000”。弗里德里希•艾伯特基金会从弗利克集团的黑金库一次性获得了25万马克，这就更加令人震惊了，因为这家社民党的附属机构迄今为止也只在20世纪60年代中期获赠过一次10000马克。冯•布劳希奇也很清楚，股份收益免税的最大阻力就来自波恩社民党议会党团。为了观察左翼反对者博梅和斯波里，他特意聘请了一名亲社民党记者。从那时起，这名记者开始定期向弗利克总部提交观察报告，而且每月能获得3000元的报酬。1975年10月，议会党团的免税反对者开始寻求多数票，目的是彻底废除所得税法第6b款。他们的企图失败后，这位记者轻松地报道说：“那么，亲爱的冯•布劳希奇先生，我认为，现在难题已经解决了。不过你也别问我在过去的这些天里都对谁进行了劝说。”

联盟党显然不需要费这么大的劲。11月20日，就在圣奥古斯丁的税务稽查员发现“EU”文件夹的当天，埃伯哈特•冯•布劳希奇又去看望了他在美因茨的朋友赫尔穆特•科尔。在他之后被没收的笔记本里，冯•布劳希奇写道："科尔表示，他保证党派，卡斯滕斯·施提克伦保证议会党团，不会从基民盟、基社盟左派方面在第6b款议题上做出对我们不利的决定。科尔还提议，在波恩的议会晚会上邀请一些有兴趣和可能会造成威胁的基民盟、基社盟议员来参加，并向他们做一个关于弗利克家族考虑的报告。"同一天，会计师迪尔在秘密账簿中记录道："wg. 科尔 50000。"冯•布劳希奇在2003年12月的一份文献资料中报道说，科尔一再以政党特别项目为由索要捐款，而弗利克集团也一再表现得慷慨大方。这些钱通常由科尔的亲信尤利亚妮•韦伯带到他的办公室。

大约在同一时间，冯•布劳希奇加强了与经济部长弗里德里希斯的联系，在笔记中这位经理写道："弗里德里希斯再一次向我确认，他要马上和我见面，以便私下讨论我们还可以采取哪些附加措施，尤其是在联邦财政部。"在迪尔的捐款清单上，弗里德里希斯也越来越频繁地被提及，直到1977年10月，这位经济部长成了被红军派[1] 杀害的德累斯顿银行董事会发言人尤根•旁托的继任者，这种情况才得以改变。但是，弗里德里希斯在部长事务办公

[1] 红军派：（德语：Rote Armee Fraktion，简称RAF），是德国的一个左翼恐怖主义组织，主要由安德列亚斯·巴德、古德伦·安司林、霍尔斯特·马勒、乌尔丽克·梅茵霍芙等人建立；他们认为自己为一群共产主义的并且以南美洲的反帝国主义游击队（如同乌拉圭的国家解放运动组织Tupamaros）为榜样。他们犯下34次谋杀案，许多银行抢劫案与爆炸攻击，主要活动时期自1970年至1998年。在其近30年的活动过程中，造成了34人死亡和无数人受伤。1977年，由于其猖獗的活动，导致了联邦德国发生了大规模的社会危机，史称"德意志之秋"。该组织与其他许多左翼恐怖主义组织均有着千丝万缕的联系。1998年4月22日，该组织宣布解散。

室的继任者奥托•格拉夫•拉姆多夫也与弗利克集团建立了很好的联系。一年前，在红黄联盟重新选举后，冯•布劳希奇记录道："10月28日，我和格拉夫•拉姆多夫共进午餐。拉姆多夫，这个我们在过去由于种种原因一直友好相待的人，有望在新的议会党团中占据一席之地。"之后冯•布劳希奇又记录道："拉姆多夫对弗里德里希斯的经济政策非常有帮助，因此，弗里德里希斯请求我们要好好对待拉姆多夫。"在拉姆多夫最终成为部长时，这位弗利克集团经理记道，政府部门官员会试图将"关于第6b款的议题转交给拉姆多夫定夺"。

一方面冯•布劳希奇请求社民党的财务主管阿尔弗雷德•诺尽快促成弗里德里希•卡尔•弗利克、施密特总理和财政部长阿佩尔3人之间的谈话。1976年6月，3人在弗里德里希•卡尔位于藻厄兰的狩猎小屋中会面，这样弗里德里希•卡尔就有机会就第6b款详细地阐述他的立场。冯•布劳希奇以热情的话语和对弗里德里希•艾伯特基金会100万马克的捐赠感谢社民党财务主管阿尔弗雷德 • 诺，基金会的主席同样也是他，这是整个丑闻中最大的一笔单项捐赠。

一直没有得到批准，还在慕尼黑的弗里德里希•卡尔渐渐变得越来越没有耐心，他写信给杜塞尔多夫总部："对波恩的示好至今并没有给我提供什么帮助。"经理冯•布劳希奇为自己辩解道："我认为我们不应低估对波恩政界特殊照顾的重要性，也不应低估工会界好心人士的重要性。这种谨慎对待的重要性不仅表现在迄今为止的6b领域，而且如果有必要，在政治上实行不受欢迎的措施也将变为可能。"他是对的。1976年9月9日，第一支"护航舰队”抵达，冯•布劳希奇在他的笔记中将免税申请称为“护航舰队”。

1977年11月，弗利克派出了第二支“护航舰队”，在布德鲁斯、费尔德米勒和格雷斯的投资总价值达7.95亿马克。在联邦经济部，“6b议题”已交到了格拉夫•拉姆多夫手中。没有任何异议。然而这一次在财政部产生了更大的阻力。如第6b款规定的那样，只有当外商投资能够确保德国就业岗位的情况下才可以免除税款。处长阿德尔伯特•乌尔纳向财政部长马特赫费尔明确表达了他的担忧，同时，当时的议会国务秘书罗尔夫•博梅也对这个提案提出强烈反对。9月初，乌尔纳和博梅还在度假，财政部就批准了该提案。价值4.54亿的第三支也是最后一支“护航舰队”只有在美国滤材公司的投资出现了问题。之后，弗里德里希•卡尔仍然以约1亿马克的利润出售了股份。后来，检察官对于第三支“护航舰队”陈述道：“关于冯•布劳希奇在1980年初敦促要尽快提供证明这件事上有一点不得不提，即：迪尔在他1980年1月30日整理的账簿中也写道：冯•布劳希奇wg. 格拉夫•拉姆多夫 4万马克，冯•布劳希奇wg. 马特赫费尔 4万马克。”

“保全面子，避免生气。”

1981年12月，德国民众首次从《新莱茵报》中得知，弗利克集团涉嫌对尚存争议的免税问题进行贿赂，随后《明镜周刊》和《明星周刊》也对此进行了报道，并猜测弗利克集团可能会面临刑事诉讼。不久后公众又得知，检察官发现了更多的捐赠洗钱机构，其中包括1954年注册登记的公民协会，据称该协会在过去几十年凭纳税凭证收取了2亿马克，并将其转交给了各党派，弗利克集团创始人弗里德里希•弗利克也曾向公民协会注入了大量资金。然而愤怒的风暴还需等待时日。一个工会丑闻掩盖了政治献金丑闻：调查记者和评论家们开始把关注的目光投向一个隶属于工会的新家园建筑公司的腐败和经营不善问题。

1981年10月，埃及总统萨达特遇刺身亡。在波兰，雅鲁泽尔斯基总统刚刚宣布实行《戒严法》，并取缔团结工联。美国总统里根随后决定对苏联实行经济制裁，此举是让苏联对波兰事件负责。不久之后，里根也遇袭并身受重伤，所幸生还。在西班牙，国名警卫队闯入议会，劫持了300名议员作人质，企图发动政变；然而，军队与政府团结一致，政变分子投降了。在法国，弗朗索瓦•密特朗被推选为国家总统，成为法国第一个社会党人总统。阿根廷军队登上福克兰群岛，英国首相撒切尔夫人派出36艘军舰击退了阿根廷的进攻。在以色列，施密特总理不得不作为纳粹分子接受辱骂，因为他承诺向沙特阿拉伯提供由弗利克集团生产的豹II坦克。在法兰克福机场的西跑道上，越来越多的示威者坚决抵制机场扩建，而反对北约双重决议的和平运动也行动起来。在1982年的复活节，50万德国人进行反核导弹游行。在社民党和自民党联合执政的背景下，1980年、1981年和1982年的失业率和国债都有所增加。

在德国联邦议院，一个跨党派的工作小组这时正在为大赦做准备，以消除集体捐赠罪责。由于“社会对称性”，除逃税者之外，占屋者也从赦免中受益。在社民党司法部长尤尔根•施穆德和社民党议会党团的批评者们的反对下，该计划最终失败——这违背了议会党团主席赫伯特•维纳的意愿。如果大赦计划没有通过，自民党扬言要放弃联合执政。在这个节点上，对格拉夫•拉姆多夫和汉斯•弗里德里希斯的审判似乎已是必然了。长远看联合执政是保不住了，苦恼的维纳先生也预言社民党作为在野党的时间还会延长。在慕尼黑，弗里德里希•卡尔也对事态的进展非常不满。

据《明镜周刊》报道，弗里德里希•卡尔在1981年1月里的灰暗的一天中写道："我还要愚蠢多久？"他的杜塞尔多夫地方长官想"掩盖所有的事"，对冯•布劳希奇他写道："你只对德国工业联合会感兴趣。"还有，"这令我很震惊，我不再信任你了，这只是为了迷惑我。"《明星周刊》还掌握一些私密笔记，其中记录了弗利克抱怨他这位朋友的"诡计多端和权力意识"。这些都暗示了两人关系的决裂："信任问题。没有信任就没有合作的可能。"

10月14日，弗里德里希•卡尔•弗利克给他的总管家写了一封长达5页的信："亲爱的埃伯哈德，不能这样继续下去了。我不想看到一度繁荣的弗利克集团变得这般官僚和无利可图。你选举自己为德国工业联合会主席，并在经济新闻界被称赞为成功的保证。如果你认为这是正确的，而不是把你所有的才思都贡献给集团，以及投身到公共事务中，那么，你至少应该做得老练一点，就像你的前任在工业联合会时一样。在这一点上我对你的知名度表示谴责，它对公司和你都没有带来好处。"在算完总账之后就是对冯•布劳希奇偏爱自我表现的批评，早在1970年他被调到斯普林格时这种自我表现就发挥了重要作用："我希望从你这里得到一个公开诚实的交代，你是否还能让弗利克集团这艘巨轮再次起航并使其驶向成功的航道。一年之前我就向你说了我的顾虑，如果你一直在回信中用漂亮话来敷衍我，这将无济于事。毕竟我们不是靠那些让我感到头大的理论来生活的，唯一重要的是集团在之前所一直追求的东西。"这封信是唯一记录下两人分道扬镳的文件，冯•布劳希奇请求进行一个私人谈话，但这正是弗里德里希•卡尔想通过写信避免的，他在1981年2月的笔记中已经想出了一个与他的总经理分别的策略："绝不能搞成一个轰动事件，不然他会觉得受到了攻击。要保全住他的面子，避免生气。"

现金与色情

1982年2月，波恩检察院对弗里德里希•卡尔•弗利克和冯•布劳希奇、部长格拉夫•拉姆多夫和马特赫费尔以及前部长弗里德里希斯进行了调查，理由是他们涉嫌利用职务之便收受贿赂。新闻媒体还扩大了其报道，"被收买的共和国"这句话流传开来。《明镜周刊》报道为"弗利克的共和国"。弗里德里希•卡尔一直对他的巴伐利亚同乡弗朗茨•约瑟夫•施特劳斯非常慷慨，在记者的镜头下施特劳斯老练地替自己辩护：这是"有特定政治目的的系统化运动"以及"针对联邦共和国整个领导层的全面进攻"。甚至《法兰克福汇报》也不想再报道他了："这些行径被暴露出来的细节都令人作呕，比如高达数百万的黑钱，信封里的捐款，骗局，还有那些毫不避讳的无理的政治要求，这一切就像那段令人恐惧的资本主义深渊的历史。可以看出，因为波及范围太大，各党派在应对这一丑闻时都没有投入太大精力。”

从1983年3月起，涉及到的党派就不再单独出现在联邦议院中了。绿党入选议会，并要求成立议会调查委员会，全面查清此事件。6月，委员会开始进行调查工作。两位主要证人奥托•格拉夫•拉姆多夫和汉斯•弗里德里希斯对此没有做太多澄清。面对检察院的调查，两人一再提出他们有权保持沉默。而拉姆多夫却在杜塞尔多夫《商报》中为自己进行辩护：迪尔的名单是检察官所依据的唯一证据，它“像一块旧地毯一样漏洞百出”。证人冯•布劳希奇和弗里德里希•卡尔的审讯至少是有娱乐价值的。委员会的其中一名成员是格哈德•施罗德，当时他是汉诺威社民党的议会代表。冯•布劳希奇回忆说：“按照社民党内青年左派分子的作风，施罗德漫不经心地听取了审理。”这位未来的总理想知道这些钱是如何转移的，他向冯•布劳希奇问道：“这些钱是以何种形式转交的，比如转交给科尔博士？”“以现金的形式”，冯•布劳希奇用惯常的方式简洁地回答了他。施罗德接着说：“是的，用现金。我的意思是，是手写的现金支票还是什么样的？”冯•布劳希奇答道：“不，很讲究的，当然是用信封。”

委员会成员彼得•施特鲁克（社民党）以迪尔笔记中的“弗里德里希•卡尔•弗利克wg. 弗朗茨•约瑟夫•施特劳斯 25万马克”来逼迫弗里德里希•卡尔•弗利克：“您有没有把这笔金额以现金的形式转交给施特劳斯先生？”卡

尔承认道："有，两到三次吧。"施特鲁克继续问道："之后他是否向您询问过，这些款项是从税后收入中支付的？"弗利克回答："没有。"施特鲁克又问道："他收到这笔金额后是否有再数一遍？"弗利克回答："有一次他走到隔壁的房间，说他要检查一下，然后他又回来并表示感谢。第二次的时候他就没有再去隔壁房间了。"诺贝尔文学奖获得者海因里希•伯尔把这一事件称为"现金与色情"。

弗里德里希•卡尔•弗利克与他的总经理冯•布劳希奇的策略已经很明确了：他们承认向政党和基金会进行过捐赠，但是从没想过这可能是非法的。"想要得到捐赠的人已向我们明确推荐和要求了捐赠途径。他们担任最高的官职，并且还说是著名的税务顾问推荐的这种方式，而且经过了财政管理部门的同意。"冯•布劳希奇向调查人员说道。同时，他们俩否认捐赠与免税有关。然而只有一次他们偏离了这条路线，即关于社民党财务主管阿尔弗雷德•诺，他曾促成了弗里德里希•卡尔•弗利克与总理以及财政部长三人之间的谈话。冯•布劳希奇说道："我有这样的印象，让诺先生高兴将有利于我们的意图。"委员会成员弗里德里希•博尔（基民盟）追问道："那他高兴吗？"冯•布劳希奇回答说："他不高兴的时候就会来找我们。"

"消灭痕迹，掩盖，蒙蔽"

事实证明，整个事件进程对弗里德里希•卡尔•弗利克来说是幸运的，他在那段疯狂的岁月里并没有过多地把心思放在集团。在审讯一开始他就对联邦议院的调查委员会说，他只能很“有限”地协助调查，因为在1974年至1981年的调查期间，他“退出了集团的经营管理”，并将公司的日常业务委托给了“有着高水平和高报酬”的股东冯•布劳希奇、帕夫根和沃格斯。“我自己只是做一些原则上的决定。”卡尔解释道。由此他得到了波恩检察院的支持。1983年11月检察院对此作出了判决，“对指控所必需的针对弗里德里希•卡尔•弗利克博士的怀疑尚未得到确认”。也就是说在刑事裁判上弗里德里希•卡尔•弗利克不能再被起诉。

与此同时，检察官宣布将起诉冯•布劳希奇、格拉夫•拉姆多夫和弗里德里希斯行贿受贿。7个月后，波恩地方法院获准诉讼，奥托•格拉夫•拉姆多夫宣布辞职，汉斯•弗里德里希斯也被迫辞去了他德累斯顿银行负责人的职务。10月，联邦议院议长赖纳•巴泽尔（基民盟）最终也受到了牵连，多家报纸曾报道说，弗利克集团通过一个“咨询合同”使巴泽尔获得了170万马克的好处费。据称，这笔交易是在1973年由库尔特•比登科普夫策划的，以防止赖纳•巴泽尔在辞去他的基民盟主席职位后成为一个得依靠社会救济生活的人。现在已不再是弗利克集团股东的君特•马克斯•帕夫根证实了这笔支付，巴泽尔被解除了联邦议院主席的职务。由此，丑闻事件达到高潮，这样，其他政客就不必再为这场非法政治献金承担后果了。

在调查委员会中，由基民盟、基社盟和自民党组成的新联合政府首先试图要揭露社民党人的献金罪行。作为对策，社民党把主要责任推给了议会；尽管如此，双方对仔细调查这次牵扯商政两届的丑闻都没有很大兴趣。1985年3月，联盟党、社民党和自民党一致同意结束委员会的调查工作，联盟党和社民党在最后的报告中明确指出："由部分舆论（例如"被收买的共和国"）引起并导致该委员会成立的严重指控尚未得到证实。"他们所知道的是，联盟党和自民党一直从弗里德里希•卡尔•弗利克那里收到钱并用于他们的党派事务，因为他在政治上与他们很亲近。而当人们开始议论戴姆勒股份利润的免税待遇并且又遭到了社民党左派人士反对的时候，社民党的政客们的名字才频繁出现在"wg. 名单"上，只有在这样的背景下，"增加对社民党的捐款"才是合理的。联盟党也可以合理地认为，作为反对党他们根本没对免税决定起到影响。自民党人格哈特•鲍姆一语中的："对我们来说，并不需要让所有人明白捐款的合理性。"

社民党人士指出，"弗利克集团与基民盟和基社盟特别的亲近"。另一方面，对社民党的捐赠是弗利克集团"很不情愿地"给予的，并且对"社民党的部长和政治家们的态度没有影响"。在有关最终报告的争议中，双方的罪责分摊陷入了一场闹剧，其中涉及弗利克集团送给高层政治家的个人礼物。因此联盟党想抓住这些证据：施密特总理在60岁生日时收到了一对价值1.8马克的多枝烛台，前总理勃兰特在他65岁生日时收到了价值2.2万马克的丹齐格银币大酒杯，之前还收到过一副价值3.4万马克的画。社民党主席彼得•施特鲁克在弗朗茨•约瑟夫•施特劳斯60岁生日时，搬出了一匹耶雷米亚斯•里特尔大师制作的银马（纽伦堡，约1640—1645年，耗资6万马克再加上10%的增值税）。大家像在波恩习以为常的那样取得一致：不管是马匹还是多枝烛台和大酒杯，都没出现在最终报告里。当时还在绿党并且绝对是委员会中最严厉的调查员奥托•席利称这三个老党派绝对是一个“消灭痕迹，掩盖和蒙蔽真相的联盟”。可以确定的是，在1969至1980年间，至少有2500万马克的金额从弗利克集团的金库流入了基民盟／基社盟、社民党和自民党的金库中。直到1987年，波恩地方法院才对这起丑闻事件的3个主要人物宣布了他们的判决，许多评论员认为这个判决是比较轻的。据法官的说法，格拉夫•拉姆多夫、弗里德里希斯和冯•布劳希奇贪污受贿的罪行都无法得到证实，不过，3人的逃税罪行证据确凿。拉姆多夫被判处罚金18万马克，弗里德里希斯为6.15万马克。被处罚金最高的是弗利克集团经理冯•布劳希奇，判决宣布：“被告冯•布劳希奇两次逃税，判处有期徒刑两年，处罚缓期执行，另判处罚金55万马克。”此次审判过程花费了冯•布劳希奇5年多的时间。在他的最后陈词中他都认为自己是无罪的：

“此次审判程序超出了我及家人的承受极限，对我的职业生涯以及个人生活都造成了深刻的影响，它使我获得许多丰富的新经验。我不得不学习一些东西，改变着去走出这一过程。即使在过去5年多时间里我认识到，许多事情的做法会不同，但我仍认为，我不应受到惩罚。”

沉默的代价

冯•布劳希奇是弗利克事件真正的输家。长期以来，他一直想当上德国工业联合会的主席，并且以他的演说能力和分析能力这个职位也肯定是他的。然而，在他还没被指定为候选人时，波恩检察机关就开始了立案侦查。1982年2月24日，冯•布劳希奇写信给德国工业联合会的代理主席罗尔夫•罗登斯托克："德国工业联合会不应该让一个公开受到重大嫌疑的人当选主席，即使这个嫌疑是毫无根据的，特别是在经济政策困难的时期……所以我在此放弃我作为德国工业联合会副主席的职务，并宣布放弃接任您的主席职务。"《商报》称赞说："这个决定是光荣的，表明他是一个有担当的人。"维利•勃兰特在一封信中告诉冯•布劳希奇："您知道，长期以来我们都把您看作是一个特别有能力的对话伙伴。"友好的话语之后紧接着第二次告别。9个月之后的11月，弗里德里希•卡尔•弗利克要求冯•布劳希奇离开他的岗位。"这个请求通过一个附回执的挂号信件寄出，就像对待一名普通员工一样。"《明星周刊》补充道。

冯•布劳希奇的律师怀疑，弗里德里希•卡尔•弗利克像是在不召集股东大会的情况下解雇一名员工。但是，冯•布劳希奇认识到，对公司唯一的老板所做的人事决定采取法律行动是没有任何意义的。该解约合同里包含了"经双方同意"的表述。"经济上的安排也可以很快弄清楚。"冯•布劳希奇在他的回忆录中写道。不久后，700万的数目出现在报道中。1983年春，德累斯顿银行也要求冯•布劳希奇退出监事会，在国家奥林匹克委员会和骑士协会担任名誉职务的他也不再参加新的选举；相反，他签署了多项咨询顾问合同，其中包括在阿克塞尔-施普林格的出版社，戴姆勒-奔驰公司和布尔达公司，并把精力放在他的出庭辩护上。

1982年9月17日，自民党的部长退出了施密特总理的内阁。联合政府的背后是几个月的关于改造、减税和社会削减的争议。许多社民党人士至今认为，社民党抵制对如格拉夫•拉姆多夫和汉斯•弗里德里希斯等罪人的大赦法是联盟党破裂的主要原因。随后在10月1日，基民盟提出建设性不信任协议。联邦议院以自民党议会党团的一部分票数选出了赫尔穆特•科尔为新任总理。1983年3月5日的新一轮选举证实了黑黄联盟[1]的胜利。一天后，冯•布劳希奇在写给总理赫尔穆特•科尔的一封信中祝贺他竞选获胜：

亲爱的赫尔穆特：

我们满怀喜悦与崇敬之情一直关注着选举票数的清点。在我能够陪伴你的漫长岁月中（我想那也是一段艰难的时期），这一定是最出色的一天。愿上帝赐福于你，以健康的身体来应对你面前的这个艰巨任务，不辜负选民对你的信任。而现在，在大选结束之后，我想这也是我们这个时代的民主政治家领袖该把那个不言而喻的事实真相告诉公众的时候，也就是在共和国之初所有党派通过经济获

[1] 黑黄联盟：指基民盟（黑党）与自民党（黄党）的联合执政。

得的主要财政支持。只有这样，才能终止令人难以置信的诽谤行为，并终止代表无罪推定。痛苦的伤口总归会留下。不管怎样，如果政客领袖们能采取主动，而不是所谓的“被告”被迫为自己进行有效的辩护，那么我觉得这样做会更好，更可控。

期待你的回复，并送上美好的祝愿。

你的 埃伯哈德

同样，冯•布劳希奇也给汉斯-迪特里希•根舍写了一封类似的信件，他没有收到一个回复。为此，基民盟/基社盟议会党团领导人沃尔夫冈•朔伊布勒在调查委员会开始前不久要求在一个保密的地方进行一次谈话。在《沉默的代价》中冯•布劳希奇对这次会面进行了如下描述：“朔伊布勒对我规劝道：总理恳请我在这个时候不要犯错。我根本不需要说出所有实情，我们面前就是大赦，很快这一切就会结束，因此我在一些点上撤回了对自己的辩护。”

在面对委员会时和在法庭上，冯•布劳希奇也尽量注意不提供他从前的朋友及老板弗里德里西•卡尔的罪证。事实上，冯•布劳希奇不得不以一个使整个国家的政治阶层陷入无休止的、令人不快的混乱局面的幕后策划者的身份出现在公众面前。朔伊布勒说的通过科尔政府宣布的大赦没有获得成功，这一次，计划在自民党左翼分子的抵制下失败了，外交部长根舍已经让他的党派在黑黄执政之交经历了一次严峻的考验，他不想再一次挑战他的政党左翼。

对于赫尔穆特•科尔来说，这起事件几乎也导致了法律后果。在调查委员会中，他声称不知道公民协会是一个“资金和捐款筹集体系”。证据显示他说了谎。海纳•盖斯勒为他的上司做了辩护：科尔一定是“暂时性失忆”了。由于提供假证，奥托•席利对此提出了刑事指控。总理可以逃脱一次审判，因为他被证明不是蓄意的。这一事件所带来的政治后果是有限的。根据联邦总统在1983年任命的专家委员会的建议，联邦议院修改了政党法。修正案的目的是促进政党捐赠合法化。各政党等同于社会福利协会，并且，捐款可以最多占个人收入的5%及占公司工资总额的2‰，无须上税。该法案的修正案在1988年规定，免税额应限制在每年6万马克。

埃伯哈德•冯•布劳希奇很长一段时间都忍受着公众的攻击。他经管了斯普林格的私人财产，并以监事会主席的身份参与了施科保地区布纳工厂的重建工作。他个人对此事件的结算发生在1999年。冯•布劳希奇如今把自己看作是腐败政治制度之下的受害者，在商界中没有一个人会“出于自愿向一个政党捐款”。对他来说，献金事件实际上是一个保护费事件。弗里德里希•弗利克两合公司“交纳了保护费，用以保护自己不受仇视经济政策的镇压”。想要盈利更多，同样也必须付出更多，政治献金只不过是一种间接的税款形式。准确地说：“所有党派及其财务主任对于捐赠的持续请求实质上是对自愿捐款行为的一种要求，并且每个人都知道，如果不遵照这个要求去做，他们的企业和整个经济状况都将受到损害。”从联盟党、社民党和自民党政客们在面对调查委员会和在法庭上所做的混乱陈述的矛盾和失忆程度可以看出，冯•布劳希奇对保护费的说法至少是“被收买的共和国”的真相的一部分。

在柏林墙倒塌之后，又爆出这起事件的另一个有趣的细节。自1972年起，在波恩的弗利克集团办事处被安插了一名东德安全局间谍汉斯-阿道夫•坎特，他的掩护名叫“费尔希特”。1974年，坎特晋升为办事处的全权代表及办公室副主任，20世纪50年代初，冯•布劳希奇还在美因茨上学的时候就认识了他，在那里，坎特加入了赫尔穆特•科尔的青年军队，并顺便出版保守派作家的书籍。20世纪70年代初，他在波恩购买了一所房子做投资：租户是埃贡•巴尔。弗利克集团希望从坎特与埃贡•巴尔的关系中受益，并且冯•布劳希奇对他也有好感。多年来，这两位弗利克员工逐渐产生了友谊，有时他们两家人还在一起度假。1995年，科布伦茨的州高级法院因叛国罪判处坎特两年缓刑。如果人们相信东德对外情报局局长马库斯•沃尔夫，那么坎特就非常幸运地逃脱了这次判决。在1997年的回忆录中称，坎特是“我安插在西德资历最深的侦察员”，尽管他没有像君特•纪尧姆那样能直接接触政府高层，不过纪尧姆的情报信息“几乎没有什么价值”。东德安全局早已在德国公众知道之前就对波恩的献金行为有了详细的了解。冯•布劳希奇怀疑，在他发表“被收买的共和国”的过程中，东德安全局向《明镜周刊》提供了弗利克家族的秘密笔记。“米夏”沃尔夫否认了这一点：“我的工作并没有对揭露1981年的政治献金丑闻带来什么帮助。”为了保护其来源，东德安全局抵制住了诱惑，没有把材料转交给西德媒体。冯•布劳希奇再次对这一说法表示怀疑。然而，回顾过往，无论人们对于冯•布劳希奇的罪责如何评价，不得不说：当他最需要支持和帮助的时候，许多政客和商界的朋友却袖手旁观。“沉默的代价是多年的孤独”，这便是冯•布劳希奇的回忆录中的主调。格特-鲁道夫•弗利克讽刺地回击道：“就算埃伯哈德待在瑞士并且继续保持沉默，也还是会花钱的。”

七、从遗产中解脱出来

“在困难时期，不能只解雇二级海员！”1982年11月，弗里德里希·卡尔·弗利克再一次利用航海中的一句格言来作为解雇两个股东埃伯哈德·冯·布劳希奇和汉斯-阿恩特·沃格斯的理由，而第三个人——克劳斯·戈特，为了跟他的股东同伴们站在同一阵线，也自愿辞职了。君特·马克斯·帕夫根因健康原因在一年前已经退休。弗里德里希·卡尔·弗利克在献金丑闻闹得沸沸扬扬之时做出的这个决定被普遍解读为打了一场解放战役。“驾驶台上的新人”成了集团的“老海员”。据说是韦茨拉尔的布德鲁斯公司迄今为止的老板汉斯·沃纳·科尔布为公司开出了这个“裁员计划”。弗里德里希·卡尔把集团的业务经理从11人削减为4人，集团受益于一个精简后的领导层。此外，这位公司持有人也表示，今后要全身心地投入到公司的日常业务。“我也应该得到一个从错误中学习的机会。”在接受《明星周刊》的一次采访时他这样解释道。

尽管如此，钢铁家科尔布的决定很难被解释为对集团未来的规划，他几乎已经到了退休年龄。在国际董事会圈，关于弗里德里希·卡尔准备出售集团的谣言已经传开。美国钢铁集团联合技术公司为了保险起见，已经表示了对装甲锻造公司克劳斯-玛菲的兴趣。另外，据称，英国宝华特公司为费尔德米勒公司开出了6亿马克的价格。而菲亚特公司的乔瓦尼·阿涅利也开始加强其公司与德国的联系。1983年3月，弗里德里希·卡尔决定今后掌管在德意志银行的所有公司账户。此前，集团把公司账户交给了一些机构管理。弗利克的律师德特勒夫·翁德里希对此简洁地评论道："在困难时期，将所有的流动资产集中到一家银行往往是一个好办法。"商业媒体推测，这是因为集中到一家银行更容易将集团整体或者分割出售。弗里德里希·卡尔坚持宣称："我要将整个工业产业出售的说法完全是无稽之谈，冬季季末大甩卖根本不存在。这样的传言就像尼斯湖水怪。虽然谣言四起，但事实上什么也没发生。我没有离开联邦共和国的理由。我爱这个国家，尤其爱巴伐利亚。尽管这里有针对我的荒唐的逢场作戏，我在家乡还是感到很愉快。我喜欢德国高纯度的啤酒，所以我不会移民。"

这些话是弗里德里希·卡尔·弗利克在1985年1月的最后一周说的，他像一个企业家那样又一次选择了正确的道路，而且完全遵循了父亲的原则。在对戴姆勒收益进行再投资的阶段，每名经理都首先建立起了自己的工作团队。业务经理人员减少后，集团与子公司的联系变得更加直接且有效。在波恩，社会民主党刚刚让出了执政党的位置，经济形势在1984年再次好转。诺贝尔炸药公司在度过了几年困难期之后，销售额增长显著，增长了12%，达到36亿马克。费尔德米勒的销售额甚至增加了25%，达到34亿马克，还有长久以来都最令集团操心的布德鲁斯也再一次盈利。凭借其在戴姆勒-奔驰、格雷斯和格林的股份，弗利克公司获利高达1.67亿马克。新任劳工部长诺贝特•布吕姆对弗利克集团总体感到满意：在4.3万名员工中没有再出现解雇的情况。弗利克集团再次创造了更多的就业岗位。

1985年12月5日，德意志银行负责人阿尔弗雷德•赫尔豪森在内阁会议结束后突然闯进总理府办公室说：“德意志银行以约50亿马克的价格买下弗里德里希•卡尔•弗利克的财产。”赫尔穆特•科尔并没有感到吃惊，现在只需要最终确定价格。早在3月的一次记者招待会上赫尔豪森就宣布：“弗里德里希•卡尔先生要求我们对集团进行收购。”由此，多年来的传言得到了证实。对于这个决定的时间点有一个简单的解释：自1983年以来，弗里德里希•卡尔投资的股票价格再次大幅上涨。一年前，他差点把自己的公司以远低于市值的价格卖了。3年后，他又满怀信心委托他的老朋友——前戴姆勒老板约阿希姆•扎恩进行谈判。谈判期间，弗里德里希•卡尔参股的价格继续攀升。《明镜周刊》为它的读者对这50亿的最终售价进行了如下解读：“如果一个德国公民想要积累起弗里德里希•卡尔那么多的财产，需要每周中六次彩票并持续一百年才可以实现。”《法兰克福汇报》称，这笔金额相当于2万栋单户住宅，且每栋价值25万马克。

真是受够了！

德意志银行宣布，拟将整个弗利克集团转售，并且力求广泛传播。为了使这笔交易在技术上得以实现，弗里德里希•卡尔•弗利克首先将他的两合公司转变成了股份公司。销售日期定在1985至1986年之交的24点与0点之间的“逻辑时间点”。这一法律上的伎俩给买方带来了明显的好处，即德意志银行在一年之中不需要对转售所得的利润再缴纳财产税和公司所得税。在将全部股份出售给德意志银行后，弗里德里希•卡尔又买回了他之前在格林的股份，以便不久后将其出售给汉斯•格林，让许多观察家感到惊讶的是格林又有流动资金了。先给大家回忆一下：1974年，格林必须把公司51%的股份让给一个德国控股公司和一个瑞士控股公司，最终这个名额落到了弗利克集团的头上。包括格林的这笔交易在内——格林最终支付了大约4.5亿马克——这个家族企业使弗里德里希•卡尔获得了53.6亿马克。由此弗利克家族最终与克虏伯、蒂森、克罗克纳、利多富、汉高、海涅尔、西门子一起加入了私人财富管理帝国。

令人惊讶的是，媒体对出售集团的反应都是积极的。政府发言人弗里德黑尔姆•奥斯特在月季销售结束时这样评价道：这下弗利克工厂的工人们可以放心了。《图片报》用以下的话作为了新闻标题：弗利克集团的员工又可以睡个好觉了。《时代周报》用了两个篇幅的报道外加三栏评论来对这个德国最大私人企业的终结表示敬意：

“弗里德里希•卡尔•弗利克，据人们对他的了解，从来不是一个有事业心的企业家。即使是他的父亲——家族财富的奠基者，也不是一个把技术知识、资本和开创性产品研究或制造工艺相互结合的有活力的企业家。弗里德里希•弗利克是成功的企业打造家，他的儿子弗里德里希•卡尔既不是前者也不是后者。即使有一天弗里德里希 • 卡尔离开了联邦共和国的工业领域也不会有人流泪和哀叹。如果任由这些不太令人信服的集团所有者们凭心情来领导他们的集团或企业，那么对弗里德里希•卡尔和其他一些成功企业的第二代或第三代领导来说，企业所面临的危险是显而易见的。”

文章中的一句点睛之笔这样写到：“弗里德里希•卡尔的出售决定将作为他最好的企业决策载入家族史册，这也算不错了。”

弗里德里希•卡尔•弗利克对此表现得沉默寡言，他只是表示，希望凭借这一轰动之举使公司的未来得到保障，而不再依赖于他本人。他写信给他的商界朋友解释此举的原因：“对我来说尤其重要的是私人企业财产的征税问题。巨额的税款使企业难以承受并且还威胁到企业的生存。”弗里德里希•卡尔用这样的观点暗指了所谓的额外继承税。1974年，社会自由联盟采用了这一观点，以堵住那些超级富豪的税收漏洞，弗里德里希•弗利克正是借助于这个法律漏洞把他的商业帝国传给了儿子，而没有缴纳任何税款。这个额外继承税涉及那些不带有慈善性质的家庭基金会，因为它只让个人受益。这项法律假定每30年会出现继承现象。之后家族基金会35%的财产转入国库。克罗克纳的继承人向联邦宪法法院对这一规定提出诉讼，然而没有得到任何结果，因此弗里德里希•卡尔也不得不认为这也会波及到他的财产。

弗里德里希•卡尔•弗利克的智囊团顾问君特•马克斯•帕夫根和约阿希姆•扎恩一再提醒他，这个私人基金会可能会把他带到毁灭的边缘。在出售集团时，弗里德里希•弗利克博士基金会拥有61%的股份，是弗利克两合公司最大的股东。该基金会由弗里德里希•弗利克于1961年创立，如果按照该法律假定的30年，那么1991年会出现第一次继承问题。然而，仔细一看根本谈不上威胁到企业的生存。一方面，自20世纪70年代以来，集团已经为基金会建立了储备金；另一方面，弗里德里希•卡尔可以随时解散父亲的这个基金会。1983年时他就已经解散了玛丽和弗里德里希•弗利克基金会。如果是这样的话，在弗里德里希•卡尔•弗利克去世时，也会产生一些需要支付的遗产税，同时这位亿万富翁就会从人们纷纷议论的恐惧中解脱出来——在贫穷中死去。

许多经济观察家怀疑，该集团的出售与那次用弗利克命名的政治献金事件有关。据说在受到外界批评的这些年里，弗里德里希•卡尔多次对他亲近的人说："我真是受够了！"而埃伯哈德•冯•布劳希奇有另一种解释，这位集团的前总经理写道："屈服于公众的压力并不符合他的性格。在对集团未来的冷静观察下他更得出了这样的结论，对于一个这种规模的家族企业来说，在德国社会已经没有多少生存空间了。在这种情况下，保留行事准则并及时出售是一个明智之举。”1985年，侄子格特-鲁道夫•弗利克对此有不同的看法，并对将“弗利克”这个公司名称从德国工业中抹去进行了批评：这并不是什么迫切需要做的事。在丑闻事件期间，他和弟弟弗里德里希•克里斯蒂安甚至在考虑，以“损害公司及家族名誉的行为”对叔叔进行起诉，然后由他们自己来掌舵整个公司。“如果可以把叔叔的性格总结为一个特征，那么就只剩‘恐惧’了。”侄子在今天这样说道。从叔叔的出售决定中他流露出的是对未来的恐惧。

树下的蘑菇

格特-鲁道夫•弗利克和弗里德里希•克里斯蒂安想通过起诉叔叔使他重回家族企业的愿望基本不可能实现，兄弟俩也没有进行这种尝试。也许在这期间，他们渐渐适应了一个有钱的艺术家的安逸生活。1985年，他们并没有去要求撤销补偿协议，而是威胁要阻挠与德意志银行的交易。因为尽管有补偿，但是从法律上来看，奥托-厄恩斯特•弗利克的后代是否还享有之前的家庭控股权，仍然存在着争议。此外，侄子们认为，叔叔的出售行为违反了祖父遗嘱里的规定，即公司“要尽可能长期地为家族所持有”。据称，通过法律的威胁手段，格特-鲁道夫、弗里德里希•克里斯蒂安和达格玛能逼迫叔叔补偿他们2.25亿马克。扣除掉给侄子们的钱以及必须为出售收益支付的税款后，弗里德里希•卡尔•弗利克还剩下总共35亿马克。多家报纸预测，以7%的利率，他每年可获得8000多万马克的净收入，这意味着这位58岁的已经不再是集团老板的弗利克每天有23万马克供自己花销，而且不必去动用他的储备财产。

在弗里德里希•弗利克逝世后，弗里德里希•卡尔发誓要以“高度的责任感”，并“遵循父亲的精神”来维持和发展他继承的父亲的遗产。13年后，他卖掉了这些财产得到了钱。他在慕尼黑的好友们这样评价弗里德里希•卡尔•弗利克，“从每天一睁眼到晚上睡觉前，整个人都是忧心忡忡的”。德意志银行以一个可观的价格买下了他的遗产，对他来说是真正的解脱。从弗里德里希•卡尔•弗利克身上可以看到，虽然财产是可以继承的，但是具备天赋和才干的企业家却不是世世代代都会有的。“在一棵大树下至多只有蘑菇才能生长得很好。”这句话出自杜塞尔多夫公司经纪人卡尔•季默，它暗指了弗利克家族。但是，对于出售集团这一结果，老弗里德里希•弗利克也负有责任。在20世纪60年代的时候，他没有像京特•匡特对他的儿子哈拉尔德和赫伯特所做的那样，给他的儿子们合理地分配任务。根据遗嘱里所说，两人的能力有着明显的区别，而且两人也一向不合。

“弗利克集团的真正悲剧是，那些遗产最终留给了弗里德里希•卡尔•弗利克，这使得所有的后代不再有动力去成为一名企业家。”《时代周报》在报道集团的终结时这样写道。格特-鲁道夫、弗里德里希•克里斯蒂安可能会成功吗？在经济史上假设也只能是假设。可以想象，奥托-厄恩斯特的孩子们可能会取得更大的成功。他们在今天仍然强调：“我们是永远都不会卖掉戴姆勒股份的。”通过出售29%的股份，弗里德里希•卡尔•弗利克在1975年获得了约20亿马克。到1985年，这些股份在股票交易所的价格已涨到了120亿马克。如果弗利克在20世纪70年代没有将那些股份卖掉，那么他就不必为避免缴税而绞尽脑汁，也不会有之后的弗利克丑闻事件了。1999年4月27日，戴姆勒-克莱斯勒的股票价格达到历史最高位，原本1975年的39%的原始股份将达到500亿的市值。

叔侄又开始互相说话了

对德意志银行来说，这笔交易是值得的。1986年，德意志银行以约55亿马克的价格把弗里德里希•卡尔•弗利克在戴姆勒和格雷斯的股份放到交易所出售，最后也把费尔德米勒-诺贝尔公司的股份——在此期间还包括布德鲁斯——以约20亿马克的价格放到了交易所。在出售“诺贝尔米勒”时，弗利克家族内部爆发了最后一场激烈的争论。格特-鲁道夫•弗利克和弗里德里希•克里斯蒂安在法庭上对费尔德米勒-诺贝尔公司提出了多项指控，因为他们在“瓜分”祖父公司的行为中违反了公司法。此外，他们还试图阻止对董事会发言人赫利伯特•布拉施克的免罪，他们指责他作为叔叔的帮手继续进行交易。与此同时，兄弟俩开始秘密购买费尔德米勒-诺贝尔公司的股份。短短一年之后，他们就持有40%的公司股份，从而获得了明确的股东大会绝大多数的支持。之后，他们把他们持有的大宗股票高价转给了费巴公司。商业媒体估计兄弟俩至少获得了3亿马克的利润。

战斗伴随着新一轮关于家族遗产分配的争执。弗里德里希•卡尔•弗利克单方面宣布放弃1985年的调解，并要求索还2.25亿的追加补偿费。他的两个法学博士侄子也开始重新思考如何才能让90%和10%的不平等遗产分配比例作废。阿尔弗雷德•赫尔豪森建议3人单独进行一次谈话，弗里德里希•卡尔拒绝了这个提议。然而，到最后他们当中没有任何一方将自己的诉求坚持到底。到1989年公众才最终获悉，争论“终于解决了”。关于最后的和平调解方式至今都仍是家族的秘密，只有弗里德里希•克里斯蒂安•弗利克的一句简单的回答：“相信我，为了这次调解双方都花费了很大力气。”至此，这场开始于1956年的由戴姆勒董事会席位分配而引起的争论终于画上了句号。“现在我们开始互相说话了”，格特-鲁道夫•弗利克强调道，嘴角带着一丝微微的冷笑。当弗里德里希•卡尔的女儿们在伦敦时，俩侄子住在叔叔位于昂斯洛广场旁的房子里。

世界上最富有的双胞胎

1986年，长期的经济繁荣期开始了。除了减免税收外，油价下跌也是刺激经济发展的一个因素。在波恩作为共和国首都的最后几年时间里，经济显现出实质性的增长，出口盈余增加和通货膨胀率降低。1990年，财政部长西奥•魏格尔计划实现财政预算盈余。1989年11月9日，东德统一社会党成员君特•沙博夫斯基因一时口误，无意间导致了柏林墙的拆除。当时的西柏林市市长沃尔特•莫波尔认为“德国人是世界上最幸福的人”。由于政府在两德统一上的巨大支出，预算盈余没能实现，但在统一热潮的推动下，官方的经济增速达到了6.3%。社民党的总理候选人奥斯卡•拉方丹呼吁增加税收，以用于振兴东德。科尔认为，可以通过更高的新增负债来为“繁荣景象”筹措资金。最终，科尔政府出台了征收“团结附加税”的政策，股东们又可以期待长期的股市繁荣了。用于统一的相当一部分有效支出花的是社会保障体系的钱。

在费尔德米勒-诺贝尔的成功之举后，格特-鲁道夫•弗利克和弗里德里希•克里斯蒂安•弗利克就从经济新闻的头条中消失了，不过他们的名字还是经常出现在一些八卦专栏中。格特-鲁道夫•弗利克与约翰娜•祖•塞恩•维特根施泰因公主离婚，并于1985年与一位意大利的哲学系学生多娜泰拉•密西可夫-霍洛维茨结婚。1989年，他们的儿子塞巴斯蒂安出生了，如今在伊顿的精英寄宿学校上学，平时还会参加品酒课程。家族里的一些人嘲讽道，塞巴斯蒂安还可以从他的三爷爷那学习到酿酒知识。1996年1月，格特-鲁道夫•弗利克的第二段婚姻也破裂了，儿子跟着妈妈多娜泰拉，母子俩得到3500万马克的补偿金。戏剧性的是，战争罪犯弗里德里希•弗利克的曾孙塞巴斯蒂安和母亲搬到了温斯顿•丘吉尔位于伦敦海德公园的住所。离婚4年后，街边小报报道了多娜泰拉与前夫之间的一场“玫瑰战争”：多娜泰拉指控格特-鲁道夫•弗利克偷了一个胸针并把它转送给了他的情人。2000年春，格特-鲁道夫•弗利克又一次再婚了，第三任妻子科琳•穆勒-维曼比他小23岁，是巴登州的糖果制造商阿克塞尔•维曼的女儿，并且拥有继承权，还是一名法律系硕士和文学博士。他们举办婚礼前，她在伦敦的贝塔斯曼公司任职。此前，在她的协助下，亚马逊网上书店在慕尼黑成立。

弗里德里希·克里斯蒂安·弗利克与安德烈·德·波塔戈伯爵夫人的婚姻也很短暂。与哥哥一样，他也于1985年再婚，迎娶了一位年轻漂亮的女子——玛丽亚·菲利西塔斯·冯·申贝格-格劳豪女伯爵。她是波恩的一名法律系的学生，同时还是格萝利娅·冯·图恩·温特·塔克西斯的妹妹。在婚后的4年里，他们生了3个孩子：亚历山大·弗里德里希、玛丽亚·皮拉尔和厄恩斯特-莫里茨。他们的女儿患有痉挛性脑瘫，有语言障碍，只能坐在轮椅上，与其他有残疾孩子的有钱父母不同，弗利克家族从未把这当成什么秘密。

在很长一段时间里，弗里德里希·克里斯蒂安和玛丽亚都被认为是上流社会中最般配的一对夫妇，过着奢华的生活。在格施塔德的晚宴上，他们还邀请了祖鲁国王曼戈苏图·布特莱齐和德意志银行总裁卡尔·奥托·波尔。夫妇俩还以3000万马克的价格从番茄酱之王亨利·约翰·海因茨手中买下了位于英国萨里郡的阿斯科特庄园。不久之后，他们又买下了位于牛津郡的第二座豪宅——萨斯登庄园。弗里德里希·克里斯蒂安担任图恩·温特·塔克西斯家族的财政顾问，还与冯·俾斯麦一起去打猎，他对自己是上流社会风云人物的身份感到很满意。然而8年之后，他们的婚姻却走到了尽头。玛丽亚仅仅得到了2000万马克的补偿金，上流社会的人士都很惊讶，弗里德里希·克里斯蒂安仅支付了如此少的费用就结束了他的第二段婚姻。他的前妻引用迪伦马特的话说："正义存在于司法无法进入的地方。”玛丽亚上诉要求追加补偿：“2000万的数目看起来很多，但是如果要过上超级富豪的生活，这些钱并不算什么。我已经把我的生活成本削减了80%，但开销仍然是一笔天文数字。”法官表示理解：“你应该知道，有钱人可以为了一支蜡烛花掉90马克。”然而，她每年买拉布拉多狗粮需花费9200马克，买衣服15万马克，汽油钱1.5万马克，这些对于法庭来说似乎太高了：“一公升汽油对所有人都是一样的价格。”

如今，弗里德里希·克里斯蒂安与前妻又恢复了融洽的关系，圣诞节和复活节也是他们与孩子们一起庆祝的，在节日期间孩子们经常和父亲在一起。60岁时，他还经常去打网球和爬山。弗里德里希·克里斯蒂安·弗利克把他70%的时间都花在了艺术品收藏上。街边小报继续抱以极大的兴趣关注着弗里德里希·克里斯蒂安出席的各种聚会。他向《柏林日报》透露：“我根本不是一个坚定的独身者，我和女人的关系越来越久。我结过两次婚，在我上一次离婚之后，我又跟一位女子在一起生活了6年，这是一段伟大的爱情。”

妹妹达格玛也离过两次婚，现在她姓奥特曼。她的孩子莉莉和尼古拉斯继承了父亲的伯爵衔和名字维茨图姆。儿子和叔叔以及三爷爷一样读的是法律专业，而女儿读的是历史专业。达格玛的丈夫是一名法学教授，一直在蒂宾根大学任教。

20世纪80年代初，弗里德里希·卡尔·弗利克与第二任妻子厄休拉·雷瑟也离婚了，同样两个女儿也跟着母亲生活。按照弗里德里希·卡尔的说法，孩子们没有缺失父爱。离婚后，他向《明星周刊》透露，他还要再婚："我不想一个人生活。我希望找到一个善良可爱并且有健全理智的女孩，这就够了。"在圣克里斯托夫的一家高级酒店接待处，他遇到了他所说的那个女孩。"英格丽•拉格是一个木匠的女儿，比他小33岁，奥地利人，活泼可爱，有一头金色的头发和一双明亮的蓝眼睛。"《图片报》报道说。1990年，弗里德里希•卡尔•弗利克开始了他的第三段婚姻。

1年前，报纸通过一起勒索事件将弗里德里希•卡尔•弗利克过去的一个不愉快的故事公之于众。1989年11月18日，《南德意志报》报道："1960年，工业家继承人弗里德里希•卡尔•弗利克与一位女售货员发生了不正当的男女关系，导致女方堕胎，汉斯和克里斯特尔夫妇企图在20多年后借这件事勒索他。弗里德里希•卡尔非但没有给对方钱，还对他们进行了告发。目前，L.女士因企图勒索而被判缓刑一年。"事实是，弗里德里希•卡尔把这位旧情人送到了瑞士去堕胎，并支付了12.5万马克的赔偿，条件是今后不能把这件事说出去。因为那段时间正值柏林墙倒塌，因此并没有太多读者关注到这起难堪的事件。

1994年，弗里德里希•卡尔•弗利克离开了他的家乡联邦共和国，在赫尔穆特•科尔赢得联邦大选的3天后，他宣布迁居到他新婚妻子的家乡。他已经拥有了在奥地利的住所和护照，由于是公众人物，这一次他也是深居简出。不过，搬迁的理由却是显而易见的：为了加入欧盟，奥地利政府取消了财产税和遗产税。维也纳税务局仅对资本收入征收22%的预扣税。从那以后他就逃脱了在北威州须缴纳的1亿多马克的所得税和财产税，就连未来将出现的继承税也打了水漂。德-奥双重征税协定没有为此提供依据。赫伯特•里尔-海斯主编在《南德意志报》中估计，弗里德里希•卡尔每年能省下大约7000万到1亿马克的税钱。

同《经理人》杂志的估计相同，到2003年，弗里德里希•卡尔•弗利克的资产已经增长到了53亿欧元。在德国富人榜中他位居第七。他在维也纳的资金由一个4人董事会管理，并且这个董事会由大约40名国际投资顾问提供支持。弗里茨•卡尔与他最重要的员工每年进行6次会面。1998年，弗里德里希•卡尔向奥地利商业杂志《趋势》透露，他把10%的资产投到了房地产，其余的部分各投了一半到股票和债券市场。在其股票投资中，欧洲市场的投资占50%，北美占45%，亚洲只有5%。除去税收、通货膨胀和个人开支后，他会拿出4%的资产进行个人投资。

与以往一样，为了使自己的生活过得舒适且安全，弗里德里希•卡尔雇佣了100多人来服侍自己，从厨师到保镖，一应俱全。两个女儿亚历山德拉和伊丽莎白在这期间也结婚了，大女儿嫁给了汉堡的一个企业家，小女儿则嫁给了阿根廷的一位银行家兼马球运动员，两人都在努力为弗里德里希•卡尔家族增添第三代。1999年1月17日，71岁的弗里德里希•卡尔再次当上了父亲，妻子英格丽剖腹产下了一对龙凤胎，他为儿子取名卡尔•弗里德里希，女儿叫维多利亚-卡塔琳娜。外祖父维克托•拉格立即为这对“世界上最富有的双胞胎”（《图片报》这样称呼他们）制作了一个由瑞士五针松制成的双人摇篮，并祝愿他们拥有一个普通人的童年。

最近这些年，弗里德里希•卡尔•弗利克过上了清净的生活，长期以来他的身体就一直出现一些严重的健康问题，包括髋关节和肩部疾病，因此他也不得不放弃一部分他爱好的体育运动。英格丽告诉记者，他们夫妇俩都喜欢看电视来放松，但是不喜欢看长篇电影，而是喜欢看像《彼得和保罗》那样的娱乐节目。除此之外，他们还喜欢看一些体育节目。英格丽说："双重国籍的身份经常会让我的丈夫不知如何是好，如果德国和奥地利打比赛，我的丈夫一会是德国人，一会又是奥地利人。他一般会等到半场休息时间，如果奥地利领先，他就是奥地利人，如果德国领先，他又变成了德国人。"

八、真，善，美

20世纪80年代中期，艺术收藏家弗里德里希•克里斯蒂安•弗利克买下了西格玛尔•波尔克的画作《巴伐利亚人》，这是他购买的第一部现代艺术作品，他将这部作品称为“蜕皮”。在那之前，他受到人文主义风格的审美影响，只买中世纪大师的画作来装饰自己房屋。他说：“这纯粹是一种视觉刺激。”当蛇被裹得很紧的时候，就会蜕皮。波尔克是他审美转变后喜欢上的第一位艺术家，从那以后他一直对现代艺术情有独钟。他买了很多现代风格的艺术作品，挂满了整面墙，然后他又租下了一个仓库，继续购买。在过去的15年里，弗里德里希•克里斯蒂安总共买下了差不多2500件作品。他的收藏册就像是一个当代艺术家名册，他拥有艺术家布鲁斯•诺曼遗留世间的最多的收藏品，还拥有里希特和基彭伯格的许多画作。他的收藏差不多涵盖了整个贝歇尔学派。他买下了所有包豪斯摄影名师的作品，以及杜尚、皮卡比亚、贾科梅蒂和布达埃尔的名作。除此之外，还有极简主义艺术家包括丹•弗拉文、卡尔•安德烈和唐纳德•贾德在内的作品。他的朋友，瑞士苏黎世著名的顶级画廊创始人伊万•沃斯在最近这几年帮助他又买入了杰森•罗德斯和保罗•麦卡锡的许多名作，所有的收藏品加起来估价已高达3亿美元。在苏黎世，他请了12人来帮他管理这些作品，而且这些作品平均每天增加一件。从《蜕皮》开始，弗里德里希•克里斯蒂安对现代艺术产生了一种痴迷的情感，一些了解他的人认为，这是一种强迫症。

这种强迫症来源于空虚。与哥哥格特-鲁道夫一样，在获得叔叔的赔偿金之后，弗里德里希•克里斯蒂安也在与这种“绝对的自由”作抗争。他到南美洲爬山（在他之前甚至都没有人去过那），骑摩托车从阿拉斯加州到南加州，骑马穿越肯尼亚，还参加了从北京到巴黎为期3个月的汽车拉力赛。在纽约，他经常去到54俱乐部，与歌手米克•贾格尔和丽莎•明尼里一起嗨。在看尽一切后，对他来说似乎没有什么是值得一看的：都太肤浅、太无聊、太无关紧要。他向《南德意志报》透露说：“我那丰富多彩的、所谓上层社会的享乐生活，已经失去了魅力。不要误解我的意思，至少我结识了波兰斯基、卡拉扬和沃霍尔这些艺术界的名人。上流社会不是只有那些无趣的人，但是我却感到如此的空虚、糟糕和忧郁。”一位来自哈萨克斯坦的医生给予了他精神上的支持，并陪他一起冥思。现代艺术为他的生活“赋予了新的意义”，他又能重新感觉到自己的存在了。弗里德里希•克里斯蒂安说：“我收藏了一些当代艺术作品，因为我很感兴趣，艺术家们能够从不同于我们“普通人”的角度来看待生活。”艺术家的世界是另类的，充满了他所追寻的那些捉摸不透的人物，也许是因为他有一位严肃的父亲和一位严厉的祖父，使得他的生活与艺术形成了鲜明的反差。与其说他对艺术家们在美学上的成就感兴趣，不如说是对他们作品背后蕴含着的“想法和生活模式”感兴趣。弗里德里希·克里斯蒂安从现代艺术中看出了20世纪人们内心的矛盾、冷漠和精神空虚，同时也看出了正义、笃定和童真。

1997年底，艺术收藏家弗里德里希·克里斯蒂安·弗利克给在奥地利的叔叔弗里德里希·卡尔写了一封信：“我希望让我的孩子和后代们对我们家族的名字有新的认同感。”这就是他为什么在艺术收藏上投入大量时间和金钱的主要原因之一。他坚信，“凭借这一艺术成就”，“弗利克”这个名字可以被重新定义为是积极的正面的。也就是说，当人们以后再说起“弗利克”这个名字时，首先联想到的不再是“强制劳工”和“献金丑闻事件”。弗里德里希·克里斯蒂安建议叔叔以合伙的名义投资一亿到两亿到他的艺术收藏，并且建议用这笔钱为家族建立一个“弗利克艺术收藏馆”。他认为，德累斯顿作为“东西交汇点”是一个理想的选址地，不过他也考虑过柏林和斯特拉斯堡。很明显，无论叔叔是否加入，他都一定会实现他的这个愿望。

弗里德里希·卡尔·弗利克在一月的回信中对侄子的这个“愿望”表示祝贺，但也明确表示没有丝毫兴趣加入。他还强调，他已经把住所搬到了奥地利，不仅仅是因为

“税务方面的原因”。他的慈善投资仅限于他的居住地，如果需要在德国进行投资，“避开税收”一定是首先考虑的因素。顾问埃伯哈德•冯•布劳希奇认为弗里德里希•克里斯蒂安的“愿望”是非常幼稚的，因为在最近的这些年，只要弗利克家族的人在公众视野里抛头露面，就一定会倒霉。

“祖父的过错”

早在1988年，弗里德里希•弗利克的家乡克罗伊茨塔市议会里的绿党人士们就提出申请，要在开学前将“弗里德里希•弗利克高中”改名为“克罗伊茨塔尔市高中”。1968年，弗里德里希•弗利克向该学校捐赠了一百万，现在绿党想要把这些钱归还给弗利克家族。经过备受全国瞩目的激烈争论后，基民盟、自民党和执政的社民党一部分成员最终都拒绝了这一申请。

1995年，有英国选举权的格特-鲁道夫也想步爷爷的后尘，在出版商魏登菲尔德的要求下，他向牛津大学提供了35万英镑（在当时相当于80万马克），用于在贝利奥尔学院设立一个“欧洲思想史弗利克教席”。一些学生和历史学家以及犹太人组织认为，接受这笔具有“肮脏血统”的钱对一所世界名校来说是一个耻辱，英国媒体圈开始争相报道此事。“为什么要给一个战犯这样的荣誉呢？”《泰晤士报》问到，牛津大学的好声誉将因为“弗利克”这个名字而受到玷污。英国的街边小报当然也不会放过报道来自德媒的带有些许敌意的看法。

面对言语上的攻击，格特-鲁道夫完全不知所措，他把自己封闭起来，不与外界来往。后来，他给《每日电讯报》写了一封读者信，在信中他强调，他“非常憎恨德意志第三帝国所发生的一切”，同时他也对“祖父参与了这些可怕事件而感到深深的惭愧”。他无法改变他的名字中带有“弗利克”这个事实，尽管如此，他还是努力尝试着要为他的后代们做些事情。他最后希望，大学的“道德委员会”能够接受这笔捐赠，并且被分到教授名额的贝利奥尔学院的研究员们能替他说些好话，以便让这场争议就此告一段落。然而他们声明：“贝利奥尔不会接受弗利克博士或其他任何与此相关的人作为他们的教授。”在接受《犹太纪事报》采访时，格特-鲁道夫在最后暗示说，大屠杀的幸存者通过弗利克家族的成员得到补偿是“完全可能的”，但是这必须通过家庭委员会做出决定，而且现在时机还不成熟。

这场关于“祖父的过错”的风波并没有平息，《每日电讯报》这样报道。1996年4月，格特-鲁道夫要求牛津大学把“弗利克”这三个字从教授头衔称呼中删去，并归还35万英镑。校长“惋惜地”答应了这个请求，魏登菲尔德说，那些“所谓的道德主义者的过激反应”给此事留下了一丝“苦涩的回味”。

被当作砝码的艺术收藏

2001年初，艺术收藏家弗里德里希·克里斯蒂安·弗利克非常天真地开始把他对“弗利克艺术收藏”博物馆的构想付诸实施，他自豪地宣布，将于2002年在慕尼黑艺术馆首次展出他的收藏品，同时还要在苏黎世建立一个博物馆，这个博物馆将于2004年起对公众永久开放。然而，这座由荷兰著名建筑师雷姆•科尔哈斯设计的博物馆建筑模型最终被存放在一个标记为“易碎”的酒箱中，它差点成为苏黎世最令人印象深刻的建筑之一。苏黎世的艺术界一开始挺激动的，把它称为利马特河畔的曼哈顿。但现在显然不是建立弗利克博物馆的最好时机，德国的政治和经济界正准备解决“强制劳工”事件，奥托•格拉夫•拉姆多夫请求他们为联邦政府和德国经济的基金会倡议行动捐款，用于为第三帝国的少数幸存劳工发放能够维持他们基本生活的退休金。雇用强制劳工的公司应提供50亿马克的补偿，然而许多公司董事会表现得并不那么情愿。如果基金会的目标无法实现，拉姆多夫的筹款活动有可能成为世人眼中一件令人尴尬的事件。在瑞士，人们针对这个国家在第二次世界大战中的角色，犹太难民以及瑞士银行家与手提箱里装满金牙的纳粹头目之间的关系展开了谨慎的讨论。

汉斯•莱恩戴克尔，这位在20世纪80年代一直为《明镜周刊》关注并对推进弗利克丑闻事件的曝光起到重要作用的记者发起了关于“弗利克家族遗产”的又一次辩论。2001年2月初，这位记者在《南德意志报》中指出，弗利克家族拒绝为强制劳工基金会捐款。德国《日报》的姊妹报苏黎世《周报》和苏黎世《每日导报》也开始报道这一话题，并给了莱恩戴克尔很大的篇幅来大肆谈论“弗利克收藏品”。莱恩戴克尔用的标语是：弗里德里希•克里斯蒂安•弗利克希望通过他那些精美的收藏品来为家族姓氏洗刷罪名。他驱散了家族史中的黑暗面。对于这个国家的左翼知识分子来说，他这样做是多此一举，因为他们大多都来自德国。苏黎世剧院馆长克里斯托夫•玛尔塔莱引用评论家的话总结道："我无法说服自己相信这个收藏中的展品不是用战犯的钱以及被没收的被'雅利安化'的犹太人的资产支付的。"有关政治丑闻的报道喜欢言简意赅的表述，这次最受欢迎的一个表述是："艺术品上沾满了强制劳工的血！"莱恩戴克尔用他的文章再次把弗利克事件推到了风口浪尖。导演玛尔塔莱宣布说："如果不能支付足够的赎罪金，我们就不需要这个博物馆。"基金会发言人沃尔夫冈•吉博斯基首先在报纸上继而又以信件的形式要求，弗利克家族的成员都应该参与进来。

弗利克家族确实就是否应该共同为强制劳工基金会捐款进行了讨论，共计1亿马克的数额是讨论的核心问题。妹妹达格玛是最坚定的支持者，格特-鲁道夫也认为捐款是合理的。母亲芭芭拉则极力反对，在她看来，强制劳工们在弗利克工厂总归比去军工厂要好。叔叔弗里茨•卡尔也同芭芭拉持同样的态度：别想从我这得到1芬尼。

弗里德里希•克里斯蒂安•弗利克对苏黎世的苛刻批评感到非常不安，于是，他去到西班牙南部的一个修道院，在那冥想禅修长达三个月，当他回来时，他做出了以下决定：首先，他不顾慕尼黑艺术之家美术馆馆长的反对取消了他在该馆的展出，他认为对他收藏品的讨论有损艺术及创造这些艺术品的艺术家。其次，他不会向强制劳工会基金捐款，他不会让他收藏的艺术品成为别人的砝码。最后，为他的博物馆寻找新的地点。

做出这些决定的原因是复杂的。弗里德里希•克里斯蒂安强调，他的绝大部分财产都不是靠继承所得，而是靠自己努力赚得的。另一方面，曾经雇用过强制劳工的前弗利克公司已经向基金会支付了高于平均水平的金额。如果他再支付一些，强制劳工也得不到更多了，其他德国公司只需支付较少的金额。由于德意志银行承诺一定实现50亿的基金会目标，所以这被认为是正确的。

弗里德里希•克里斯蒂安•弗利克从未否认祖父的罪责，相反他一再表示："祖父的工厂曾经雇佣过强制劳工，这是不合法的。他也因此被定罪，这是对的，我始终都认为这是很重要的一点。但是我也说过，愧疚不等于责任。我不能为我的父辈所做的事情承担罪责，但我可以很好地承担责任，无论是作为德国人，还是作为弗利克这个名字的拥有者。"为了履行这一责任，弗里德里希•克里斯蒂安于2001年建立了"反对排外主义、种族主义和不容忍基金会"，基金会总部设在波茨坦，拥有1000万马克注册资金。从那时起，基金会就一直资助旨在培养东德青少年宽容和勇气精神的项目，此外还包括资助集中营幸存者在高级中学的巡回演讲。

不回家

在2002年4月的一次派对上，活跃的柏林现任市长克劳斯•沃维莱特在快结束时对艺术收藏家弗里德里希•克里斯蒂安•弗利克问到："弗利克先生，您在柏林的收藏情况如何？”5月，弗里德里希•克里斯蒂安•弗利克就坐在了沃维莱特的办公室里。6月，普鲁士文化遗产基金会总经理克劳斯-彼得•舒斯特向他展示了柏林汉堡火车站旁边的里克露天展厅。苏黎世曾经拒绝的却是这个陷入萧条的德国首都求之不得的。《柏林报》做了一个调查：80%的柏林人都希望弗利克收藏品能在柏林展出。弗里德里希•克里斯蒂安对里克露天展厅非常感兴趣：这个旧仓库有130米高，四面是砖墙，有一个大铁门，散发着旧工业的魅力，对于一个希望表现20世纪动荡的艺术收藏展来说，这里似乎是一个最佳场所。圣诞节前，弗里德里希•克里斯蒂安•弗利克与这座城市签订了一份合同。在开始的7年，弗里德里希•克里斯蒂安的收藏在柏林展出，展厅的改建费用由这位收藏家承担，而运营费用则由普鲁士文化遗产基金会承担。但是，即使是在这个前帝国首都，抗议活动也不可避免。

柏林议会的文化政治发言人艾丽丝•斯特罗弗要求，弗里德里希•克里斯蒂安应该为在前盖世太保刑讯牢区域的“恐怖地形”的重建提供资金支持。希尔德•施拉姆倡议将展览与一个文献中心（这个文献中心归纳整理了德国工业界对于强制劳工的剥削，以及这些大集团家族“在1945年以后如何对待他们的罪责和责任”的相关资料）联系起来，她认为弗里德里希•克里斯蒂安应立即用他那“带有罪孽和血液的”钱为文献中心的建造出资。

汉斯•莱恩戴克尔定期在《南德意志报》上跟进此事，例如在2003年11月他写道：“有些政客刻意讨好弗里德里希•克里斯蒂安，因为他们希望弗里德里希•克里斯蒂安能赠送给市政府哪怕几张他收藏的画作。这不是一个关于弗利克王朝事迹的展览，这些作品的所有者是一个逃税者——谁又在乎呢？家族的一个孙子在为弗利克这个名字洗刷着罪名，并且社会民主党人士都恭维地为他鼓掌。”尤其是施罗德总理一面在《图片报》中叱骂那些在国外拥有住所的名人富豪，而私底下又邀请弗里德里希•克里斯蒂安到总理府与他畅聊生活和艺术。这位记者细致算了一下，弗里德里希•克里斯蒂安自从搬去瑞士之后，已经节省了大约1.25亿欧元的税款。莱恩戴克尔的批评虽然受到了很多的关注，但却没有得到太多人的支持。文化部长克里斯蒂娜•魏斯简短地解释说：“我没有看到纳粹政权和当代艺术收藏之间有什么联系。”就连柏林民社党文化委员托马斯•菲利尔也不反对收藏（按其党派风格他应该是反对一切的）。自从弗里德里希•克里斯蒂安与这座城市达成了交易，这位双鬓灰白、机智可爱的单身汉在柏林上流社会的派对上显得尤其受欢迎。

与德国相比，瑞士在1933年至1945年间并没有对它的历史进行过多的整理，苏黎世的文化精英们并不具备区别对待历史罪责和历史责任问题的能力，弗里德里希•克里斯蒂安收藏的画作成了一个有挑衅性的替代行为的投影。在瑞士的辩论缺乏与主题相适应的客观性和深入性，因此带有些许虚伪。在苏黎世博物馆以及周边的那些博物馆中，有许多来历高度可疑的画作，没有一个批评弗里德里希•克里斯蒂安的人谈论过它们，但是当弗里德里希•克里斯蒂安撤回用于博物馆建造的资金时，人们还是产生了很大的内疚感。

在柏林是可能出现不同观点的，它们试图去公正地评价弗利克家族复杂的历史，弗利克家族史在很大程度上也等同于其他德国家庭的家族史。罪犯弗里德里希·弗利克的后辈们都是宽容的、国际化的以及思想开放的人，他们享受自己的财产也没有否认祖父的罪责。反对种族主义的弗利克基金会并不是一个精心策划的公关噱头，相反，它办得很出色。这个基金会的创始人本可以参与玛尔塔莱的赎罪券买卖，只是“家族的一点过错”，就要支付1000万给强制性劳工基金？若是这样，那么博物馆就会落在苏黎世。弗里德里希·克里斯蒂安没有这样做，而是选择了一条更加艰难的道路。莱恩戴克尔也承认：家族集体惩罚是不存在的；但是，家族羞愧感却是可能存在的。可以用金钱来表达他们的羞愧吗？也许吧。如果弗利克，或者弗里德里希·卡尔·弗利克愿意为劳改营的贫苦幸存者捐款的话，肯定看起来会更合适，毕竟达格玛和格特-鲁道夫等人都这样做了；但是，若是把弗里德里希·克里斯蒂安的收藏同捐赠要求联系在一起，无疑会让人感到厌恶。艺术家们创造艺术，是为了展现艺术，这些作品是无罪的，不应该被用于偿还罪过。

大烟草商继承人（伊恩·菲利普·利茨玛）把研究弗利克家族史和德国历史中不光彩的事件作为他的终身事业。艺术史学家们一致认为，弗里德里希·克里斯蒂安的收藏受到了反极权主义的启迪，这位收藏家在对收藏的热情中找到了“具体的政治责任”，他想通过自己的收藏使自己以赞助人的身份流芳百世，他也希望他的收藏能使人们把“弗利克”这个名字与真、善、美联系起来。当然，如果一个家族的后代想要为家族不光彩的历史增添一些美好的话，我们又怎么能说这是不好的呢？

《不回家》是弗里德里希·克里斯蒂安最喜欢的马丁·基彭伯格的作品之一，画中是一只红肿的手，食指翘起，像一根冰棍立在一个木制的容器上。“抛开家族企业，找到自己的路，同时也向往童年——这就是我对这幅画的理解。”弗里德里希·克里斯蒂安说道。柏林公民倡议组织认为弗里德里希·克里斯蒂安应把画作赠送而不是借给柏林市，这将再次洗清他的“罪孽和血液”。这正如戈洛·曼在写到卖国贼古斯塔夫·克虏伯时说：人经历的实际情况总比简单的推论更复杂，这也同样适用于弗利克家族的人们。

参考资询来源

关于弗里德里希•弗利克在1933年以前的成功并没有太多参考来源，几乎所有研究这一课题的作者（奥格尔、奥尔森、《明镜周刊》的作者等）都参阅着相同的文献，并叙述着相同的轶事。格特-鲁道夫•弗利克博士向我提供了这段时期的其他的一些重要信息，例如他祖父的性格特点。

弗利克“与纳粹的协定”在纽伦堡后续审判的记录和出版文件中有全面的记载，它们是构成本书相关章节的基础。弗里德里克•利特曼在关于弗利克集团强制劳工的研究中也提供了宝贵的帮助。二级文献也在参考范围之内。

第二次世界大战后，弗利克集团的重新崛起及其家族纷争被德国经济媒体和其他各类媒体争相报道。对于1951年后发生的故事，我参考了大约1000篇报刊文章。在对汉斯-阿恩特•沃格斯博士的几次漫长的采访中，我也得到了关于弗利克集团内部的一些重要信息。埃伯哈德•冯•布劳希奇的自传也为集团和周围环境提供了有趣的见解。在我的第一本书《重大的政治丑闻》中我已经深入研究了弗利克事件。在此，弗利克调查委员会的记录具有很高的娱乐价值。

关于弗里德里希•克里斯蒂安•弗利克收藏的叙述主要以各大报纸的专栏报道为依据，他们对弗里德里希•克里斯蒂安•弗利克博士进行了多次采访。此外，我还与普鲁士文化遗产基金会的工作人员关于背景信息进行了讨论。

参考文献

[1]沃尔夫冈•本茨（编）：《德意志联邦共和国历史》，法兰克福，1989。

[2]埃伯哈德•冯•布劳希奇：《沉默的代价》，柏林，1999。

[3]君特•布罗尔等（编）：《秘密现金账本：基民盟/基社盟的秘密选举帮手》，科隆，1973。

[4]彼得•布鲁格：《德国的富人》，法兰克福，1966。

[5]海因里希•布吕宁：《回忆录1918—1934》，斯图加特，1970。

[6]莱纳•伯查特；汉斯-于尔根•施拉普：《弗利克目击者——来自调查委员会的会议记录》，汉堡，1985。

[7]伯恩特•恩格尔曼：《莱茵河上的权力，我的富豪巨头朋友》，慕尼黑，1968。

[8]伯恩特•恩格尔曼（编）：《秘密现金账本》，科

隆，1975。

[9]约阿希姆•费耶阿本德：《实业家：埃伯哈德•冯•布劳希奇——在德国的辉煌生涯》，斯图加特，1987。

[10]约阿希姆•费耶阿本德：《低调的亿万富翁——弗里德里希•卡尔•弗利克的帝国》，杜塞尔多夫，1984。

[11]约阿希姆•费耶阿本德：《金钱的避难城堡，富人的藏身之处》，杜塞尔多夫，1985。

[12]塞巴斯蒂安•哈夫纳：《一个德国人的历史》，斯图加特，2000。

[13]乔治•W. F. 哈加滕、约阿希姆•拉德考：《从俾斯麦至今的德国工业与政治》，法兰克福，1986。

[14]乔治•W. F. 哈加滕：《德国国防军与工业》，法兰克福，1955。

[15]乌尔里克•霍斯特-菲利普斯：《在钞票，弗利克集团和政治的阴影下》，科隆，1985。

[16]苏珊娜•伊翁：《纽伦堡审判的法律问题》，图宾根，1992。

[17]厄恩斯特•内卡苏尔姆：《新旧财富》，柏林，1925。

[18]冈特•奥格尔：《弗里德里希•弗利克大帝》，伯尔尼，慕尼黑，维也纳，1971。

[19]汉斯•维尔纳•凯茨、约阿希姆•普罗伊斯：《弗利克——被收买的共和国》，汉堡，1983。

[20]弗里德里克•利特曼：《“一个主犯的紧急状况——弗利克集团中的强制劳动”》，1999年第1/86期，第4-43。

[21]古斯塔夫•卢托夫斯基：《希特勒和鲁尔区的先生们，第三帝国的经济实力和国家政权》，法兰克福，2000。

[22]戈洛•曼：《19－20世纪的德国历史》，法兰克福，1958。

[23]维尔纳•迈尔-拉森：《企业家的陨落》，慕尼黑，1978。

[24]曼弗雷德•奥尔森：《贪婪的亿万富翁即弗里德里希•弗利克的没落》，东柏林，1980。

[25]费利克斯•皮纳：《德国的经济领袖》，柏林，1924。

[26]路易斯•普洛赫纳：《统治者与暴君》，达姆施塔特，1955。

[27]库尔特•普里茨科莱特：《新兴实业家》，慕尼黑，1955。

[28]库尔特•普里茨科莱特：《上帝保留了统治者》，杜塞尔多夫，1963。

[29]托马斯•拉姆什：《重大的政治丑闻——联邦共和国的另一段历史》，法兰克福/纽约，2003。

[30]奥托•席利：《政治现金：弗利克与我们的共和国宪法》，慕尼黑，1986。

[31]鲁茨•格拉夫•什未林•冯•科洛希克：《光辉的伟大时代——德国工业进程》，图宾根，1958。

[32]胡伯特•塞佩尔：《追逐弗利克的人》，汉堡，1985。

[33]卡尔-海因茨•蒂勒克：《案例5》，东柏林，1965。

致 谢

我要特别感谢格特-鲁道夫•弗利克博士和汉斯-阿恩特•沃格斯博士，他们在采访过程中为本书提供了大量有关家族和集团的信息；感谢克劳迪奥•加利奥为本书的撰写提供的有建设性的想法；感谢克里斯汀•米巴奇、安妮•维斯曼、阿尔内•莫芬特、斯坦芬•科赫、托马斯•卡普以及克里斯蒂安•F. 特里普博士，他们为本书提出了许多建议；最后感谢德国联邦议院图书馆的工作人员为参考文献（二级）的搜寻提供的一流的支持。